本书为教育部人文社会科学研究青年基金项目
"社会系统自创生机制的哲学研究"(19YJC720034)资助研究成果

本书亦得到浙江财经大学马克思主义学院资助出版

Social Ontology

社会存在论
社会自创生和超级有机体

肖云龙◎著

Social Autopoiesis and
Superorganism

ZHEJIANG UNIVERSITY PRESS
浙江大学出版社
·杭州·

图书在版编目（CIP）数据

社会存在论:社会自创生和超级有机体 / 肖云龙著
. --杭州：浙江大学出版社，2024.5
ISBN 978-7-308-24955-3

Ⅰ.①社… Ⅱ.①肖… Ⅲ.①社会科学—研究 Ⅳ.
①C

中国国家版本馆 CIP 数据核字（2024）第 094866 号

社会存在论:社会自创生和超级有机体

肖云龙　著

责任编辑	蔡圆圆	
文字编辑	周　靓	
责任校对	许艺涛	
封面设计	雷建军	
出版发行	浙江大学出版社	
	（杭州市天目山路 148 号　邮政编码 310007）	
	（网址：http://www.zjupress.com）	
排　　版	杭州青翊图文设计有限公司	
印　　刷	广东虎彩云印刷有限公司绍兴分公司	
开　　本	710mm×1000mm　1/16	
印　　张	14.5	
字　　数	250 千	
版 印 次	2024 年 5 月第 1 版　2024 年 5 月第 1 次印刷	
书　　号	ISBN 978-7-308-24955-3	
定　　价	68.00 元	

浙江大学出版社市场运营中心联系方式：0571 - 88925591；http://zjdxcbs.tmall.com

目　录

1

1　导　论

1.1　研究背景

"社会系统的构建机制"是哲学、社会学、历史学、人类学等相关学科聚焦的重要课题。仅仅通过某个哲学学科或社会学学科，很难对社会的构建机制给出一个深刻的本质解释。正如法国哲学家莫里斯·梅洛-庞蒂（Maurice Merleau-Ponty）所言："哲学和社会学长期处于一种分隔的体系中。通过拒绝任何交汇基础的形成，妨碍各自的成长，使得彼此不可理解，从而使文化处于一种永恒危机的状态，这种分割成功地掩盖了它们之间的竞争关系。"①梅洛-庞蒂深刻认识到哲学学科和社会学学科之间存在的问题，而今天这种学科隔阂的格局需要被打破，需要以一个跨学科的理论或视角来分析社会的本质和构成，探究社会的构建逻辑或机制问题，为处于快速变化、充满不确定性且复杂的社会及其环境提供一个清晰的理论分析。

近年来，对社会系统的存在形态和构建机制的考察，在社会科学哲学、系统科学哲学和生物哲学领域，存在三个不同的理论视角——社会存在论（social ontology）、社会自创生（social autopoiesis）和超级有机体（superorganism），这三者结合社会现实分析、现象学社会学分析和生物形态学分析，关注社会的存在论基础、组织模式和形成机制，尝试回答这样的重要问题——社会系统如何实现自我生产和自我再生产？由各具意向的个体构成的、作为整体单元的社会如何形成集体层面的意向？

---

① 吉登斯.社会理论的核心问题：社会分析中的行动、结构与矛盾[M].郭忠华，徐法寅，译.上海：上海译文出版社，2015。

社会是一个自治的（autonomous）、自指的（self-referential）、自我生产（self-producing）系统——自创生系统（autopoietic sysetms），它的存在形态和组织模式有其组织和结构、个体和集体、社会组织、行政层级、制度和规范、文化和习俗、社会子系统、超国家组织等不同实体协调运作的内稳态机制和存在论基础。从社会存在论、社会自创生和超级有机体的综合分析以及当下社会的发展现状，尝试呈现作为整个体系的社会系统的构建机制，是本书的一个重要目标。

当代社会已经进入到功能分化、区隔分化、阶层分化的发展阶段，作为一个高度复杂的系统，我们需要将社会分化为具有相似组织模式的子系统，以此认识社会的组织模式和运作机制。将社会作为一个系统，考察社会系统运作的存在论基础，探究其自创生的运作机制，思考其作为一个超级有机体的存在形态和组织模式，对于理解复杂系统的运作机制，具有重要的理论价值和应用价值。从当代社会存在论的角度看，我们将这样探究社会的本质和构成：社会是一个由分散的个体和团结的集体组成的临时聚合（aggregation）吗？社会是由单个个体构成的吗？社会是一个作为整体单元而行动、类似蜂群和蚁群那样的超级有机体吗？在整体性的社会中，个体和集体、制度和规范、文化和习俗、社会子系统、整体的社会系统等这些实体的关系是怎样的？累积的文化与调整的制度如何与整体的社会文化共同演化？个体之间如何形成合作？集体是如何形成的？人类能动者在社会的构成中充当什么样的角色？单个个体的行动具有偶然性和不确定性，他们如何能够建立起一种整个社会的必要性和稳定性的秩序？是什么将个体、集体、社会组织整合进入社会系统的？社会整体是由个体与集体之间的互动形成的吗？这些关于社会的本质和构成的问题，既有宏观维度，又有微观维度，还有中观维度，虽然我们目前不缺大量的社会学调查研究、抽样数据和实证研究，但好像仅仅凭借这些数据和研究也未必能清楚了解社会的运作模式和构建机制。

在现实社会生活中，通过"观察"社会而认识社会的途径，大致有三种：一是熟悉社会学理论、经济学理论、人类学理论、心理学理论等知识的学者、专家、政府官员、金融从业者、企业家等，他们能够以理论指导"观察"，进而认识社会的本质；二是深谙人情世故、利益交往、市场规则、社会规则和社会机构办事流程等信息的市民、商贩、司机、个体户、普通劳动者等，他们能够以经验指引行动，从而理解社会的运作；三是研究者或者对一个地方、一群人感兴趣的普通人,他们怀着浪漫的想象前往某地生活、工作、度假、调研,在与当地人亲密接触的过程中获得当地人生活的故事,了解当地的风土人情和习俗礼仪,最后又回到自己原先生活的地方,然后系统有条理地梳理当地的所见所闻。显然,"观察"社会的这三种途径缺一不可。我们不能单单依靠旅行,或在某个地方生活几年,就认识当地社会的制度规则,明白所在城市的运作逻辑;也不能单单依靠在扶手椅思考,在图书馆阅读各种社会学著作,观察相关纪录片,就理解社会的现实结构,认识社会的构建机制。但即使是知名的经济学家,他也不可能完全认识一个国家、一个地区和全球经济,因为这些都是复杂系统,远远超出了一个学者所掌握的知识的广度和深度。正如美国哲学家约翰·塞尔(John Searle)指出的,"人们为获得对实在的正确表征而作的实际努力会受到各种因素的影响——文化的、经济的、心理的,等等。完全的认识论上的客观性是很难的,有时甚至是不可能的,因为实际的观察总是从某种视角出发,受到个人因素的刺激,并且处在一定的文化和历史境遇之中"(塞尔,2008:127)。社会学家、人类学家、哲学家和经济学家等群体不仅兼具这三种认识社会途径的特点,还兼具理论知识和田野调查的能力素养,而他们又是如何直面和认识社会的呢? 社会学家的想象需要遵循这三个基本原则:一是社会学家应该直面时代的大问题;二是社会学研究不可脱离历史维度;三是社会学研究必须基于研究者自身的体验(李钧鹏,闻翔,引自米尔斯,2017:总序 4)。社会大多数成员对自己社会的认识是模糊不清的,只有好学、经验丰富、富有智慧的人,才会对自己社会的认识清晰地区分和表达(希尔斯,2017:前言 17)。

社会理论的任务之一,就是对人类的社会活动和人类能动者(human agent)的性质作出理论概括。"社会科学的使命首先是呈现社会事实,然后是以此为据建立理解社会的角度,建立进入'社会'范畴的思想方式,并在这个过程之中不断磨砺有效呈现社会事实并对其加以解释的方法。"(高丙中,2006;巴斯,2014:4)社会学长期陷于客体主义(objectivism)和主体主义(subjctivism)、自然主义(naturalism)和功能主义(functionalism)这种二元区分,但社会学应关注的是重新构造有关人的存在与行为、社会再生产与社会转型的概念,而不是沉溺于"认识论"争论。这些社会学家,从功能主义先驱塔尔科特·帕森斯(Talcott Parsons)到尼克拉斯·卢曼(Niklas Luhumann),再到社会存在论的代表安东尼·吉登斯(Anthony Giddens),都对社会系统的构建机制有过深入思考。卢曼把生物学领域中的自创生理论(the theory of autopoiesis)引入社会学领域，提出了"社会自创生"(social autopoiesis)的概念，将社会系统及其子系统(sub-systems)视为自我生产的和自我再生产的系统，社会系统与其子系统(政治、经济、文化、生态、法律、教育、科学、宗教等)之间都有自身的构成成分(沟通)、边界(二元符码)和内部反应网络(沟通网络)，社会系统与子系统之间、社会沟通与个体意识之间、社会子系统和子系统之间是结构耦合(structual coupling)、互为环境的关系，它们维持着各自的自创生机制(autopoietic mechanism)，这正是社会系统及其子系统之间联结的关键所在，社会系统及其子系统通过结构耦合实现组织上(规范上)封闭和结构上(认知上)开放。有学者指出，卢曼对"社会"的理解为社会学提供了一个"划时代贡献"，以往的社会学家将社会理解为由民族国家所构成的社会，而今天的民族国家已经不是彼此孤立和自我封闭的社会系统，而是在整个"世界社会"中交流和连接(丁东红，2005a)。"社会自创生"既有存在论意义上的考察，从社会的具体构成成分、边界和内部反应网络理解社会；也有隐喻意义上的探究，将社会运作的机制迁移到公司和社会组织的运作中。将生物与文化、社会相互连接，塞尔在《社会实在的建构》一书中就确立了这个立场：生物学和文化之间的传统对立，与身心之间的传统对立一样，这两者都是错误的；事实上，生物学和文化并不是对立的，文化是生物学结构显示出来的不同形式，文化显示出集体意向性(collective intentionality)，从生物学到文化和制度形式，这个存在论是连续的——"从美钞到大教堂，从足球比赛到民族国家，我们总是在事实超出了基础性物理实在的物理特征的地方看到新的社会事实"(塞尔，2008：192)。同样是借助生物学视角，我们在隐喻意义上或存在论意义上能否将社会系统视为一个超级有机体呢？届时社会系统的存在形态和构建机制是怎样的？它与生物学中的有机体有何异同？它的构成成分、边界和内部反应网络又是什么呢？甚至在社会系统之上的层级，比如，盖娅(Gaia)、国际组织、超国家系统、行星体系，它们是否也是超级有机体呢？它们在存在形态、构建机制和演化层序上与社会系统有何异同？

社会哲学(the philosophy of society)是研究社会存在论问题和集体意向性问题的领域，它研究人类社会自身的本质，诸如政府、家庭、鸡尾酒会、暑假、工会、棒球赛和护照等社会性的东西，探讨它们的存在方式或存在形态(塞尔，2014：3)。长期以来，在社会哲学领域存在着常见的二分模式：个体与社会、组织与结构、原子论与整体论、个体主义与集体主义、结构主义与功能主义、微观社会学与宏观社会学……这些二分模式在一定程度上掩盖了社会构建和运作的本质。20世纪以来,随着"老三论"(系统论、控制论、信息论)、系统科学、系统哲学和复杂性科学的兴起,"新三论"(耗散结构论、协同论、突变论/涌现论)、超循环理论、混沌学和分形学等一系列系统自组织理论的发展,生命科学、认知科学、生物学、心理学、化学、物理学、计算机科学等自然科学和哲学、生态学、社会学、法学、人类学、管理学等人文社会科学得到快速发展,以系统视角考察生命现象和社会现象的跨学科研究逐渐增多,很多研究者倾向于把生命、语言、公司、乡镇、城市、政府、社会、国际组织等视为复杂系统(complex system,CS)或复杂适应系统(complex adaptive system,CAS)。

探讨"社会的构建机制",我们将社会看作当下一定时期内的复杂系统,理解社会构建的动力模式。在社会科学研究的个体主义和集体主义进路中,两者在某一个方面是结合的:社会是主体间共识的、既非物质也非精神的存在,它决定了社会规范是控制性和生成性的统一(柳海涛,2018:126-127)。因此,从社会的构建机制来看,不妨把社会视为一种建构过程,这种建构过程涵盖了人类的生物属性和社会属性,人类创立了社会制度、规则、规范、文化、习俗、法律、思想等,这些社会实在(social reality)的建构是一个动态的过程,是一种规则控制的行动,而社会变迁的动力来源于受规则控制的行动。

近年来,一些著名的国际学术机构致力于以跨学科视角探究社会文化的构建和人类未来的演化。比如,国际著名的复杂性科学研究重镇桑塔菲研究所(Santa Fe Institute)一直致力于跨学科研究,将生命系统和社会系统等视为复杂系统。又比如,国际知名跨学科研究机构——博古睿研究院(Berggruen Institute),也致力于在世界秩序发生深刻变革的当下,找寻人类社会发展的新机遇、变革的新动力,助力全球各机构、政策制定者以及公众应对影响人类的深刻变化。这些研究趋势说明,研究者对当代人类社会的理解不断加深。那么,人类个体是所在社会系统的构成成分吗?如果不是,那么社会系统的构成成分是什么?抑或人类只是这个社会系统、制度、文化、规范、规则、集体、法律、科学、教育、政治、经济、生态等构成的集合体有效运转的载体和环境吗?作为身处复杂社会系统中的人类,与身处结构精密而复杂蜂巢中的工蜂、蚁巢中的工蚁有何异同?观察者(observer)是置身于系统之内还是系统之外?观察者能否清晰地反观所处的复杂社会系统?

关于生命的本质和定义，科学家们历来不屑对此进行长篇论述或者给出解释，一方面是由于实在很难给出准确和公认的定义，另一方面是觉得这类工作没有太大意义。奥地利物理学家埃尔温·薛定谔（Erwin Schrödinger）于1944年出版《生命是什么》（What Is Life?），在该小册子中他详细解释了生命的本质及其特性，从遗传、涌现、有序、无序到熵，提出"生命以负熵为生"的观点，为理解生命的本质提供了一个科学家的独特视角，这是一次真正理解生命奥秘的有力尝试。这本小册子可谓意义非凡，具有重要的学术价值，它是"DNA双螺旋模型"的发现者美国生物科学家詹姆斯·沃森（James Watson）、英国生物学家弗朗西斯·克里克（Francis Crick）和莫里斯·威尔金斯（Maurice Wilkins）的共同起点（福冈伸一，2017：106）。自从"DNA双螺旋模型"被发现以来，关于复杂而高度整体性的生命本质思考引发了多个学科学者的热切关注，继而涌现出不少有影响力的理论，这些理论名称多种多样，比如，动态系统理论、复杂性理论、非线性动力学、网络动力学、自创生理论，这些理论中的一些重要概念则有：混沌吸引子（chaotic attrator）、分形（fractal）、耗散结构（dissipative structure）、自组织（self-organization）、自创生网络（autopoietic network）。这些学者都超越了机械论来理解生命，他们是布鲁塞尔大学的伊利亚·普里高津（Ilya Prigogine）、智利大学圣地亚哥分校的赫伯特·马图拉纳（Humberto Maturana）、巴黎理工学院的弗朗西斯科·瓦雷拉（Francisco Varela）、麻省理工学院的林恩·马古利斯（Lynn Margulis）、耶鲁大学的伯努瓦·曼德尔布罗（Beno Benoit Mandelbrot）、美国圣塔菲学院的斯图尔特·考夫曼（Stuart Kauffman）、加州大学伯克利分校的弗里特若夫·卡普拉（Fritjof Capra）、意大利罗马第三大学的皮埃尔·路易吉·路易斯（Pier Luigi Luisi）等。

在自创生理论诞生之前，以DNA（脱氧核糖核酸）、RNA（核糖核酸）为主导的生命观在生命科学领域占据重要地位，随着美籍奥地利理论生物学家路德维希·冯·贝塔朗菲（Ludwig Von Bertalanffy）一般系统论的提出和发展，系统论的生命观慢慢被人们接受。自创生理论恰好融合了自然科学中的控制论、系统论、信息论、生物学、心理学、化学、计算机科学、认知科学和人文社会科学中的哲学、生态学、社会学、法学、人类学、管理学等跨学科资源，为研究者探究社会的本质及其构建机制提供了一个独特的、深刻的和新颖的视角。自创生理论属于系统理论的一种重要视角，在自创生理论出现之前，人们理解生命系统和社会系统往往是"向外看"（the view from outside);而在自创生理论出现之后，人们看待生命系统和社会系统的视角经历了一个"范式转换"(exchange of paradigm)，在范式转换之后，人们生活在不同的世界里，人们的世界观改变了（库恩，2012）。对于生命系统和社会系统的认识，人们开始"向内看"(the view from within)了。无论是生命系统、社会系统还是法律系统、经济系统、生态系统等，系统的内在构建机制突出了系统的自治、自组织、自我生产等特性，生命、社会、法律、经济、生态等系统的演化可能仍然容易受外在刺激物的影响，但它不会被外部力量直接引起内部根本的改变，它遵循一种内在的和向内看的构建逻辑，即"自己生产或转换自己"——自创生的逻辑。自创生的逻辑有一个核心的特点，那就是自创生系统在闭合与开放之间的关系。自创生的社会系统构建探究的是社会及其子系统的构成成分、结构、过程，以及系统与其环境的关系，自创生的逻辑并没有把系统的环境排除出去，自创生的组织闭合循环并不意味着它是遗世独立的、与环境隔绝的，而是与环境保持着动态的半封闭半开放的耦合关系，即组织上闭合和结构上开放，或者规范上闭合和认知上开放。

生命实体与社会实体具有一些相似之处，它们都有一个兴衰存亡的过程，都有自身的"新陈代谢"(metabolism)机制。以系统观考察生命和社会这类实体已经成为当代学界的一个趋势。"对任何事物，小到细胞，大到社会，都可以用系统观点来考察，用系统方法来描述。"（许国志，2000:17）生命是一个自治的、自我指涉的、递归的、自我生产和自我再生产的系统，具体来说，它是一个物理空间中的自创生系统。生命的基本单位是什么呢？这在生物学哲学里是引起不少激烈争议的问题，它是基因、新陈代谢、个体、群体、还是物种？从单细胞生物、多细胞生物到生态系统、地球，细胞分子、器官组织、生命有机体、微生物菌落、生态群落、动物社群、人类社群、社会系统，随着这些自组织和自创生系统的复杂性、层级、秩序的不断增加，是否存在一个终极的母体(matrix)？就像科幻电影《黑客帝国：母体》里的场景那样：人类生活于其中的母体超出了人类的观察范围，同时带有自反性特征，人类只是其中的一个构成成分，充当整个黑客帝国能源供应的角色，每个生物人类就像一块电池，维持着这个庞然大物人工智能母体的运作，人类能反身观察自身所处的位置和母体这个复杂系统的全貌吗？（李恒威，肖云龙，2019）

社会是一个自治的、自我指涉的（自我参照的）、递归的、自我生产的和自我再生产的系统，简言之，它是一个自创生系统。与处于物理空间中的生命系统不同,社会系统不仅处于物理空间中,即它涵盖占据物理空间的实体机构、法庭、监狱、建筑、道路、通信设备、生产设施和生活设施等,还涵盖不占据物理空间而属于概念空间的沟通、行动、规则、制度、文化、习俗、法律、意识形态、科学、教育等。社会系统与其环境保持动态的结构耦合:在操作上闭合,在结构上开放,或者说在规范上闭合,在认知上开放。它的存在形态和构建机制有其宏观、中观和微观的存在基础。从整体的社会系统、社会子系统、制度文化到国家、城市、县城、乡镇、社会组织、公司、学校、社区(共同体)、乡村等,这些都是不同规模的和不同类型的社会现实组织和社会存在的物质基础。

1.2 文献综述

自创生理论是一种关系存在论(relational ontology),自创生的生命系统和自创生的社会系统、法律系统,它们之间有哪些联系和区别呢? 自创生理论能否对这些不同领域的系统进行一般性和普遍性的刻画呢? 联系在于,两者都是从系统的关系方面入手分析整体,生命系统是从细胞成分之间的关系,社会系统是从规则和制度等之间的关系,来考察整体的生命构成和整体的社会构成。区别在于,生命系统是一种同质性系统,它是物理空间中的自创生系统,是由有生命的有机体实体构成,从细胞、器官、神经系统、免疫系统到整个身体;而社会系统是一种异质性系统,它是物理空间和概念空间相结合的自创生系统,由有生命的实体和没有生命的实体构成,从个体、群体、实体机构、通信系统、基础设施、乡镇、城市、社会子系统、民族、国家到规范、制度、文化、习俗等。

自创生理论是跨学科理论资源的结晶,它脱胎于复杂科学和系统科学,融合生物学、认知科学、系统哲学等跨学科资源,扩展到社会学、法学、管理学、生态学等学科领域。当代德国著名社会学家、法社会学家卢曼指出,"我所参照的主要研究(理论资源)是跨学科的,因此,它们是非常异质的"(杜建荣,2012:37)。的确,卢曼的研究涉猎范围很广,学科资源涵盖社会学、法学、生物学、语言学、信息科学、一般系统科学和复杂系统科学等。因此,在这个跨学科综合框架下,卢曼的理论是晦涩、艰深、抽象和难懂的。但这丝毫不妨碍卢曼的"社会自创生理论"在当代学界彰显重要价值。虽然卢曼在1998年就去世了,但他对当代社会的构成和演化的判断还是相当符合今天的现实的——当前全球社会正处于卢曼所说的功能高度分化和高度复杂的阶段,具有不确定性和高风险性。当代德国著名法学家贡塔·托依布纳(Gunther Teubner)在批判吸收卢曼的系统理论、帕森斯的结构功能主义等当代社会学大家的相关思想的基础上,提出了在法学领域和法社会学领域影响较大的"法律自创生理论"(legal theory of autopoiesis),也叫"反身法理论"(theory of reflexity)。他在评价卢曼的社会自创生理论时指出,"(社会)自创生理论为许多重大的社会理论问题提出了新的洞察力。其中最大的问题就是社会是怎样改变的——和它在未来可能怎样改变——以及我们怎么能理解当下正在发生的事情。这是社会学的中心问题之一"(托依布纳,2004:1)。复杂适应系统与社会自创生理论有内在联系,它们都关注系统内部构成成分之间、系统与系统之间、系统与环境之间的关系:前者更多关注使复杂适应系统产生涌现秩序的适应机制,比如内部联系、交互、混沌边缘、反馈等;后者则更多关注社会的构成成分,比如沟通、行动、士气、信任等,以及它们与社会涌现的关系。

自创生理论第三代系统论,属于继开放性的动态平衡系统的第一代系统论、开放性的非动态平衡系统(自组织系统)的第二代系统论之后的最新一代系统论。作为最先进的系统论,自创生理论是系统运作所促成的速度化时代的系统论,是在一切规范、规则和目标动摇消亡中,将创造性行为的可能性加以理论化的理论(河本英夫,2016)。它的思想来源极其丰富,涉及多个学科的资源。"自创生理论起源于生物学,特别是细胞性质的演化理论。"(托依布纳,2004:3)除了受到生物学的影响,马图拉纳和瓦雷拉等提出自创生理论之前,他们受到系统论、信息论、控制论和发生认识论等思想的重要影响,在自创生理论中可以明显地看到这些思想的痕迹。早些年,贝塔朗菲的一般系统理论,帕森斯的功能主义,克劳德·香农(Claude Shannon)的信息理论,诺伯特·维纳(Norbert Wiener)和海因茨·冯·福斯特(Heinz von Foerster)的控制论,让·皮亚杰(Jean Piaget)的认知心理学等,这些都是自创生理论思想的重要基础。

二战后,随着系统科学、复杂性科学、控制论、系统论、信息论、协同学等学科的兴起,人们开始采用自组织、非线性、网络的视角看待生物社会和物理社会诸多层次,比如,细胞、器官、人体、乡镇、城市、国家等。生命的价值观范式从机械论转向系统论。一些新的概念随之变得流行起来,比如涌现、自组织临界性、自动机、网络、多样性、适应、反馈,等等。作为这些科学兴起的结果,一些学者把诸多事物视为复杂适应系统。复杂科学著名学者约翰·霍兰德(John Hfolland)指出,在生活中的每一个角落,我们都会遇到复杂适应性系统的涌现现象,例如蚁群、蜂群、神经元网络系统、人体免疫系统、互联网和全球经济系统等。在这些复杂系统中,整体的行为要比其各个组成部分的行为复杂得多。关于人类状况有很多深层次的问题,解决这些问题的关键则取决于人们对这类系统所表现出的涌现特征的理解:整个生命系统是如何按照物理和化学规律涌现出来的?是否能将人类的意识解释为某些物理系统的一种涌现属性?只有弄清楚涌现现象的来龙去脉,才能真正弄清楚对这些问题给出的种种科学解答的局限所在。《涌现:从混沌到有序》最主要的目的就是提供有说服力的证据,证明科学研究将大大加深人们对涌现现象的理解(霍兰德,2022:5)。社会作为一个系统,它被视为一个复杂适应系统,它可以用于研究政治党派、股票市场、昆虫群落、人类社群等。英国理论物理学家、全球复杂性科学研究中心圣塔菲研究所前所长杰弗里·韦斯特(Geoffrey West)认为,生命体、城市、公司、政府、社会,乃至一切复杂万物,都存在相通的内在生长逻辑——规模法则(scale rule)。大多数生物、公司都会经历快速生长到停止生长、最终死亡的历程,城市虽然是超级有机体,却不会死亡(韦斯特,2018)。这样的跨学科发展背景,间接催生了自创生理论。

自创生理论的真正兴起得益于智利的圣地亚哥学派所做的开创性工作,它是在特定的文化背景下产生的。自创生观念的种子播撒于20世纪60年代青年时期的智利认知科学家瓦雷拉与他的导师马图拉纳在智利大学的最初接触。当时马图拉纳因为在青蛙视知觉方面的研究(Lettvin,Maturana,McCulloch,et al.,1959)而声名卓著。这一研究为他后来与瓦雷拉共同反对知觉中的表征主义(representationism)的工作奠定了基础。瓦雷拉1968年离开智利前往哈佛大学攻读生物学博士学位,在那里他有机会发展对哲学的兴趣。现象学家埃德蒙德·胡塞尔(Edmund Husserl)、马丁·海德格尔(Martin Heidegger)和梅洛-庞蒂发展起了人类认知的现象学方法,他们都对瓦雷拉的工作特别重视。发生认识论创始人皮亚杰出版了著名的《生物学与认识》(Piaget,1969),瓦雷拉对此给予极大的关注。在哈佛大学,瓦雷拉通过控制论学者冯·福斯特的工作以及与他的友谊熟悉了控制论和人工生命(artificial life)这一领域。信息论、控制论和系统论等思想对马图拉纳和瓦雷拉等有很大的影响。

　　20 世纪 50—70 年代,信息论、控制论和系统论得到了很大的发展,在一些领域中,各种各样的系统论也相应地发展起来,比如物理学、天文学、宇宙学、生物学、心理学、经济学和社会学等。由于控制论将自动控制、电子技术、计算技术、神经生理学、心理学、社会学和数学等学科紧密结合在一起,它对自然界、人造机器、生物生命体以及社会共同体的系统构造的一般性进行研究,能够对一般系统进行宏观和微观相结合的综合研究(高宣扬,2005:73),具备这些优点的理论自然得到了马图拉纳、瓦雷拉以及卢曼等的青睐,成为一个受跨学科研究欢迎的科学思维模式。1970 年,瓦雷拉从哈佛大学回到智利大学。在那里,他与马图拉纳的友谊和合作加深了。认知的生物学基础已是马图拉纳日程上的一个重要项目,并且在此期间马图拉纳已经发展了他在认知的神经生理学上的重要理论。马图拉纳和瓦雷拉两人在探究生命本质和认知本质及其关系的学术道路上获得了很多重要的成果。

　　马图拉纳和瓦雷拉在他们的学术生涯中自始至终都在探究一个核心问题:生命的本质是什么? 它的组织模式或运作机制是什么? 为此,他们创造了"自创生"(autopoiesis)的概念,尝试对生命本质给出一个不同于物活论(vitalism description)、机械论(mechanism)和特性描述(characteristic)等进路的解释。自创生的概念在 1971 年首次被以马图拉纳和瓦雷拉等为代表的圣地亚哥学者使用,同年末,马图拉纳、瓦雷拉和另一位智利学者理查德·乌里韦(Ricardo Uribe)已经准备好了一个很长的手稿,题目是"自创生:生命系统的组织,它的特性描述和模型"(Autopoiesis:The Organization of Living Systems,Its Characterization and A Model)。正如瓦雷拉后来所说,这个手稿没有得到广泛的接受,一些最重要的期刊也予以拒绝,学术同行对它的反应也很冷淡。当时智利的政治状况也很糟糕,总统阿连德被暗杀,作为他的拥护者,瓦雷拉也丢掉了工作,不得不在 1973 年离开了这个国家。当时,学术圈内外的状况对瓦雷拉和自创生理论都是一个艰难的时期。最终,马图拉纳、瓦雷拉和乌里韦合作的关于自创生的文章(Varela,Maturana,Uribe,1974)被期刊 *Biosystem* 接受,并在 1974 年用英语发表。

　　在社会自创生方面,继卢曼之后,学者从不同的视角出发,尝试将自创生的概念应用到社会领域。在存在论的视角方面,爱丁堡大学学者芬顿·罗勃(Fenton Robb)认为人类社会系统是自创生系统,它的构成成分是人类的属性,如思想、概念、规则,人类社会系统之上存在高阶的超人类自创生系统(Robb,1989,1990)。在隐喻的视角方面,英国管理学者约翰·明格斯(John

11

Mingers)系统阐述了自创生理论的意蕴和应用,回顾了自创生理论的发展,指出了该理论应用到社会系统时存在的问题,认为自创生理论在存在论上的应用将产生不可避免的困难,而在隐喻上的应用将会有更好的成效(Mingers,1995);路易斯在隐喻上将社会系统视为一个自创生系统,它的成分是个体之间的交往,其边界是社会共同体(家庭、政党等)的界定规则(Luisi,2003)。在组织闭合的视角方面,马图拉纳和瓦雷拉非常反对将自创生的概念应用到社会系统,他们主张以"组织闭合"(organizational closure)的概念刻画社会系统将更加合适(Varela,1981b:38);智利学者雨果·乌雷斯塔拉苏(Hugo Urrestarazu)以瓦雷拉、马图拉纳和乌里韦提出的"六条规则"(VM&U Six Rules)来判定在何种物理的和成分相关的条件下,一些复合统一体(composite unity)可以符合自创生系统的标准(Urrestarazu,2014);美国管理学者米兰·泽莱尼(Milan Zeleny)和凯文·霍福德(Kevin Hofford)认为,中小企业网络的生产过程包含"生产—结合—分解"(production-bonding-degradation)三个环节,它是一个组织闭合的循环过程(Zeleny,Hofford,1992;Zeleny,2001)。

在法律自创生(legal autopoiesis)方面,卢曼在现代社会复杂化和碎片化的背景下,将自创生思想和社会系统理论引入法社会学领域,开创了"法律自创生"的研究,从"法律与社会的关系"考察法律系统的运作,将法律视为一个以沟通为成分、二元符码(合法/非法)为边界的自创生系统(Luhmann,1987);托依布纳在卢曼的基础上对法律自创生理论进一步完善,将法律视为一个规范上闭合而认知上开放的自创生系统,自创生的法律是一种"反身法"(reflexive law),它是一个二阶的自创生社会系统,通过法律行为把它们自己作为法律行为再生产的关于合法性与非法性的特别沟通组成,经过社会弥散的法、部分自治的法和自创生的法这三个阶段构成了法律的自我关联与超循环。法律运行形成一个闭合网络的自治系统,它具有自我观察(self-observation)、自我描述(self-description)、自我调整(self-regulation)等特点,法律系统与社会系统、其他社会子系统是结构耦合、互为环境的关系。托依布纳对法律自创生的研究做出了重要贡献(Teubner,1988;托依布纳,2004,2016)。

在组织自创生(organizational autopoiesis)方面,罗德里戈·马加良斯(Rodrigo Magalhães)和罗恩·桑切斯(Ron Sanchez)在《组织理论与实践中的自创生》一书中,在隐喻上把规则比喻为"基因编码"(genetic code),将其视为社会组织的边界（Magalhaes，Sanchez，2009）；加雷思·摩根（Gareth Morgan）在隐喻上将组织视为大脑，认为自创生理论对我们理解组织与环境的关系及其演化很有帮助，组织有它们自身携带的"DNA"——观念、价值观、目的认知、愿景、规章制度、文化规范等，将组织的完整要素"编码"到联结组织成员的文化中（摩根，2005）。作为一种自组织，网络平台治理的研究也涉及自创生理论的思想，从规则的自创生和运作边界来考察网络平台治理，国内学者李怡然将网络平台视为一个自创生系统，平台系统本质上隶属于社会系统的组成部分，是卢曼意义上的组织系统；平台规则是一个自创生系统，它的二元符码是合规/违规，其通过自我观察、自我调整、自我描述和自我再生产不断更新完善自身的规则，不断对自身进行更新换代，探究这类自创生系统的规则、边界及其与环境的关系，运用卢曼提出的社会自创生理论来对平台规则体系进行解释，并从中引出平台治理的具体机制和运作模式（李怡然，2021）。

在自创生理论的研究综述方面，英国计算机学者巴里·麦克穆林（Barry McMullin）、路易斯和明格斯对自创生理论在计算机、化学和社会学方面的应用进行了回顾（McMullin，2000；Luisi，2003；Mingers，1995）；帕布洛·拉泽托-巴里（Pablo Razeto-Barry）统计了自创生理论40年来被引用的情况，对自创生的重要概念进行再思考（Razeto-Barry，2012）；弗里特若夫·卡普拉（Fritjof Capra）在《生命之网》（*The Web of Life：A New Understanding of Living Systems*）中结合系统科学和复杂性理论，对生命自创生和社会自创生进行了梳理，阐述生命、心智与社会之间的关系，在系统生态学层面对生命、社会和生态进行新的思考（Capra，Luisi，2014）；雨果·卡德纳斯（Hugo Cadenas）和马塞洛·阿诺德（Marcelo Arnold）详细阐述了自创生理论在社会科学各个领域的应用，指出了它在生物学领域和社会学领域受到的批评，他们建议未来对自创生理论的研究应该在一个跨学科研究的框架下展开，以此克服自马图拉纳和瓦雷拉提出自创生理论以来形成的理论障碍（Cadenas，Arnold，2015）。

对自创生理论的研究在我国学术界起步相对较晚，直到21世纪初才有国内学者关注。近年来我国学者开始介绍自创生理论的基本思想，探讨自创生理论生命的同一性和意义的关系（李恒威，2007；陈巍，徐燕，郭本禹等，2012）；梳理自创生理论从生命构成扩展到社会构成的研究，指出社会自创生研究的可能进路（李恒威，徐怡，2014）；结合生物自创生、认知与生命之间的关系以及生命—心智连续性论题展开讨论(李恒威,肖云龙,2015);回顾和思考了自创生理论40年来的发展,指出自创生理论研究的不足和未来展望(李恒威,肖云龙,2018);尝试以自创生的视角观察生命的现象学,探讨生命的构成机制(肖云龙,2021);在法学和法社会学方面,出现了一些系统介绍卢曼和托依布纳的法律自创生理论的译著(托依布纳,2004;卢曼,2009)、著作(高宣扬,2005;杜健荣,2012)和论文(王宏选,2006;冯建鹏,2006;王小钢,2010;宾凯,2013;陆宇峰,2014,2016);在方法和模型方面,有学者从自组织角度研究社会演化理论,探讨社会内部不同社会机体之间的关系,从宏观的社会共同体体系(国际体系)、中观的社会共同体(国家),到微观的社会组织、细胞(或社会组成单元),社会系统的演化和复杂性增长是系统结构层次不断增加的结果,自组织视角下的社会系统演化具有整体性、生成性和历时性(孙志海,2004)。这些研究现状表明,自创生理论在当代国内外学界具有重要的理论价值和现实价值。

社会存在论是当代社会科学哲学领域中一个发展较为迅速的主题,它受到欧美学者和我国学者较为持续的关注。社会存在论与行动哲学联系较为密切,聚焦社会集体、社会规范、社会制度、集体行动、集体合作、集体的组织模式、社会现实的结构、规则制度的构建、文化习俗的演化等方面,而这些话题都涉及社会系统的运作逻辑和存在基础研究。当前,社会存在论研究领域有固定的期刊、会议与机构,同时涌现出越来越多的学者,研究问题也不断增多,在学界的影响力不断提高,可谓形成了自己的"范式"。研究者综合跨学科资源,考察社会系统、社会子系统、制度文化、社会组织、社会集体的运作及其存在基础,然后"殊途同归",回答"社会系统的构建机制"这个重要问题,主要基于以下三个方面的考虑。

第一,"社会"概念具有双重内涵,一是指有具体界限的系统,二是指一般性的社会交往。本书中的"社会"(society)或"社会系统"(social systems)概念涉及这两个方面,同时主张这两个方面是作为一个整体社会的两个紧密耦合的方面。社会是一个自治的、复杂的自创生系统,它有着不同于生命系统的存在形态和组织模式。社会系统如何在自治的基础上实现其自我生产和自我再生产?由各具意向的个体构成的、作为整体单元的社会如何形成集体层面的意向?社会自创生和社会存在论聚焦这些问题以阐释集体和社会的存在形态和组织模式,并一般性地探讨了事物演化的层级观。"自创生",是自我生成、自我生产、自我构造、自我构建的意思。"社会自创生"是卢曼创造出来的概念,意为社会系统的自我生产和自我建构。社会自创生以系统哲学的视角分析社会的构成和运作逻辑,主张社会是一个组织上(规范上)闭合和结构上(认知上)开放的系统,整体的社会系统、子系统及其与环境之间的相互关系是一种动态的结构耦合的关系,它们都有自身的组织闭合(规范闭合)和结构开放(认知开放)机制,都与其环境保持半透性(类似细胞膜)的开放,与环境中的物质、能量、信息和认知进行交互。社会系统是自我生产的、自我指涉的、自治的和递归的系统。"社会自创生"概念从生物学中的"自创生"概念延伸开来。那么,社会自创生是不是生物自创生的一个扩展版本?社会系统是存在论意义上的自创生系统,还是隐喻意义上的自创生系统?与一阶自创生系统的单细胞有机体相比,如何理解二阶的多细胞有机体以及高阶的自创生系统?这些高阶的自创生系统,它们的构成成分、边界和内部反应网络又是什么?从细胞、器官组织到社会个体,从社会个体、社会集体、社会子系统到整体的社会系统,随着这些系统复杂性水平的提高,是否存在超出人类观察和理解的高阶系统?它们的存在形态、组织模式和运作机制是怎么样的?这样的系统是自创生系统吗?这些都是研究者在探讨"社会的构建机制"这个主题上不可回避的重要问题。

第二,当代的社会存在论关注三个方面:集体构成的视角、社会现实的结构、文化背景的演化。它从根本上旨在理解社会现实的本质,聚焦社会的存在基础,探究社会文化的演化。它既关注一般性的社会交往和社会互动,例如,个体能动者之间的共享意图、联合承诺、联合注意和联合行动;又关注社会的制度、文化、习俗、结构和规范。通过分析这些社会现象,透视集体的多元构成、社会现实的结构和文化背景的演化,将社会视为由个体与集体之间的双向互动关系和这种互动关系所嵌入的意图、角色、规范、制度、文化构成的有机整体。

第三,社会自创生、社会存在论和超级有机体有相通之处。从隐喻或存在论的视角看,三者皆关注社会的存在形态、构建机制、组织模式;都探讨社会的构成成分与整个社会系统之间的关系、层级和秩序。人类个体不是社会的构成成分,而是社会或集体在形成过程中嵌入时空实践活动和社会文化制度中的载体、媒介和环境,这并不意味着人类个体在社会构建中的作用不重要,也不是消解人的主体性和个体性,而是从更加确定性和可预测性方面,将人类个体视为社会运作过程中不可或缺的部分。社会自创生理论认为,社会是一个由个体构成又超越个体的自创生系统和超级有机体,其虚拟特性正是社会存在论对集体、制度、规范、文化、习俗等分析中呈现的特性。从社会个体的新陈代谢到社会文化的内稳态(sociocultural homeostasis)、生态系统的共生网络(symbiotic web)以及整个地球——盖娅,盖娅是一个巨大的自创生系统和超级有机体,人类是这个超级有机体中的渺小个体,人类不仅处于一个生命、社会、文化和生态等不同层级双向互动的且层序递升的关联中,也处于虚拟实体和非虚拟实体、人类个体和智能个体、物理世界和虚拟世界共生演化的社会世界中。

  在社会存在论方面,本书主要评介了关于个体、集体和社会的构成方面,个体与集体的关系,集体构成的多元模式,即关于共享意向性(shared intentionality)、集体意向性、集体能动性(group agency),社会现实中的角色、功能、惯习化和制度化以及社会文化背景演化等方面的研究。能动性和意向性是哲学家经常探讨的术语,能动性和意向性行动的概念是社会科学哲学中的几个重要主题的共同关注点,一方面,个体行动是所有社会现象的根源;另一方面,行动说明是因果关系和参照普遍规律(里斯乔德,2018:82)。塞尔指出,"意向性"(intentionality)表示心灵借以指向或关涉世界中的对象或事态能力,而这些对象或事态能力通常是独立于心灵自身的,而意向状态总是关于或指向某事物的,比如,"打算做某事",这种打算是关于信念、欲望、希望和害怕等诸多其他意向状态中的一种(塞尔,2004:25-26)。理解个体意向性是理解集体意向性的基础,而理解集体意向性是理解社会的基础,可以这么说,意向性是理解人类行为、人类社会行为和社会实在必不可少的要素。芬兰哲学家雷摩·图梅勒(Raimo Tuomela)提出了"我模式"(I-Mode)和"我们模式"(We-Mode),来探究集体的构成模式,他认为可以根据其成员接受的群体理念(ethos),即构成目标、价值、信念、规范和标准来界定(自治的)社会群体(Tuomela,2007,2013);美国行动哲学家迈克尔·布拉特曼(Michael Bratman)以"共享意图"(shared intention)和"共享的合作活动"(shared cooperative activity)概念来刻画个体能动者之间的合作(Bratman,1992,1993,1999);美国哲学家玛格丽特·吉尔伯特(Margaret Gilbert)提出"复数主体"(plural subject)概念,对于多个主体一起完成某事时的共享意图,她认为,只有集体中的多个主体对他们的共同目标作出联合承诺(joint commitment)时,才能算作是共享意图的主体(Gilbert,1990,1996,2014);澳大利亚哲学家菲利普·佩蒂特(Philip Pettit)和英国学者克里斯蒂安·李斯特(Christian List)从集体能动者和集体能动性出发,探讨集体可以被整合为超越其个体成员之上的理性能动者的可能性(List,Pettit,2011)。大卫·威勒曼(David Velleman)指出了布拉特曼等对共享意图的解释存在的问题(Velleman,1997);沙拉·钱特(Sara Chant)、弗兰克·希瑞克斯(Frank Hindriks)和格哈德·普莱尔(Gerhard Preyer)从集体态度、行动以及集体理性方面出发,介绍了当前关于集体的存在基础方面的研究(Chant,Hindriks,Preyer,2014);朱莉·扎赫勒(Julie Zahle)和芬恩·科林(Finn Collin)以及一些学者对存在论的个体主义—集体主义和方法论的个体主义—集体主义等方面进行了探讨(Zahle,Collin,2014);黛博拉·托勒夫森(Deborah Tollefsen)考虑了集体是否可以成为意向能动者,它们是否在其信念基础上拥有意图和行动,以及集体是否应该在道德方面承担责任等问题(Tollefsen,2015);柯克·路德维希(Kirk Ludwig)认为,对集体能动性根本问题的理解,关键在于理解个体行动与集体行动之间的关系(Ludwig,2016,2017)。

　　相比从这些集体(两人或以上)中能动者之间的互动和合作维度来理解社会集体的本质,通过这些特定的(社会)群体来理解一般的社会现象的研究,一些学者则从社会集体的惯习、制度和文化背景等维度来理解社会现实的构建。比阿特丽斯·科博(Beatrice Kobow)认为,当前的社会存在论对集体现象和社会现象的分析包括对集体视角的关注、对现实社会结构的分析以及对文化背景演化的理解这三个方面(Kobow,2013);布莱恩·爱泼斯坦(Brian Epstein)提出了社会存在论的一个框架,他认为社会存在论需要从基础方案(grounding project)和锚定方案(anchoring project)两个方面考察社会事实的本质(Epstein,2015,2016);塞尔关注社会实在的构成性规则和制度性规则方面,试图提出一个关于社会事实和社会制度的存在论的一般理论,即我们是怎样建构一个客观的社会实在的(塞尔,2008,2014);弗雷德里克·施密特(Frederick Schmitt)等从社会规范、约定、规则和角色等方面探究社会实在的本质(Schmitt,2003);彼得·伯格(Peter Berger)和托马斯·卢克曼(Thomas Luckmann)从角色、惯习、文化习俗和制度等方面考察人类社会现实的构建(Berger,Luckman,2008);迈克尔·托马塞洛(Michael Tomasello)从群体活动中的共同目标、联合注意以及文化实践及产物之间的联系来理解社会习俗及社会规范的共同建构(托马塞洛,2011,2017a,2017b);安东尼奥·达马西奥(Antonio Damasio)以"社会文化内稳态"(sociocultural homeostasis)概念来分析社会群体规范、社会制度和社会文化的自我调控机制(达马西奥,2018);肯·威尔伯(Ken Wilber)以"全子四象限"梳理了个人维度和社会或集体维度的意向性、行为、文化世界观和社会系统之间的关系(威尔伯,2008)。

结合社会存在论、社会自创生和超级有机体这三个领域的研究现状,试图以系统观对社会的运作机制给出一个解释,尝试探究社会系统构建的存在基础,从隐喻上将自创生的社会系统视为一个超级有机体。这些方面的理论资源主要有:吉登斯的社会存在论和结构化理论(吉登斯,2011,2016),托马塞洛和达马西奥关于社会文化内稳态的思想(托马塞洛,2017a,2017b;达马西奥,2018;Damasio,2018),卡普拉的网络模式视角(卡普拉,2017),威尔伯的全子理论(威尔伯,2008),詹姆斯·洛夫洛克(James Loveluck)和马古利斯的盖娅理论、共生理论(洛夫洛克,2017;马古利斯,萨根,1999;马古利斯,2009),德日进(Pierre Teilhard de Chardin)的内部和外部统一的演化视角(德日进,2013)。这些理论资源从不同方面,即集体和社会系统的组织模式、制度和文化的角色、生态社会的存在形态等,对社会组织模式进行综合分析,在探讨社会的构建机制这个核心问题上,它们是相互补充和相互促进的。

1.3 论证思路

基于以上考虑,本书将基于社会存在论,结合社会自创生和超级有机体两个理论,综合探究"社会系统的构建机制"这个核心主题,论证思路如下。

第一,结合当代社会系统的特点和发展趋势,阐明社会自创生理论的研究概况。当代社会已经成为功能上高度分化的社会,它与传统社会存在很大的差异:传统社会的区分化(或区隔化)体现在社会阶层的分化上,而当代社会的区分化主要表现在功能方面的高度分化、专业化和自律化。当代社会是一个自我调节的、自我生产的和自我构建的自创生系统。社会个体置于多个层面上,包括家庭、社区、学校、俱乐部、公司、农村、乡镇、城市、民族区域、民族国家、超国家组织以及世界系统,所有这些都将日常生活的社会整合琐碎细节与大规模时空延展的系统整合社会现象紧密地联系在一起。当代社会的内外部环境日新月异,存在复杂性、风险性和不确定性,为了应对这复杂的环境,化约复杂性、降低风险性、减少不确定性,社会系统自身需要一套保持秩序性和稳定性的组织和结构模式,在这套模式下,社会系统分化为政治、经济、文化、法律、生态、教育等子系统,每个子系统都是递归的、组织上(规范上)闭合和结构上(认知上)开放的自创生系统,它们有着自身的构成成分、边界和内部反应网络,子系统之间维持着动态的结构耦合,它们之间互为环境。整体的社会是一个自创生系统,它不断生产着自身的构成成分,与外部环境保持着组织上(规范上)的闭合和结构上(认知上)的开放,以此保证它的构成成分、边界和内部反应网络得以自成一体地形成一个因果闭环而递归运作。

第二,辩证分析社会自创生的理论价值和不足之处,阐述引入社会存在论的缘由以及两者的内在联系。社会系统是不是自创生的以及在何种意义上是自创生的? 这既是一个存在论问题,也是一个认识论问题。社会自创生观念面临着存在论上的诸多困难,有的学者认为它在隐喻层面的应用是可以接受的,比如,它的组织模式与细胞的组织模式是类似的;一旦涉及存在论层面的应用,在社会系统的构成成分、边界及其内部反应网络的界定等问题上就会引起较大的争议。"社会自创生"在隐喻意义上的使用,尽管有助于研究者对社会系统构建机制的清晰理解,但无疑也在某种程度上使社会自创生理论本身失去原来的解释魅力。当代社会自创生理论的研究对社会系统的存在论层面的分析相对着墨较少,自卢曼之后,很少有能够超越他来解释社会的构建机制的学者,而卢曼本人的理论又太过晦涩,影响了其理论的扩展研究。在这些因素的影响下,社会自创生理论研究有其不足之处,未能深刻揭示社会系统的制度、文化、结构的内在联系。因此,有必要引入当代深入分析集体构成和社会制度、文化、结构的内在联系的社会存在论。

第三,系统分析共享意向性、集体意向性、制度能动性和文化内稳态的形成机理,考察它们之间的内在联结机制。集体是由个体能动者及其属性的关系组成的,但它又具有超越成员关系的特性,它是比个体更大的实体,有其自身的存在形态和组织模式。个体层面的意图和行动如何形成集体层面的意图和行动? 这一形成过程的内在机理是什么? 社会存在论认为,集体的意图、行动、承诺、信念、责任等是个体能动者及其属性在时空实践中的行动流形成的,集体活动中的共同目标、联合注意,乃至更为抽象的文化实践及产物(如文化制度)之间都是一脉相承,而它们之间联系的基础则起源于社会习俗及社会规范的共同建构。社会存在论对社会个体与集体的动态关系的分析,对社会系统运作基础的制度和文化维度的深入考察,很大程度上解决了社会自创生理论长期未解决的难题。

第四,阐明社会系统的存在形态和组织模式,探索社会系统的制度和文化演化。社会系统的存在形态和组织模式是什么样的呢? 社会系统是一个由个体构成又超越个体的自创生系统和超级有机体,其涌现特性和虚拟特性正是社会自创生和社会存在论对个体、集体、制度、文化、习俗、社会子系统和整体社会系统的分析中呈现出来的特性。从个体互动的微观层面、集体合作的中观层面,到社会制度、社会系统的宏观层面,都有维持它们存在的内在运作机制。它们处于社会系统的内部生产反应网络中,随着社会系统的生产过程而自我调节,人们处于一个个体、集体、制度、文化、社会子系统和整体社会系统等不同层级双向互动的且层序递升的关联中,它们在动态的结构耦合中维持着其自创生机制。

第一部分

自创生理论的基本思想

2 自创生:生命系统的运作机制

对于生命有机体来说,薛定谔关注的核心问题是:在一个生命有机体的空间界限内发生的时空中的事件,如何用物理学和化学来解释(薛定谔,2018:6)? 当然,理解生命的本质,有多种多样的视角,但取得一定成就和影响的理论并不多,除了 DNA 双螺旋模型、达尔文演化论等,系统的生命观——自创生理论,在解释生命的本质和运作机制方面,也是一个具有重要学术价值的理论。

2.1 生命是什么?

生命(的本质)是什么? 生命与非生命区分的标准是什么? 换句话说,生物与非生物之间到底存在着怎样的分界线? 有机物、无机物,自然生命、人工生命,自然物、人工物,细菌、病毒,它们之间是怎么被区分的? 在过去很长一段时间,"从哲学家到流行文学作家,再到很多严肃的科学家,都认为生命和认知在本质上是数字的和计算的"(李,2022:156)。对于生命,无论是科学家还是哲学家,都不愿意给它下定义,一个重要的原因是人们通常可以罗列出很多生命的特征或特性,比如,生长、DNA、RNA、繁殖、遗传、内稳态、自我维持、新陈代谢、回应刺激、适应、组织等,如图 2-1 所示,对于生命的特性描述,是很难用列表描述完整的。但要准确地说出生命的本质,是一个很大的挑战。

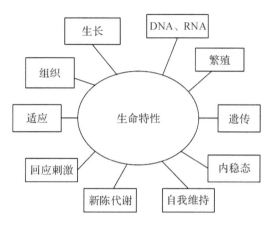

图 2-1　生命的特性描述

资料来源:Luisi(2006),李(2022:44)。

生命有机体通过吃喝拉撒、呼吸以及与环境交互,交换物质、能量和信息,以维持自身的新陈代谢,从而避免衰退。生命的典型特性是热力学平衡或"最大熵"。在薛定谔看来,生命有机体是一个宏观系统,它趋向于维持其有序和平衡的过程:

> 生命的典型特征是什么?一块物质什么时候可以说是活的呢?回答是当它继续"做某种事情",运动、与环境交换物质等的时候,而且可以指望它比无生命物质在类似情况下"持续下去"的时间要长得多。当一个不是活的系统被孤立出来或者被置于均匀的环境中时,由于各种摩擦力的影响,所有运动通常都很快静止下来;电势或化学势的差别消失了,倾向于形成化合物的物质也是如此,温度因热传导而变得均一。此后,整个系统逐渐衰退成一块死寂的、惰性的物质,达到一种持久不变的状态,可观察的事件不再出现。物理学家把这种状态称为热力学平衡或"最大熵"(薛定谔,2018:73)。

生命有维持其自身现有动态秩序的能力和孕育出新的有序现象的能力。熵是生命体衡量混沌度的标尺,生命从诞生开始,它的熵就不断开始增加,直到峰值,生命也就结束。既然生命体的吃喝拉撒睡等新陈代谢机制与生老病死有关,在自然界中的所有生命,包括微生物、植物、动物等,都在不可避免地增加自己的熵,从生命诞生开始就一直在产生正熵,而后不断趋向于危险的最大熵状态,即死亡。因此,薛定谔指出,生命要摆脱死亡或保持活着,只有从环境中不断汲取负熵,"生命有机体以负熵为生","新陈代谢的本质是使有机体成功消除了它活着时不得不产生的所有熵"(薛定谔,2018:75)。生命为了防止自己陷入这种状态,继续生存下去,唯一的方法就是从周围的环境中汲取负熵,即秩序。进食即摄取负熵,是生物生存的手段"(福冈伸一,2017:122)。对于一些物理学家主张的生命观点,比如,生命是建立在纯粹机械论的基础之上的,薛定谔认为这种观点不可全信。机械论的生命观在近代西方影响很大,从17世纪开始,机械生命观占据统治地位,笛卡尔提出的机械生命观的终极形态认为,生命是一部"分子机器",以分子生物学的生命观看来,生命体不过是由无数微小的零部件组装而成的精密模型(福冈伸一,2017:3);但是,将生命体视为一部机器,无疑是将生命体等同于用无数零部件组装而成的模型,这种推测不足以解释生命体的重要特性,因为生命体的这种重要特性,可以让我们迅速分辨出眼前的东西是生物还是非生物,机械生命观做不到,而另一种生命观却可以做到(福冈伸一,2017:5)。直到20世纪以后,一种新的生命观——系统观,才慢慢被主流生命科学所接受,这也是自组织的生命观与自创生的生命观所主张的:生命是一个系统,生命是一个过程。

既然生命是一个系统、一个过程,那么作为一个整体的系统(自我机器),或者使用这个由大脑创造的意识自我模型的有机体,这个"自我"也是一个系统——自组织和自维持的物理系统,以及是一个过程——自稳定和自维持的持续过程。我们是自我机器,是"自我着"的有机体,生命过程作为它自己展开(梅辛格,2023:250)。"生命是一套自我复制系统(机制)。"(福冈伸一,2017:2)既然生命以汲取负熵为生,生命体的平衡秩序就是对抗它不断增加的熵,而对抗熵增加原理的唯一方法,并非增强系统的耐久性与结构,而是让系统本身始终处于流动状态,生命体只要还保持活着的状态,它就会不断有熵出现和流动——"生命就是处于动态平衡状态的流体"(福冈伸一,2017:137),这是我们重新定义的生命。生命是一个复杂适应系统,其组织、结构和层次关系对其功能运作起着重要作用。生命系统的构成成分(要素、组件、单元)通过内部代谢网络产生和生产构成成分,形成与环境相区分的边界。生命的本质可能是化学物质的自我组织,而不是来自随机的化学反应以及随之发生的自然选择。"生命系统都是典型的自组织系统,因而具有一般自组织系统的共同特征;生命的多样性和复杂性也是生命系统的宏观行为之一。"(常杰,葛滢,2001)在隐喻上将生命类比于计算机,把生命视为这样一个实体:"生命=物质+信息,分子结构是生命的'硬件',信息结构是生命的'软件'。"(戴维斯,2019)

从达尔文演化论的角度来看,生命是自然选择、遗传、繁殖、变异的结果。人类存在的关键是自我复制——基因,基因、DNA 是整个达尔文自然选择过程中绝对关键的因素,基因选择是人类演化过程的根本(布罗克曼,2017:5)。作为个体生物(individual organism),它们由原始汤(primeval soup)里的基因不断自我复制,然后集结而成,个体生物和复制基因都是选择单位。那么,"个体生物到底要努力实现什么呢?"就达尔文而言,个体生物在努力实现生存和繁殖;就人类而言,个体生物在努力完成对它内在基因的复制(布罗克曼,2017:5-6)。

自创生理论是关于生命本质和认知本质的一个解释性理论。从第一代系统论的动态平衡系统,到第二代系统论的自组织,再到第三代系统论的自创生系统论,系统论在解释复杂事物的发展过程中受到人们越来越多的关注,而系统论在解释生命现象和社会现象方面也呈现出它的重要价值。自创生理论属于自组织理论的范畴,它主张维持生命运转的动力来自内部,生命的自我生产机制来自内部的成分生产网络和新陈代谢过程。对于刻画生命系统和社会系统的运作机制来说,系统论是一个不可或缺的视角。在解释生命的形成(formation)方面,有多个现代的关于生命的理论,而不是生命起源的理论,它们提供了简单系统如何可以自我维持的解释,这些理论有美国理论生物学家罗伯特·罗森(Robert Rosen)的("M,R" systems)系统(代谢-修复系统)、马图拉纳和瓦雷拉的自创生(autopoiesis)理论、匈牙利理论生物学家蒂伯·甘蒂(Tibor Gánti)的化学子(chemoton)理论、美国医生和理论生物学家斯图亚特·考夫曼(Stuart Kauffman)的吸引子(attrator)和自动催化簇(autocatalytic sets)以及德国化学家曼弗雷德·艾根(Manfred Eigen)和彼得·舒斯特(Peter Schuster)的超循环(hypercycle)(Cornish-Bowden,Cárdenas,2017)。

自创生理论聚焦生命和认知的本质及其关系问题。生命的本质是什么?认知的本质又是什么?生命、心智、认知有何内在联系?这些是20世纪70年代智利圣地亚哥学派的认知科学家们终身致力于回答的核心问题。该学派主张"生命是物理空间中的自创生系统""自创生和认知是生命的两个面向""生命过程就是认知过程""活着就是去认知""认知是生命与环境的共涌现"等。自创生理论最初是解释生命本质的一个系统理论。自创生(autopoiesis),来自希腊语,"auto"意为自我,"poiesis"意为生产、创造。自创生,就是自我生产或自我构造的意思。马图拉纳和瓦雷拉致力于解释生命现象中的核心问题:"生命是什么?"或者说,"生命系统的组织(模式)是什么?"(Varela,1979;Maturana,Varela,1980)"在自创生理论中,自创生最重要效果之一就是保证生命系统最关键的自主性与个体性。"(海勒,2017:187)对于马图拉纳和瓦雷拉来说,"生命——无论是最原始的生命单元(单细胞),还是复杂如人类般的生命体——其本质在于它内含一种必须遵循和实现的自创生机制,它是一个物质系统成为生命系统的充分必要条件"(Maturana,Varela,1980)。为什么要谈论生命的自创生机制呢?因为它是生命的组织层面的解释,而不仅仅是结构层面的解释。类似地,用英国演化心理学家罗宾·邓巴(Robin Dunbar)的话来说,"这有点像把房子里所有的砖、灰泥、石板、木头和窗户进行了一个详细的总结,但没有说明这栋建筑本身的样子,也没有提到它为什么会在那里;又像是在详细描述汽车的所有零部件(发动机、车身、车轮、悬架、方向盘、底盘等),却不知道它是如何驱动汽车沿公路行驶的,抑或为什么有人想要开车"。生命也是如此,我们不光要描述它包含哪些部件,比如线粒体、ATP(三磷酸腺苷)、DNA、RNA、感受器等,还要解释这些部件如何有机组织而形成一个整体和统一体,从而维持生命的有效运转。在解释生命的本质和组织模式方面,自创生理论给出了生命的操作定义和判定标准。

2.2　自创生的生命观

自创生理论认为,生命是一个过程,它是一个统一体(unity),不仅具有自身的构成成分,也具有将自身与其他生命体和环境区分开来的边界,还具有内部新陈代谢网络。它是这样的一个系统:首先,它是一个空间上有界的物理系统,该系统的边界由一个半透性膜构成,边界膜以及膜内系统结构的构成成分都是由作为该系统的一个组成部分的反应网络生产和制造的。在马图拉纳和瓦雷拉看来,生命系统被组织成一个成分生产(转变和解体)过程的网络,这个过程网络形成为一个时序上的统一体,它生产构成该统一体的成分,而这些成分:

(1)通过它们的交互作用和转变连续地再生和实现生产出它们的这个过程(关系)网络,并且(2)通过把它(该系统)实现的拓扑域指定为这个过程(关系)网络而把它(该系统)构成为一个这些成分存在于其中的空间中具体的统一体。(Maturana,Varela,1980:79)

简言之,生命系统不仅是一个自指(self-reference)和递归(recursion)的过程,更重要的是,它是一种能够实现自我生产从而得以自我维持的自指和递归的过程,这个过程形成了一种特定类型的自组织系统——自创生系统。

对细胞生命的过程和组织类型的分析是马图拉纳和瓦雷拉提出自创生理论的基础。"自创生系统理论以神经系统为范式组建而成,是一个由神经系统出发,扩大至细胞系统、免疫系统的理论构想。"(河本英夫,2016:104)一个细胞是由细胞膜包围而成的各种结构组成的,包括核酸、线粒体、溶酶体,以及它内部产生的各种各样的复杂分子。这些结构发生着持续的化学相互作用。对于细胞膜来说,这种相互作用就是它与外部介质的关系。因此,细胞实际上是一种动态的、包含着惊人复杂性的化学网络。因此,作为生命基本单元的细胞就是对最小自创生系统的一个生动例示:

> 细胞……是一个复杂的生产系统,它生产和整合蛋白质、脂质、酶以及其他成分中的大分子;它平均包含大约 10^5 个大分子。一个细胞的整个大分子数量在它的生命周期中大约更新 10^4 次。通过这个缓慢的物质更替,细胞维持它的区别性、黏结性和相对自治。它生产成千上万的成分,但不生产别的东西——它只生产它自身。细胞在它的生命周期中维持它的同一性和区别性,成分本身被持续或周期性地解体和重建、创造和摧毁、生产和消耗,这就是"自创生"。(Zeleny,1981:4-5)

如图 2-2 所示,细胞生命的循环逻辑是,由细胞膜和细胞壁所构成的闭圈控制着外部物质的进入和内部废物的排出,而在细胞的内部则形成了一个相对封闭的循环的反应机制,它维持着细胞动态的同一性。

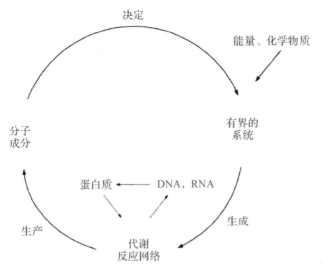

图 2-2　细胞生命的循环逻辑

资料来源:汤普森(2013:39)。

对于马图拉纳和瓦雷拉提出的生命系统模式(自创生),卢曼曾经强调过它的重要意义。在卢曼看来:

第一,这种生命系统模式把系统看作其组成要素自我生产所构成的基本单位。

第二,它强调系统的内在组成要素的循环重复的互动性质。

第三,生命系统模式强调系统自我生产其边界的可能性,以及系统各组成要素参与此种系统边界界定的互动活动。

第四,生命系统模式强调:它的自我生产性质,主要表现在它是一种由其构成因素的生产来维持的关系网络。系统是一种通过形式的关系所构成的单位统一体,系统是一种关系的关系(Relations of relations)。

第五,生命系统模式还强调:系统必须是通过特定的中介(specific medium)而形成具有自律性质的单位(Luhmann,1985;高宣扬,2005:69)。

卢曼把自创生引入社会学领域的深层考虑,在于自创生在解释生命系统模式方面的自洽性和深刻性,它的自我观察、自我指涉(自我参照)和自我生产特性,以及系统与环境的区分特性,让它化解了系统的复杂性,这个在解释社会系统的组织模式方面显得尤为重要。

回到马图拉纳和瓦雷拉提出的核心问题:生命的本质是什么? 或者生命系统的组织是什么? 这归根结底是关于生命系统的组织模式的问题。模式是对系统的形式、秩序和性质的研究,组织模式(pattern of organization)是指那些决定系统主要特性的成分之间关系的配置。因此,对这个核心问题的回答,首要是:生命的组织模式是什么? 马图拉纳和瓦雷拉的自创生理论是关系生物学,即对生命组织或复合统一体来说,它的构成取决于它的组织(organization)和结构(structure),复合统一体既有组织也有结构。组织是成分间关系的一个特定的子集,它决定了作为一个整体的统一体的性质,因此决定了它的同一性、类型或门类。一个特定类型的所有统一体有同样的组织。组织的变化意味着同一性的变化,反之亦然。复合统一体的结构是属于一个特定实例的实际成分和关系的全部集合。具有相同组织的统一体可以有不同的结构,而一个特定实体的结构可以在其组织不变的情况下发生变化。组织是抽象的,而结构是具体的。具体来说,就是它的成分之间的关系,它的实际成分和关系的全部集合是什么。马图拉纳和瓦雷拉认为,在谈论生命的性质之前,我们必须有安置它们的地方,集装箱和后勤必须到位。就细胞来说,它的 RNA 充当信使,线粒体为细胞提供能量,核糖体负责蛋白质合成,等等。这里可以用一个生动的比喻来说明组织模式的重要性:在描述一辆车,谈论燃料本质之前,我们必须有一个逻辑图式来描述一辆汽车是如何工作的,运动是如何从化油器传递到车轮的。

"任何系统,无论是有生命的还是无生命的,其组织模式都是指那些决定系统主要特性组分之间关系的配置。"(卡普拉,2017:109)换句话说,事物必须存在一定的关系才能够使它被辨认成如椅子、自行车或者一棵树等等。如图 2-3 所示,那些给予一个系统主要特征的关系配置就是我们所指的组织模式。系统的结构是其组织模式的物质实施。对组织模式的描述涉及的是各种关系的抽象罗列,而对结构的描述则涉及系统实际的物质组成:它们的形状、化学成分等。对于组织和结构之间的区别,我们以日常生活中常见的自行车为例来说明。对自行车的"组织模式"来说,它指的是,一个物体要能够被称为自行车,它的部件,包括车架、脚蹬、车把、链条、齿轮等之间必须有若干功能关系。这些功能关系的完整配置构成这辆自行车的组织模式。而对于自行车的"结构"来说,它指的是其组织模式的物质实施。换句话说,自行车是一些用特定材料制成的、具有特定形状的部件的组合。一辆自行车的组织模式可以用不同的结构来实施，它可以是公路自行车、山地自行车、折叠自行车、普通的城市通勤车，其车把形状、车架、车胎等材料都可以不同。

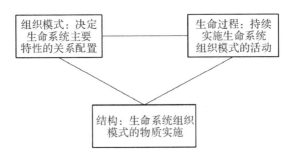

图 2-3　生命系统的三个重要条件

资料来源：卡普拉（2017：110）。

组织模式决定着一个系统的主要特性，特别是它决定着这个系统是有生命的还是无生命的。因此在这个新理论中，自创生作为生命系统的组织模式，是生命的决定性特征。要确定某一系统，如一块晶体、一个病毒、一个细胞或者是行星地球是不是有生命的，人们只需确认它的组织模式是不是自创生网络。如果是，那么涉及的就是一个生命系统，否则这个系统就是无生命的（卡普拉，2017：111）。

在自创生理论看来，生命系统是物理空间中的统一体。如何判定任意一个给定的实体是不是自创生系统呢？马图拉纳、瓦雷拉和乌里韦给出了六条判定规则，即"VM & U Six Rules"：

规则一：通过交互决定，统一体是否有可识别的边界。如果边界可以被决定，转到规则二；如果不可以，那么该实体是不可描述的，我们只能保持沉默。

规则二：决定是否存在统一体的构成元素，即统一体的成分。如果这些成分可以被描述，转到规则三；如果不可以，该统一体是一个不可分析的整体，因此它不是一个自创生系统。

规则三：决定该统一体是不是一个机械系统，即其成分属性是否满足特定的关系，以决定在该统一体中这些成分的交互和转换。如果情况是这样的则转到规则四；如果不是，则该统一体不是一个自创生系统。

　　规则四:决定构成统一体边界的成分是否通过有选择的邻近关系以及成分间的交互构成了这些边界,正如在它们交互的空间中由其属性决定的那样。如果情况不是这样,你没有一个自创生统一体,因为你决定它的边界,而不是决定统一体本身;如果规则四的情况是这样,则转到规则五。

　　规则五:决定统一体的边界成分是否由统一体成分的交互所生产,要么为之前生产的成分所转换,要么为通过边界进入统一体的非成分元素所转换和/或耦合。如果情况不是这样,你没有一个自创生统一体;如果是这样,转到规则六。

　　规则六:正如在规则五中如果统一体的所有其他成分也是由其成分的交互所生产的,如果那些成分不是由其他成分的交互所生产,那些成分作为必要永久性的构成成分参与到其他成分的生产中,那么你就有一个在其成分存在的空间中的自创生统一体;如果情况不是这样,并且统一体中的成分不是由规则五中统一体的成分所生产,或者如果存在没有参与到其他成分生产中的统一体成分,那么你没有一个自创生统一体。(Varela,Maturana,Uribe,1974)

可以看出,规则一、规则四和规则五是关于边界的,而规则二、规则三和规则六是关于成分的,这六个规则是层层递进的,只有满足了上一步的规则,才能进入下一步的规则,以判断任意一个给定实体或系统是不是自创生系统。瓦雷拉在后期对自创生系统的判定标准给出了一个简化版本:

　　(1)系统有一个半透性的边界;
　　(2)该边界是从系统内部生产出来的;
　　(3)系统包含再生产系统成分的反应。(Varela,2000)

以细胞为例。细胞有一个半透性边界——细胞膜,它允许外部的物质和能量穿过细胞膜,其内部代谢反应网络将这些物质和能量转化为其自身的成分,这些成分之间的交互生成其自身的边界,如此形成一个循环的生产和再生产过程。

除了自创生实体外,我们还可以把实体区分为异创生的(allopoietic)和他创生的(heteropoietic)。不生产自身的系统是异创生的系统,意味着"他生产"(other-producing)，比如，河流、水晶。人造系统则是他创生的，比如，计算机、汽车。病毒是一种游走于生物与非生物之间的物质。通常，我们认为病毒是生命，是因为我们对生命的判定标准不一样。按照"能自我复制"的标准，病毒是符合生命的标准的，病毒占领细胞，并掠夺细胞的组织体系，进行自我复制，它跟寄生虫没有区别，但病毒本身就像毫无生机的机械部件，没有任何生命的律动（福冈伸一，2017：29）。虽然病毒也能自我复制和自我增殖——这是病毒最显著的特性，但根据自创生理论，它不是生命，因为它没有内部生产网络和相互依赖性，它需要寄住在宿主体内才能生存，才能开始自我复制，虽然脱离宿主短暂时间病毒也能存活，但一旦找不到宿主，或者宿主解体后，病毒就死亡了。

自创生、自治（autonomy）和组织闭合（organizational closure），这三个概念是自创生理论的重要概念，它们既有联系又有区分。任何自治系统和自创生系统都是组织闭合的，相反的论断则不能成立。正如瓦雷拉提到，"自创生是一个可以称为组织闭合的更大的类或自组织的一个特定实例，即它是通过成分关系的无限递归界定的"（Zeleny，1981b：37）；"所有自治系统都是组织上闭合的"（Varela，1981a：15）。生命系统是物理空间中的自创生系统，"如果我们考虑发生在物理空间中的成分生产过程，那么组织闭合等同于自创生"（Varela，1981a：16）。生命系统为何要保持组织闭合和结构开放这一机制呢？因为，作为自创生系统，生命的运作虽然是在自身所在的物理空间里进行封闭（半渗透）的运作，但是在物质、能量和信息上还需与外界环境保持输入和输出，才能维持它的成分再生、边界和内部的新陈代谢。因此，自治和自创生都是组织闭合的子集，而自创生又是自治的子集。用数学符号表示就是：自创生⊂自治⊂组织闭合。

生命系统有其自身的自治。将自创生视为生物自治的范例，基于两个原因，一是它是经验实证上最好理解的例子，二是它为地球上所有的生命提供了核心生物学。然而自治系统不等同于自创生系统，如图2-4所示，"要成为一个自治系统，一个系统并不一定要在严格意义上是自创生的（一个自生产的、有界的分子系统）。一个自创生系统动态地生产它自身的物质边界，而一个系统可以是自治的而没有这种物质边界。比如说，一个昆虫群落的成员们形成了一个自治的社会网络，然而它们的边界是社会的和领地的，而不是物质的"（汤普森，2013：38）。在现实世界中，自治系统随处可见：单细胞、微生物群落、神经系统、免疫系统、多细胞有机体、生态系统等等。瓦雷

拉认为,生命的自治有两个核心命题:

命题1:有机体在根本上是同一性的过程。

命题2:有机体涌现的同一性逻辑地和机械地给予交互域以指涉性。(Varela,1997)

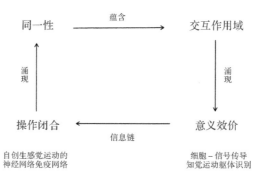

图2-4 自治的自我性和世界的共涌现

资料来源:汤普森(2013:51)。

生命不仅仅是简单的认知过程,也是意义生成和效价负载的过程。"当我们提到一个自治系统时,我们谈及的是包含多个过程的系统,这些过程在不确定的条件下主动产生和维持它们的系统同一性(systemic identity)。"(Froese,Paolo,2011)依据生成进路,生物和认知能动者(cognitive agent)都被理解为自治系统,一个能动者是这样一个自治系统,它适应性地调节它与环境的交互,并在不确定的条件下创造一个必要条件来维持自身。与主动生产和维持自身的自治系统相比,他治系统则是被自身以外的事物所生产和维持,比如人造系统,例如,计算机、化工厂、监狱等。"自治系统是一个自我决定系统,与被外界所决定的'他治'(heteronomous)系统区别开来。一方面,一个活细胞、一个多细胞动物、一个蚂蚁群落或一个人是一个在与其环境相互作用中的一致的、自我决定的统一体。另一方面,一个银行自动取款机是在人类设计领域中由外界决定和控制的。"(汤普森,2013:33)

自创生单元(autopoietic unit)与环境之间存在互动现象,这种互动达到一定程度将会产生结构耦合,即一个统一体的结构与其环境(包括环境中的其他统一体)之间的相互关系或对应,当一个统一体在其环境中经历周期性的相互作用而同时维持它的同一性并因此维持它的组织时,结构耦合就出现了,出现在结构中的变化必须是这样的,才能维持特定环境中的组织。结构耦合是一个系统预设了环境的特性并在此持续的基础上结构性地依赖它们,不同的系统之间共同演化,每个系统都将其他系统视为自己的环境,将其他系统的输出根据自己的二元符码和运作规则加以吸收转换。自创生单元与环境之间不仅仅是单向的决定或被决定的关系,而是双向的动态关系,两者是共同涌现的,这是自创生理论的一个重要思想。生物机体在自治的同时需要与外部环境发生互动,"根据自创生,应该从生命系统的内部逻辑来观察系统与环境的相互作用。换言之,自创生单元与一个给定分子 X 之间作用的结果,首先不是由分子 X 的属性指定的,而是由分子 X 如何被生命体'所看'的方式指定的"(Luisi,2003)。生命体"所看"的方式表达了它自身的认知域和意义域。正如瓦雷拉所言,"蔗糖中并没有特定的营养价值,除了当细菌穿过蔗糖梯度而它的新陈代谢利用这一分子以维持其同一性的连续性时,蔗糖的所谓营养的价值才呈现"。事实上,活的有机体从环境中汲取用来"创造自身的世界"的成分可以被视为有机体自身缺少的东西,这些缺失的东西必须从外部获取(Luisi,2003)。

生命系统是与环境结构保持动态结构耦合的实体。生命有机体的自创生机制分析表明,生命的本质是生命有机体在受热力学第二定律辖制的环境中维持其自身同一性——组织完整性——的持续建构过程,在这个过程中,生命体与环境中的事物既保持区分和自治,同时又与环境保持特有的结构耦合,"作为生命系统,我们拥有两个方面:第一,我们是众多的单个自创生系统的聚合;第二,我们是存在于与媒介结构耦合关系中的结构决定的实体(或系统)"(Brocklesby,2004)。结构决定的系统(structure determined systems),即所有的复合统一体都是由成分和关系(结构)构成,所以统一体上的任何变化都必然是其结构上的一个变化,在时间的那个特定点上,这样一个变化将成分和它们的关系属性来决定,也就是说,它将是由结构决定的。如图 2-5 所示,外界的能动者(agent)只能触发变化,但不能决定变化的性质,环境充当了自创生的生命体的媒介,生命体在持续建构自身的过程中,它总是与环境保持着动态的结构耦合。

马图拉纳和瓦雷拉基于生命的自创生机制分析提出了一种不同于表征主义的认知理解:认知是生命维持其自创生组织完整性的行动或行为。在这个意义上,马图拉纳和瓦雷拉认为,生命与认知是不可分离的,生命蕴含了认知,而认知行动保证了生命。此外,生命的自创生机制分析将生命与目的性、自我、价值、意义等现象学概念紧紧地联系在一起。

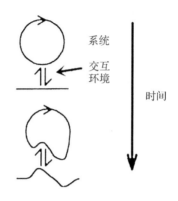

图 2-5　系统与环境之间的结构耦合

资料来源:李恒威,肖云龙(2016)。

　　"观察"和"观察者"是自创生理论中的重要概念。卢曼从英国数理学家斯宾塞·布朗(Spencer Brown)那里引入了观察的概念。布朗认为,任何数学计算都必须开始于区分(distinction),观察是根据一个区分做的标记活动,即选择一个区分并标记此区分之两边中的一边。观察可以分为"一阶观察"(first-order observation)和"二阶观察"(second-order observation)。一阶观察,是指对区分进行标示的观察本身,在这种情况下,观察者与观察活动并不能被观察;二阶观察,是把观察者纳入观察中来,对观察者进行观察。一阶观察非常重视稳定和均衡。二阶观察这一概念的提出,要归功于美国控制论学家海因茨·冯·福斯特(Heinz Von Foerster)。福斯特认为,一阶控制论是被观察系统的控制论,而二阶控制论则是观察系统的控制论。在他看来,如果被观察的事物都是被一个观察者所观察的,那么关于这种被观察系统的科学也就离不开观察系统的科学。因此,在一阶控制论和二阶控制论之间,最大的区别就在于二阶控制论将观察者包含到观察当中(杜建荣,2012:33)。

　　有两种看待系统运作的视角:观察者的外部视角和系统的内部视角。观察者,是一个能够通过语言做出区分和描述的(人类)存在,他的鲜活的体验始终处于语言中。从观察者的视角看,很容易导致观察者想看到什么就看到什么,而对于被观察的对象来说,这与其内部的实际运作机理是不同的。观察者的视角会对系统实际运作的理解产生偏差。马图拉纳和瓦雷拉以飞行员驾驶飞机的例子生动地说明了这个现象:

在生命系统内发生的情况类似于在飞行仪表中发生的情况。飞行员不能到达外面的世界,而且必须只能作为一个在其飞行仪表中显示的参数的控制者。他的任务是在飞行仪表读数的变化中找到一条安全路径,完全根据规定的计划或者根据这些读数指示的计划。当飞行员走出机舱时,他对朋友的祝贺感到困惑,他们向他解释了他在完全黑暗的情况下完成了熟练的飞行和着陆。然而他不知所措,因为据他所知,他在任何时候做的都只是将他的仪表的读数维持在一个规定的范围内,这个任务绝不是由他的朋友(观察者)对其行为作出的描述。(Maturana,Varela,1980:51)

这个场景对于飞行员和潜艇驾驶员来说有相似之处。飞机和潜艇与其内部的驾驶员形成了一个系统,对于系统之外的观察者来说,他们具有一个鸟瞰视角,能够观察到整个系统及其环境;而对于系统之内的观察者来说,他们由于没有一个鸟瞰视角,对于飞机和潜艇的运动轨迹和周边环境,只能看到局部,或者依靠仪表盘上的读数和雷达地图,来对自身所处的环境进行判断。对于一个系统的实际运作来说,若观察者没有关于系统运作机制方面的理论或者实际经历,他们观察到的往往是表象。而对系统边界的界定,尤其是对概念空间中的系统边界的界定,观察者并没有如此清晰的划分。

对自创生系统来说,系统的运作由其构成成分的关系决定,它的自身运作是一个自指的、递归的过程,它的边界由其成分之间的关系确定,因此,自创生理论是"关系存在论"(relational ontology),生命自创生是"关系生物学"(relational biology),而社会自创生是"关系社会学"(relational sociology)。日本学者河本英夫在《第三代系统论:自创生系统论》一书中指出,观察者只是划分了系统与外部环境之间的边界,而系统自身的边界是由其自身的生产机制规定的:

对于在空间内被刻画出来的系统,外在刺激和代谢物质参与其中。也就是说,系统不断重复圆环式运动使之与自身相互作用,外在条件从外部参与其中。然而,在这种情况下,是谁规定了系统本身与外界的系统的边界呢?很明显是将系统与外界放在同一平面上加以考察的观察者。观察者同时把握系统和系统的外部,一方面,系统自我参照性地封闭式运动,另一方面,外部条件从系统外部进行参与。为此可以说,系统正因为是封闭式运动的,所以才是开放的,然而这个规定本身就是由观察者进行的。自创生系统必须不依赖观察者来规定自己。当系统通过产出性运动产生出自己的边界时,从系统本身来看,其外部不应该是由观察者指定的空间上的圆环的外部。(河本英夫,2016:116)

因此,对系统的运作机制的解释,自创生理论的主要特点之一是,它是自我界定的。它不需要依赖第三方来划分其边界。这在生物系统层面是一目了然的,因为它们存在于具体的物理空间中,对于细胞来说其边界是细胞膜,对于动物来说其边界是皮肤,对于植物来说其边界是表皮。

与传统系统理论旨在将输入加工或转换为输出的开放系统不同,自创生系统并不将输入转换为输出,而是将自身转换为自身。系统生产的输出是它自身内部的成分,系统使用的输入再次成为它自身的成分,它处于一个持续的自我生产的动态过程中(Mingers,2006:167-169)。这种自我生产的动态过程是一个自我指涉、自我建构的过程:

> 完全的循环,不是基于油画、镜子、房屋或书籍等的直线形的参考构架,而是根据莫依比乌斯带(Moebius Strip)的单一曲面理论,既没有"内",也没有"外"。这不是经典的笛卡尔的自我模型。笛卡尔的自我有一个活的有灵魂的"能认知者",它被那个由牛顿的机制决定的、由有广延的物质构成的、可预知的世界所包围。完全的循环更接近于马图拉纳和瓦雷拉的自创生概念:一个在细胞、个体和认知等多个水平上完全自我构建、自我指涉、重复界定的实体。(马古利斯,萨根,1999:84)

"将自身转换为自身"和"系统的自我递归来自内部成分的持续建构",这正是自创生系统的运作逻辑和自创生理论的精髓。从观察者的视角转换为系统自身的视角,我们才能更好地理解具备物理空间和概念空间特性的社会系统的运作过程。

2.3 对生命自创生的评价

在自创生理论诞生和发表在期刊之前,"DNA双螺旋模型"是生物学和生命科学领域的主流理论,而一个偏向于分析组织模式而不注重分析分子结构成分的理论在当时没有受到欢迎,这也可以理解为什么自创生理论一开始遭到主流期刊的拒绝。诞生于 20 世纪 70 年代的自创生理论,刚好处于控制论第二次浪潮(1960—1985 年)时期,这一时期也是以 DNA 和 RNA 为主流的生命科学完全占主导的时期。自创生理论本身没有聚焦于 DNA、RNA、复制、遗传、繁殖和信息,而是聚焦于细胞成分之间的关系,替代性的观念在主流期刊上也没有机会被严肃对待,因此其经过很长时间才逐渐被主流期刊所接受。

在达尔文演化论那里,繁殖和演化是生命有机体的重要元素;但在自创生那里,繁殖和演化没有进入生命组织的特性中,"一个活的有机体即使不能自我繁殖也能够存在……"(Maturana,Varela,1980:96)。这一论断遭到了广泛的争议,它违背我们一直深信不疑的达尔文演化理论的常识观念。除了核酸、繁殖和演化,自创生理论的初始文献也避免使用"编码"(coding)、"信使"(message)、"信息"(information)等术语(Maturana,Varela,1980:102)。主要原因在于瓦雷拉对"信息"在当前大多数生物科学文献中被误用的情况表示深切担忧。这些原因可以解释自创生理论在开始及之后很长时间为什么都没有获得广泛支持。

马图拉纳和瓦雷拉根据组织内构成成分之间的关系,而不是根据组织内构成成分本身的属性来解释生命,这一"关系生物学"进路也是其遭到学者批评的原因。有学者认为他们提供的生命解释并不是正式的解释,而是细胞现象学的一个延伸,这种现象学来自自创生的现象学——例如,细胞对其环境维持一个边界,保存组织同一性以及繁殖(Viskovatoff,1999)。针对"自创生理论只是解释了细胞的组织,没有描述它的 DNA、蛋白质的本质"这类批评,美国演化生物学家理查德·莱文汀(Richard Lewontin)为其进行了辩护:"即使一个人完全知道一个细胞基因的 DNA 序列,或知道蛋白质合成的功能,或知道每个基因起作用的基因规则,他对于理解细胞实际上如何工作仍然有一段很长的路要走。"(Lewontin,1992)

自创生理论早期文献的缺陷以及创造了很多新词,是它没有被主流科学接受的一个重要原因。比如,在早期少数的文献中,马图拉纳、瓦雷拉使用了很多新词,例如,"认知"(cognition)、"生成"(enaction)、"创造自身的世界"(creating its own world)和"具身性"(embodiment)等等,它们含义模糊,在原文的含义很大程度上超出了其本身的含义。"信息"(information)是与"认知"一词共同进入自创生理论中的,但"认知"本身就是一个模糊的术语:

自创生理论例证了"如其可能所是的生物学"。的确,既然它已经存在,一个人可以说它例证了"我们所知的生物学"。但这是误导性的。自创生词汇对多数生物学家而言是生疏的,只是在曾遇到过它们的那些生物学家中的少数人领会过。此外,在自创生理论与更正统的生物学之间存在许多差异,这妨碍了它被更广泛地接受。(Boden,2000)

对此,博登认为,自创生理论挑战了生物学和认知科学中熟悉的概念。生命并不蕴含认知,马图拉纳和瓦雷拉合并了"认知"与"适应"这两个术语(Boden,2000)。她建议应更严格地使用"认知"一词,如此可以使"物理空间中的自创生"的概念更接近生物学家所指的"新陈代谢"的概念。从认知科学和主流生物科学的视角看,对这些术语和概念的接受是一个绊脚石。如果没有这些术语,自创生理论或许可以更容易地被认知科学和主流生物科学理解和接受。

自创生理论侧重分析生命系统的组织层面,而缺少对其结构层面的分析,而要完整地呈现生命系统的组织和结构,还需要一个对生命系统分析的综合进路:

马图拉纳和瓦雷拉认为,对于刻画生命系统的组织,自创生的概念是充分与必要的。然而,它不包含关于系统组分的物质成分的任何信息。要了解这些组分的性质及其物质相互作用,在对其组织的抽象描述之上,还必须加上以化学和物理的语言对系统结构的描述。这两种描述之间的明显区分——一种是在结构上,另一种是在组织上——使得我们有可能将面向结构的自组织模型(普利高津模型和哈肯模型)和面向组织的模型(艾根模型和马图拉纳—瓦雷拉模型)综合成生命系统的一种自治的理论。(卡普拉,2017:71)

马图拉纳和瓦雷拉等对自创生理论在生物学领域中的应用并没有提出异议,因为自创生理论的最初目的就是阐明生命和认知的本质及其联系,聚焦于细胞层面的基本过程、运作原理和构建逻辑。自创生理论存在的主要困难是,它应用到社会现象和法律现象等意义层面将会引起很大的争议,因为在生命现象层面,自创生系统的构成成分是生命,比如细胞;而在社会现象和法律现象中,自创生系统的构成成分并不是生命,而是意义、沟通、行动、规则、思想等。特别是自创生理论的早期研究者,即马图拉纳和瓦雷拉等,对于自创生是否仅限于生物现象,或者它能否被有意义地发展成为一个社会自创生的概念,他们都是不清楚的(托依布纳,2004:41)。

即使存在这些问题,自创生理论依然彰显了它的学术价值和现实价值。从生命自创生延展开来,自创生理论在社会学领域引起了一个范式转变,在法学领域提供了观察法律运作的一个新颖视角和反身性视角,对于理解"法律与社会的关系"具有重要意义。将法律视为一个自创生系统,可以在保持法律系统的自治和独立的同时,又不失其与社会的互动和交流;在社会学领域,自创生理论具有重要的启发意义,它提供了从存在论层面和隐喻层面看待社会运作机制的双重视角,从复杂的环境中可以将社会系统及其子系统清晰地区分出来,更好地理解社会的构成成分、边界和内部反应网络,理解人类个体、沟通、概念、规则等在社会构建机制中的不同作用。在一般系统和实体的演化层序上,自创生理论为我们理解高阶的系统提供了观察者的视角,在观察超越社会系统之上的盖娅甚至行星系统时,可以将整个盖娅视为自我调节的系统,这在当代的共生理论和盖娅理论中已经得到科学研究的证实。进一步说,在今天复杂系统科学兴起,人类社会面临不确定性和复杂性状况的情境下,自创生理论可以为我们观察、理解和反思社会的运作提供一个独特的视角,有利于我们更好地应对社会的风险性和复杂性。

第二部分

社会自创生及其扩展

3 社会自创生:社会系统的运作机制

生命自创生理论是基于对细胞工作原理的观察,是"从内部看"(from within),从生命系统的内部组织的逻辑来认识生命过程。涌现、内稳态(homeostasis)、生物自治、与环境的交互、认知、演化漂移等等,都是生命组织模式的关键特性。可以这么说,自创生理论就是细胞生命的"构造指南",是生命的基本组织模式。内稳态(homeostasis),是指生物体在可容受的限度内调整生理变量从而保持其体内动态平衡。生命系统就像一个保持内稳态机制的恒温系统,它具有自我调节和维持稳定平衡的机制。生命系统是自创生系统,细胞是最小的自创生系统,即一阶自创生系统。那么,由细胞组成的多细胞有机体乃至更高阶的系统,比如社会系统,它们也是自创生系统吗? 多细胞有机体是二阶自创生系统,这是可以肯定的,至于三阶自创生系统,哪些实体符合这个范围,本书将给出回答。卡普拉提出了设想:"由这些自创生的细胞形成的更大的系统,生物体、社会和生态系统本身,是否也是自创生网络?"(卡普拉,2017:141)卡普拉提到的这个问题,是自创生理论提出以来备受关注和争议的问题。

现今,人类社会正处于全球化时代,这个全球化不仅仅是经济的全球化,还包括政治全球化、文化全球化、社会全球化和技术全球化。全球化不但充满了机遇和改革,而且充满了风险和挑战;当代全球社会正处于信息社会、数字社会、风险社会和后工业社会,全球社会作为一个巨大的复杂系统,它具有超级连通性、非线性、方向变化性、突发性、不确定性和不可预测性的特点。现代人类社会和文化生活创造了高度自治化、区分化的社会系统,而这个系统反过来给人类社会和文化生活带来了新的风险,使人类进入一种前所未有的"风险社会"(risk society),其基本特征就是它的高度复杂性,这种复杂性是超出人的控制能力范围的(高宣扬,2005:33),并且可能随时威胁着人类的生存及演化。今天的局部地区冲突、金融市场动荡、单边贸易制裁、俄乌冲突、粮食危机、气候危机、福岛核污染水排放、各种信息技术绑架，不就是一个生动说明吗？自西方工业革命以降，全球形成了市场经济和民族国家这两股潮流，全球化并没有带来西方学者和发展中国家所期待的普惠和发展、匀质化和普遍性，差别没有消失，政治力量、军事力量、发达国家话语权在增加。全球化发展到今天，带来的是人口、资金、技术的流动，难民、移民、游客、经销商、雇佣兵、政客、军火商、慈善家、志愿者等构建起了一个支离破碎的万花筒世界——我们进入了一个"风险社会"，到处充满了不确定性，"文化自觉"和"文化他觉"已经成为日常生存之道，从"己所不欲勿施于人"到"彼所不欲勿施于人"，也正在成为共识（格尔茨，2014：18）。

3.1 从生物学的隐喻视角来理解社会

生物学的隐喻经常被用来理解社会、经济、法律、文化、组织等实体的运行。为何要从生物学的隐喻视角来考察社会系统的本质呢？从理解社会方面，将有机体隐喻或类比从生物学引入社会学，是一种主要的进路。传统上，人们倾向于用原子或机械隐喻看待标准的个体主义，社会被视为钟表或类似的东西运作；而用整体或集体隐喻看待标准的集体主义，社会被理解为一种循环的有机体，常常表现出成长和衰老的新陈代谢特征（佩蒂特，2010：203-204）。其中，有很多代表性人物，比如帕森斯、斯宾塞、卢曼、吉登斯、贝塔朗菲、爱德华·威尔逊（Edward O. Wilson）、理查德·道金斯（Richard Dawkins）、查尔斯·霍顿·库利（Charles Horton Cooley）等。社会生物学中的"社会"指的是属于同一个种并按照合作的方式组织起来的各个个体构成的群体（威尔逊，2007：7）。

贝塔朗菲开创了一般系统理论，他的系统理论对卢曼的系统理论有重要影响，贝塔朗菲较早注意到，对生物系统的分析有可能对社会系统的分析也适用。他指出，"一种全新的统一体进入科学思想圈。经典科学中的各门学科，例如化学、生物学、心理学和社会科学，力图从可观察宇宙中分离出要素——化学分子和酶、细胞、基本感觉、自由竞争的个人等等，指望在概念上或在实验上把它们放在一起就会产生并能够理解整体或系统——细胞、心理和社会"（贝塔朗菲，1987：3）。生物系统与社会系统有很多差异，在一些学者看来，两者的构成成分有一些区别。生物系统是由同质性(homogeneity)成分构成的，即细胞分子；而社会系统是由异质性(hetergeneity)成分构成的，即个体能动者、制度、实践等。本书在前文中提到，自创生理论一开始是倾向于机械隐喻的："生命系统，作为物理的自创生机器，是无目的的系统。"(Varela，1979；Maturana，Varela，1980)后来自创生理论转向了有机体隐喻；类似地，在自创生理论拓展到组织领域中，学者摩根也认为组织从隐喻上来说是一个机器、一个有机体(摩根，2005：36)。

　　"社会与个体的关系"是一种重要关系，从生物学的角度来说，社会就像一个母体，给个体提供生命的营养成分。库利在《人类本性与社会秩序》(*Human Nature & Social Order*)一书中提到，社会与个体的关系是一种有机的关系，个体与人类整体不可分割，个体不能脱离人类整体；而社会整体依赖每个个体。因此，社会是一个有机体——由具备独特功能的不同成员组成的生命整体(全人类或社会组织)。比如，一个大学，学生、教学人员、行政人员、后勤安保人员等构成了这个有机整体，每个个体之间相互依赖，共同维持着这个大学的运作(库利，2020：23-24)。个体能动者在社会中的作用当然重要，像"认为没有个体能动者就没有社会"这类观点不在少数。但事实真的如此吗？社会的构成成分是个体的人吗？这取决于我们是否把具体的物质性成分视为社会系统的成分。社会系统并不是纯粹的具体的物理空间系统，它还包括抽象的规则、制度、法律、文化、习俗、道德等层面，它是一个物理空间与概念空间混合的系统。规则的本质，从规则本身的构成来看，人类的规则有正式规则和非正式规则，前者主要由法律构成，比如法律和规章制度中的明文规定，后者主要由道德、风俗、习惯、思维定式组成，比如组织中的惯例和村落中的文化习俗，非正式规则往往比规则先形成和存在，而成为后者的萌芽和起源(李怡然，2021：127)。个体能动者是生物系统，它是由细胞分子形成器官、神经和人体，个体能动者的行动和实践创造了社会的物质和文化，但并不等于说社会的构成成分就是个体能动者，社会的构成成分也可以是同质性的，比如，沟通、行动、规则、概念、思想等。

　　在达尔文发表《物种起源》(1859)之前，英国著名社会学家、哲学家、"社会达尔文主义之父"斯宾塞就提出了社会演化的思想，在他看来，演化是一个普遍规律，社会与生物一样，都是一个有机体，这两种有机体存在很多相似之处，生物学领域中的"生存竞争、适者生存"的法则同样适用于社会学领域(斯宾塞，1996)。斯宾塞是从生物学的视角来理解社会的，他将社会类比为一个单个的人,社会是按照类似于人的体系和器官组织起来的:营养系统、分配和循环系统、调节系统。社会的营养系统是社会有机体物质的生产系统,它包括工业及其生产部门;社会的分配和循环系统包括商业、交通和银行等部门;社会的调节系统包括政府及其管理部门,负责各部门的管理和协调。生物的演化是从低级到高级、从简单到复杂,而社会的演化,在斯宾塞那里,也是采用了生物学的类比(杜建荣,2012:58)。"在社会学传统中,已经存在将社会与生物有机体加以类比的做法。19世纪的社会学家——比如孔德、斯宾塞或涂尔干——都将社会学与有机体进行类比。以斯宾塞为例,斯宾塞认为社会是由个人构成的,因此个人的特点和性质决定了社会的特点和性质。"(杜建荣,2012:57)

就以社会自创生理论来说,它起源于生物学的细胞构建逻辑。多个细胞能够相互并列运行以形成复杂的物质生命——植物、动物、人类社会等,这些事实并没有使每个细胞成为另一个的一部分,它们是独立的实体,发展出复杂的相互关系,结果就是形成复杂的生命,这种组织模式并不是机械关系,而是系统关系,植物、动物、人类社会等这类实体都是自创生系统。卢曼的社会系统理论的认识论和方法论基础,在很大程度上借鉴吸收了来自认知生物学思想中的前沿研究成果,这个成果就是由马图拉纳和瓦雷拉等提出的研究生命本质和认知本质的"自创生理论",经由卢曼转化,形成了他的独特的"社会自创生理论":

> 鲁曼把马图拉纳等的生命系统理论应用到社会理论研究中,一方面,把"系统"概念一般化,强调整个社会各个组成部分都具有系统的特点,另一方面,他又将系统进一步具体化和层次化,分析社会不同层次的不同系统的性质和特征。(高宣扬,2005:25)

卢曼在他1990年出版的《自我指涉的论文集》中开篇就提到,"自创生这一术语是创制出来定义生命的。……心灵系统甚至社会系统也是生命系统,初步看来这个主张是没问题的,难道还存在没有生命的意识或社会生活吗? 如果生命被定义为自创生,系统我们何以拒绝将心灵系统和社会系统视为自创生系统? 如此看来,我们可以获得自创生与生命的紧密联系并将这一概念应用到心灵系统和社会系统"(Luhmann,1990:1)。卢曼所处的时代,研究社会学的系统论已经演化到新的阶段——生物学系统模式。在20世纪中叶之前,西方传统系统论是几何学系统模式和物理学系统模式;在此

之后,生物学系统模式取代了前两种模式,推动了当代社会科学的系统思考:

> 按照这种生物学系统模式,生命现象的运作和更新是无法靠普遍有效的物理化学过程的稳定性规则加以说明的。生物学系统模式所强调的,是事物和整个世界结构中的内在因素之间的相互关系。这种关系的形成及其运作,不是由系统之外的其他因素决定的,而是以系统内部各因素间的相互关系作为基础。(高宣扬,2005:52)

因此,卢曼的社会自创生借用生物学中的自创生理论,就是生物学系统模式的典型应用。通过这种借用,社会系统与生命系统类似,都强调它自身的自我指涉和自我生产特性。杜建荣在《卢曼法社会学理论研究——以法律与社会的关系问题为中心》中指出,休伯特·洛特路斯勒(Hubert Rottleuthner)将卢曼的法律自创生理论放置在"法律思想中的生物学隐喻"这一背景下进行研究。

当代著名的社会学家和政治思想家、英国剑桥大学社会学教授吉登斯在《社会的构成:结构化理论纲要》(*The Constitution of Society*)一书中提到,法国社会学家奥古斯特·孔德(Auguste Comte)以降的功能主义思想一向特别注重生物学,认为这种科学能向社会科学提供最为切近、最为适合的参照模式,并且以生物学为指导,从概念上阐述社会系统的结构和功能机制,分析经由适应机制实现的进化过程。对于社会科学中的文献来说,"结构""功能""结构主义""功能主义"都是常常伴随出现的术语,一些学者将这些术语从生物学拓展到社会学,作为功能主义代表的卢曼,引入生物学的自创生理论来分析社会系统的构成,也就不足为奇了。正如吉登斯指出:

> 斯宾塞以及19世纪的思想家通常以非常直白的生物学类比的方式来使用"结构""功能""结构功能主义"这些概念,研究社会结构就像是研究生物的解剖体,研究社会的功能就像是研究生物体的生理机能,目的在于表明结构是如何"运作"的。
>
> 结构被理解成社会关系的"模式",功能则是这些作为系统的模式实际是如何运作的。这里的结构实际上是一个描述性概念,主要的解释性负担落在了功能身上。这也许是为什么不论是同情还是批判性结构功能主义文献都过于关注功能概念而很少认真对

待结构概念的原因。(吉登斯,2015:66-67)

"结构""行动""系统""结构二重性"是结构化理论的核心。在"结构二重性"那里,结构制约行动,行动生产结构。在绝大多数社会研究者眼里,通常这样理解"结构"——社会关系或社会现象的某种"模式化"(patterning)。结构是各种各样社会关系组成的网络,它不包含个体的目的性、意图等特性,而社会网络是社会分析的单位,这在结构主义者那里是这样,在卢曼那里也类似,只不过卢曼以沟通网络作为分析单位。吉登斯批评了这些社会学家对结构的看法,认为他们经常幼稚地借助视觉图像来理解结构,认为结构是类似于某种有机体的骨骼系统或者形态,或者是某个建筑物的构架(吉登斯,2016:15)。吉登斯的结构二重性概念与马图拉纳和瓦雷拉的自创生理论中的"组织"(organization)概念有共同之处,它们都强调系统成分之间的关系、由成分所生产的边界和系统的再生产过程,对吉登斯来说是规则和资源,对马图拉纳和瓦雷拉来说则是细胞膜。进一步来说,这种观点与卢曼的社会自创生理论是相通的,社会系统及其子系统是沟通或沟通事件的生产和再生产的过程,对吉登斯来说是社会行动,对卢曼来说是沟通或沟通事件;对吉登斯来说是规则和资源,对卢曼来说是二元符码。社会系统的生产和再生产,根据吉登斯结构二重性和社会自创生理论,社会系统既存在于具体的物理空间中,有具体的场所,也存在于抽象的概念空间中,其运作是基于看不见的规则和制度。自创生理论应用到生物系统与非生物系统的最大区别就是这些系统的边界限定,而社会系统边界的相对抽象性,很大程度上使得该理论在应用到社会系统时面临很大的困难。正如卡普拉指出的,人类社会体系是存在于物质领域和概念领域的自创生系统:

> 对于人类社会体系是否可以被描述为自创生这一问题已经有过相当深入的讨论,不同的作者对此提供了不同的答案。核心问题是,自创生只对物理空间中的系统和数学空间中的计算机模拟有精确的定义。由于人类的思维、意识和语言产生出观念、思路和符号的"内部世界",人类社会体系不仅存在于物质领域,也存在于概念性的社会领域中。(卡普拉,2017:142)

近年来有学者从社会物理学(social physics)的角度,即强调物质、能量流动之外的第三种流动性,将"想法流"(idea flow)——思想的涌现、流动和传播,作为看待人类关系构建、认知结构和社会结构演化的新的视角,这个视角在移动互联网和人工智能广泛渗透的数字化社会,尤其具有现实意义。因为在传统的社会学和经济学中,学者们往往以种族、阶级、政治权势、社会地位塑造的产物等同于社会结构,而忽视了跨越社会阶层的思想、想法的流动性、文化、习俗等,特别是忽略了那些打破壁垒的创新思想、人际互化的流动性(彭特兰,2015:推荐序Ⅹ)。用存在论的视角来看待社会及其成分的关系,本书认为社会结构是一种"关系存在论",它是由社会成分、边界和内部反应网络构建起来的。

在自创生系统中,边界是其中一个核心要素,它区分系统与环境,保证系统能从环境中吸收有益的物质、能量、信息和其他成分,而过滤那些对自身没有价值的副产物。边界具有维持系统运作的重要作用。对社会系统来说,正是边界的抽象性和概念性,导致其具体的存在形态不同于生物系统。比如,一个国家是有边境线和国界线的,一个省份、一个城市、一个乡镇、一个村庄、一个部落,它们都有自己的地理实体边界。但是对于社会系统及其子系统而言,如何区分经济系统和法律系统之间的边界呢? 在这两者当中并没有一个具体的分界线,只有各自的规则、制度和二元符码来区分。比如,经济系统依靠付款/欠款、法律系统依靠合法/非法这种二元符码来与社会其他子系统进行区分。挪威人类学家弗雷德里克·巴斯(Fredrik Barth)非常重视边界在文化社会建构中的作用,他在《族群与边界:文化差异下的社会组织》(Ethnic Groups and Boundaries)里强调了边界对于族群认同和文化建构的重要性,族群是由它本身组成成员认定的范畴,形成族群最主要的是它的边界,而不是语言、文化、血统等内涵;一个族群的边界,不一定指的是地理的边界,而是其社会的边界(巴斯,2014:10-11)。

那么,如何区分这两个存在于不同空间的系统呢? 如图3-1所示,物理空间中的变化和非物理空间中的变化之间的区分,类似于两个层次的复合系统,即人类和组织之间的区分。人类,作为多细胞有机体,代表了在一个逻辑层次上的复合统一体,他们存在于物理空间中;而组织,它在一个更高的层次上被界定,是由人类区分的复合统一体,它存在于非物理空间中(Kay,2001)。

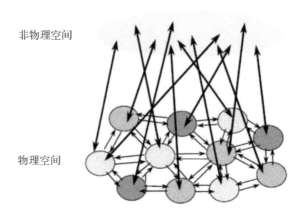

图 3-1　物理空间与非物理空间中的复合实体之间的关系

资料来源：Kay(2001)。

如图 3-2 所示，复合统一体所处的空间并非单单局限于物理空间或非物理空间，以社会系统中的能动者角色为例，它同时处于物理空间与非物理空间。更确切地说，它同时处于物理空间和概念空间。比如，此刻坐在办公室里而同时在网络上签订协议的职员。

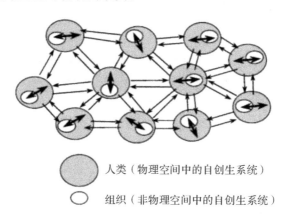

⬤　人类（物理空间中的自创生系统）

◯　组织（非物理空间中的自创生系统）

图 3-2　非物理空间的具身概念化

资料来源：Kay(2001)。

所谓的"社会"或"社会系统"，我们很少能轻易地指明它们的界限。在涉及社会或社会组织时，我们所讨论的边界往往不是地理边界（当然地理边界也很重要），更多是讨论社会边界，这种边界由群体成员在文化差异的基础上，随着时空发展而共同建构、确立和演化。社会或社会系统不是个体能动者的总和，它还包括贯穿个体行动中的制度、文化和结构。"结构视角"强调时空延展，结构的延续时间比个体能动者的生命要长，结构的范围远超个体能动者的活动领域，结构是"超个体的"（吉登斯，2016:194）。至少在我们进入由民族国家构成的现代世界以前，情况就是这样的。社会是一个有机体，从斯宾塞到道金斯等，这一主张得到了不少学者的支持。功能主义与自然主义往往诱使人不假思索地承认，社会是明确界定的实体，而社会系统是内在高度整合的统一体。因为这类视角即便表面拒斥直接的有机体比拟，也往往与生物学概念关联紧密（吉登斯，2016:引言 14）。吉登斯在《社会理论的核心问题：社会分析中的行动、结构和矛盾》（*Central Problems in Social Theory:Action,Structure,and Contradiction in Social Analysis*）一书中是这样看待功能主义和结构主义的，"功能主义通常把有机体作为'系统'的指导模式，功能主义者总是诉诸生物学的概念库来服务于自己的目的。……作为一种社会理论形式，结构主义最好被界定为：将结构语言学影响下的语言学模式应用于对社会和文化现象的解释"（吉登斯，2015:9）。吉登斯还提到了功能主义的不足之处，"功能主义者通常是从总体的'整合/涌现特性'（emergent properties）来思考社会的，这不仅造成了社会与其个体成员之间的分割，也使前者对后者的行为产生支配性的影响"（吉登斯，2015:56）。英国演化心理学家道金斯提出"觅母"（meme）一词来理解基因的复制和文化的传递。这是一种流行的、以衍生方式复制传播的互联网文化基因，觅母在最初诞生时具有匿名作者、较低娱乐性的特征，在诸如语言、观念、信仰、行为方式等的传递过程中与基因在生物进化过程中所起的作用相类似。道金斯以觅母隐喻来看待文化演化，他是从生物学的视角来理解社会的代表人物之一。无独有偶，社会学家孔德同样从生物学的视角来观察社会的运行。贝塔朗菲区分了系统理论的"三副面孔"：一般系统论、系统技术、系统哲学。自创生理论就属于第三副面孔——系统哲学。功能主义包括系统理论，它和结构主义存在着明显差异，但也有显著的相似之处，都倾向于自然主义和客体主义的立场。吉登斯指出，"功能主义者一直强调社会学与生物学之间联系的紧密性，其中最大胆和最广泛的尝试可以见之于孔德的科学等级体系"（吉登斯，2015:83）。自孔德以来，社会学中的功能主义思想比较倾向于生物学，认为生物学类比或隐喻可以为社会学提供适合、相近的参照模式，于是以生物学为指导，从概念上解释社会系统的结构和功能机制，通过分析其适应机制实现演化过程。而结构主义思想则拒斥演化论,避免采用生物学类比或隐喻。功能主义和结构主义都强调:社会整体相对于其个体组成部分——那些构成它的人类主体能动者,于他们而言,社会整体具有至高无上的地位(吉登斯,2016:1)。

当代社会已经成为高度复杂的社会,其中的层级秩序就像俄罗斯套娃那般重叠交错,想象一下美国1999年上映的科幻电影《黑客帝国:母体/矩阵革命》中的场景:身处其中的个体分不清虚实,有可能并不能完全反观自身和整个系统的运作。计算机学者丹尼尔·希利斯(Daniel Hillis)认为,我们的世界已经从"启蒙"(enlightenment)转向了"纠缠"(entanglement),至少技术领域肯定如此:"技术已经变得如此复杂,以致我们无法完全理解它,也无法完全控制它。我们已经进入了'纠缠时代'……每个专家都只了解难题的片段,而无法把握难题的整体。"(阿贝斯曼,2019:13)就连作为技术创造者的专家都无法完全了解技术了。这充分说明,人类的技术、城市和社会都是复杂系统(复合系统,complex systems)。"一个典型的复杂系统是由无数个个体成分或因子组成的,它们聚集在一起会呈现出集体特性,这种集体特性通常不会体现在个体的特性中,也无法轻易地从个体的特性中预测。"(韦斯特,2018:22)类似《黑客帝国》中的情节,处于如此复杂的系统之中,人类个体和群体都很难具备鸟瞰视角,作为身处其中的人类观察者难以全面观察到系统的全部面貌。

3.2 社会自创生:卢曼的视角

诸多社会学家都尝试过从生物学视角来理解社会,卢曼是其中比较突出的一位。卢曼是当代社会系统理论集大成者,出生于德国的吕讷堡,早年在弗莱堡大学学习法律。毕业后,先后在吕讷堡行政法院、汉诺威的州文化和教育部等部门担任行政职务。1960年,卢曼获得到哈佛大学深造的机会,在那里他师从著名社会学家帕森斯进行了为期一年的学习。回到德国后,他进入斯派尔公共行政学院的一个研究所工作。1966年,卢曼在社会学家赫尔蒙特·谢尔斯基(Helmut Schelsky)和迪特尔·克莱森(Dieter Claessens)的指导下获得博士学位,并担任位于多特蒙德的明斯特大学的社会学教授。1968年,卢曼在新组建的比勒菲尔德大学成为第一位得到正式任命的教授,1993年从该校退休,1998年去世。卢曼是德国继马克斯·韦伯(Max Weber)之后最富原创性的社会理论大师,是社会系统论旗帜性人物。在与德国社会学家尤尔根·哈贝马斯(Jürgen Habermas)论战的 30 年中,引导了德国乃至整个欧洲在 20 世纪后半叶的社会科学潮流,被誉为"当代极少数几个确实改变了观察范式的社会学家之一"。卢曼倡导"社会学启蒙",于 1989 年获得德国哲学界最高荣誉之一"黑格尔奖"(三年授予一位,同获该奖者还包括哲学家伽达默尔),被称为社会学界的"黑格尔"。卢曼一生著述丰富,脉络清晰,出版著作多部,包括《法社会学》《社会诸系统》《社会的法律》《社会的经济》等。卢曼把整体的社会系统视为自创生系统,经济系统、法律系统都是社会系统的子系统,经济系统产生并再生产构成经济的要素本身,经济系统是由支付构成的自创生系统(卢曼,2008);法律系统按照公正信条履行自己的使规范性期望稳定化的功能,发展作为自我描述和外部描述的法律理论,法律系统是由沟通构成的自创生系统(卢曼,2009a)。在二战后很长的一段时间里,整个世界的社会学都是由美国社会学主宰,社会理论里深深留下了结构功能主义代表人物帕森斯的影响。20 世纪 80 年代卢曼提出社会自创生理论之后,社会学、法社会学等社会科学领域发生了重要转向。学者伯恩哈德·珀格森(Bernhard Poerksen)将其称为"社会学中的自创生转向"(Poerksen,2004:78;Riegler,Scholl,2012)。

社会自创生将自创生理论从物理空间的生命系统扩展到兼具物理空间和概念空间的社会系统之后,这个概念在学界引发了广泛应用和激烈争论,其中的核心问题是:作为生命个体层次之上的社会系统的存在形态和组织模式是怎样的? 社会系统是存在论意义上的自创生系统,还是"社会自创生"不过是一种隐喻意义上的说法? 与一阶细胞、二阶多细胞有机体相比,该如何理解三阶社会系统的成分、边界和生产过程? 自创生的社会系统与其子系统(法律系统、经济系统等)是一种什么样的耦合机制? 从分子、细胞到人类个体乃至社会系统,随着这些系统复杂性水平的提高,是否存在超出人类观察和理解的更高阶的系统,这样的系统是自创生的并且是有生命的吗? 社会系统在何种程度上可以被视为一个超级有机体? 关于这些问题,学界目前主要有三种观点:其一,社会系统在存在论上是自创生的(卢曼、罗勃等的观点);其二,社会系统是组织闭合的,但非自创生的(马图拉纳、瓦雷拉等的观点);其三,社会系统在隐喻意义上是自创生的(明格斯、路易斯、泽莱尼等的观点)。

在系统理论的认识研究中,存在两种不同的认识方式,第一种是把系统视为一个分析性的概念,即一种分析工具;第二种是把系统视为一种现实存在的实体。前一种对应的是自创生理论隐喻视角和组织闭合视角，后一种则是存在论视角。卢曼采用的正是后一种方式，将系统实体化，系统不仅仅是一种分析意义上的工具，还是一种存在论意义上的现实。对于社会系统的研究，卢曼等受"控制论之父"维纳的影响很大。社会是一个复合系统，也是一个自创生系统，它以沟通（通信）为基本单位进行运作。在维纳看来，个人、人类整体、社会、自然和机器都是不同性质但又相互平行的通信系统。"不论在个人、人类整体、社会、自然，还是机器中，作为一个一个通信系统，都存在着控制、熵（entropy）、失序和偶然性的控制论基本问题。在这个基本前提下，我们可以将社会看作一个由通信网络所构成的复合体。"（维纳，2010；高宣扬，2005：75）

卢曼的社会系统理论，受到涂尔干和帕森斯的影响。系统理论的核心问题，是一个社会如何以一种内部整合的方式实现自我维持。按照某些学者的看法，卢曼的社会系统理论的形成，受到当代自然科学系统论的重大影响，是将当代系统论的突出成果加以集中的一个理论成果，包括天体宏观系统模式、基本粒子微观系统模式、机械系统模式、信息系统模式、生命系统模式。所有这些系统，都有不同程度的自我生产性和自我参照能力。"所有这一切，都强调了系统的生命特征。也就是说，系统归根结底就是某种生命统一体，是具有自我生产和自我参照能力的统一整体单位。"（高宣扬，2005：52）实际上，卢曼的社会自创生思想，受到了来自哲学、形而上学和现代自然科学等跨学科的深刻影响，他也强调自己的研究是异质性的（hetergeneous），既有控制论的、系统论的，又有生物学的，比如福斯特等的控制论、马图拉纳和瓦雷拉关于自创生的理论、泽莱尼关于生命组织的理论等。卢曼既关心社会的结构，又关心社会的组织模式，不过更多倾向于社会的组织模式，即社会是如何运作的，企图从整体上勾勒出社会运作的面貌和概况。

20世纪80年代德国社会学家卢曼将生物自创生理论引入社会学，考察当代社会系统的自我生产和再生产过程，提出了"社会自创生"（social autopoiesis）的概念（Luhmann，1986）。1984年对于德国社会学界来说是一个转折点，卢曼出版了他的代表作《社会系统》（*Soziale System*），他借用来自激进建构主义（radical constructivism）和二阶控制论（second-order cybernetics）学者的思想，尤其是马图拉纳和瓦雷拉的自创生理论以及乔治·斯宾塞·布朗（George Spencer Brown）的形式法则（laws of form）（Riegler，Scholl，2012）。社会自创生的方法论原则在于如何处理"系统与环境之间关系的复杂性",它尽可能地"将系统及其环境的复杂性简化"(高宣扬,2005:34)。系统离不开环境,离开环境的实体就不能称为系统,系统是系统与其环境的关联和区分,系统只有通过对环境的指涉才能被建构起来,对于系统的环境而言,环境当中还有其他系统,这些系统之间构成了互为环境的关系(杜建荣,2012:51)。清晰区分系统与环境是卢曼社会系统功能论在分析社会系统与其各个基本功能的相互关系时所采用的基本原则。因此,社会自创生是一种"关系存在论"、系统理论和"降低复杂性"的基本机制,它是一种关于社会运作的解释性的而不是描述性的理论。"自我指涉和自创生概念是鲁曼社会系统理论的核心。"(高宣扬,2005:35)除了"自我指涉"和"自创生"这两个核心概念,其他一些关键概念经常出现在卢曼的社会自创生理论中,例如,"系统"(system)、"环境"(environment)、"功能"(function)、"区分化"(differentiation)、"意义"(signification)、"双重偶然性"(double contingenceies)、"结构耦合"(structural coupling)、"沟通"(communication)、"合理性"(rationality)、"观察者"(observer)、"现代性"(modernity)等。卢曼和瓦雷拉都主张,从开放到闭合,从开放系统的范式转换到自创生系统的范式,这个转换导致系统观的重要变化,即从强调设计与控制转向强调自治与对环境的感受性(托依布纳,2004:77)。对于社会系统来说,它的闭合是根本的,社会自创生假定社会子系统运行的闭合,这有效地使得一个自创生系统不可能与另一个自创生系统发生任何关系,按照这个假定,环境不能进入系统的运行,系统只能处理它自身内部的环境构成物(托依布纳,2004:85)。卢曼把社会的整体及其构成部分视为系统与子系统、系统与环境的关系,社会和它的政治、经济、科学、法律、教育、宗教、家庭等都是组织上闭合、独立而结构上开放、交互的功能系统,都是自我指涉(self-reference)和自创生的系统,这些系统的存在形态和相互关系都是非常复杂的,需要我们进行区分。社会自创生是鲁曼社会系统理论的重要内容,它有其重要的理论来源,具体包括:自然科学的系统理论,帕森斯等的系统功能理论、现代生物科学的系统理论和演化理论等(高宣扬,2005:67)。

卢曼的社会自创生基于这一起点:当代社会已经成为功能上高度区分化的社会。当代社会已经不同于传统社会,传统社会的区分化体现在社会阶层的分化上,当代社会的区分化主要表现在功能方面的高度分化、专业化和自律化。学者高宣扬在《鲁曼社会系统理论与现代性》一书中指出:"鲁曼的社会系统理论实际上就是对现代社会进行分析的理论产物。鲁曼认为,当代社会不同于以往社会的地方,主要是它在功能方面的高等分化。……他的社会系统理论,可以不折不扣地称之为一种现代性理论。……鲁曼社会系统理论所集中分析的问题,就是现代性的社会系统的特征。"(高宣扬,2005:前言 1-2)社会面对着复杂环境(不仅仅是物理的环境)的变化,它们不可避免地比社会更复杂。于是它们分化为政治、经济、法律、教育等子系统,每个子系统都是递归沟通的自创生网络,作为整体的社会也是一个递归沟通的自创生系统。卢曼在 1982 年发表了《作为社会系统的世界社会》一文,将社会系统视为基于有意义的沟通的自指系统(Luhmann,1982b)。在 1984年他出版了《社会系统》一书,1986 年发表论文《社会系统的自创生》("The Autopoiesis of Social Systems")(Luhmann,1986),在这两者文献中他继续深化了社会自创生的思想。卢曼认识到在社会学研究中,缺少作为心灵这一有机的单元的人类沟通明显是不可能的,但是也不能把人类当作社会系统的成分,因为他们具有不可预测性。所谓的不可预测性是指,在社会系统运作时,他们在不同的社会互动和组织中是流动的,他们还会同时成为多个社会组织的成员,其角色也经常互换——入职、离职、退休等等。如果将人类作为社会系统的成分,由于他们是不可预测的,在界定社会自创生,尤其是界定它们的成分和生产过程时将会带来很大困难。"在系统的运作中,系统不只是作为一种现成的事物或单位而运动,不仅具有向上或向下的变化可能性,而且也作为一个具有自我生产和自我调节能力的生命统一体。"(高宣扬,2005:6)在卢曼那里,社会当然不是一个生物系统,而是一个意义系统,它有自身的沟通成分、二元符码边界和沟通生产网络及其环境。人类个体是社会系统的环境,是社会系统运行的媒介,但不是社会系统的构成成分。于是他转向了沟通,提出以沟通作为成分的社会自创生理论。正如卢曼本人所说:

> 在最近几年,我环绕了两个相互穿插和相互促进的理论计划而工作。一方面,我探讨一种一般社会系统理论(a general theory of social system)。这个理论以帕森斯的双重偶然性(double contingency)概念为起点,而且从一般系统论(general systems theory)、自我参照关系理论(theory of self-referential relations)以及沟通理论(communications theory)中得到启发。在这里,"复杂性"(complexity)和"意义"(meaning)概念是进行功能分析的关键。

另一方面,我集中研究一种关于当代社会的理论(a theory of modern society)。对于当代社会,我们再也不能把它描述为"市民社会""资本主义社会"或某种"科技贵族专制系统"(a scientific-technocratic system)。我们必须改之以一种指涉社会分化的社会定义。不同于一切早先社会的当代社会,它是一种功能上不断分化的系统(a functionally differentiated system)。因此,对它的分析,要求对它的每一个单一功能子系统进行详尽的研究,再也不能以一种单一的主导观点去把握社会。反之,要详细理解它的运作动力,必须充分地理解这样一个事实:它的政治、经济、科学、法律、教育、宗教、家庭等各个功能系统,已经更加相对地自治化了,而且现在这些功能系统也各自相互地成为其中任何一个系统的环境。(Luhmann,1982a:xii;高宣扬,2005:前言 2)

卢曼在这里所说的"双重偶然性",是指在互动过程中,每一方的反应都依赖对方或他者的偶然反应,因此,对于前者来说,后者的反应具有潜在的制约性,反之亦然。卢曼认为存在三种不同的自创生系统——生命系统、心灵系统和社会系统。他在不同的自创生系统之间做出区分:一是在不同的自创生组织之间,即在生命、意识和沟通之间做出区分,这实际上也是生命系统、心灵系统和社会系统之间的区分;二是社会子系统之间的区分,经济系统、法律系统、艺术系统、教育系统、政治系统,等等;三是社会子系统与其环境之间的区分,社会子系统与其他子系统互为环境。当代社会可以被视为从分层到功能区分的发展。社会子系统根据它们实施的特定任务而被建立,例如,经济、政治、法律、科学、大众媒体、教育和宗教。这些社会子系统成为高度自治的同时自指地将它们自身从其环境中区分开来。社会不再有一个中心或者控制子系统,而成为这些独立的但相互依赖的领域之间交互的不确定的结果(Mingers,2006:173-174)。对卢曼而言,在当代功能分化的社会中,每个社会子系统都要考虑三个不同的系统指涉关系:与整个社会的关系、与其他社会子系统的关系,以及与自身的关系。这三种指涉体现为子系统的功能和"表现"(performance),前者是朝向社会系统的指涉,后者是朝向其他子系统的指涉,这种"表现"以子系统之间的"投入—产出"关系为表征;而朝向系统自身的指涉体现为"自我反射"(self-reflection)(杜建荣,2012:78)。在全球化的进程中,当前全球社会和民族国家处于一种加速状态，人类社会已然进入新的异化阶段——"加速社会"，当今全球功能系统的快速发展，对于系统自身、全球社会及其环境来说，都是一种沉重的负担（托依布纳，2016：95；罗萨，2018）。在这种境况下，由于缺乏民族国家的限制，功能系统很容易在全球层面采用最大化其部分理性的方案，这就提出了一个问题：功能分化是否必然存在将功能系统的自我再生产转化为一种无限制发展的冲动？是的，功能系统的自我再生产和正式组织化，带来了一种无可抗拒的发展冲动，而自创生系统理论早已颠覆结构功能主义的定理，系统要么持续，要么停止（托依布纳，2016：93）。一个系统不能说既是自创生的又是非自创生的。由此，我们可以将卢曼的社会系统视为去中心化的、分布式的各个子系统之间相互作用的结果。这些子系统都是组织上（规范上）闭合和结构上（认知上）开放的自创生系统。在卢曼看来，要全面分析社会系统与人类之间的关系，需要基于这一前提——两者互为对方的环境。

生命是一个统一体，它是一个具有完整组织和结构的单独个体；而社会同样是一个统一体，以此将自身与环境区分开来，将自身与社会子系统区分开来，以此建构了自身的边界。现代社会是一个高度分化、高度抽象的复杂系统，换句话说，整个世界是一个不确定的混沌系统（高宣扬，2005：前言1）。而鲁曼所说的"世界"，是包含了所有系统内及其环境的"复杂复合体"（高宣扬，2005：22）。正如学者高宣扬所言，在这样一个现代社会中，个体的人是生活在一个重叠的、交叉的、错综复杂的社会系统里，这种系统不像以往社会那样单一了，它已经完全独立于工作和生活在不同社会组织中的个体了。按照卢曼的说法，"（社会）子系统和（社会）各级组织，已经不再把个人当成一个具体的心理有机单位，在它们当中，已经不存在'人'了。现代社会的特征是只存在一个类型的'全控'系统"（高宣扬，2005：85）。这个设想也是后来卢曼在自创生的社会系统里没有把个体的人视为社会系统构成成分的重要原因，而这个观点引来了其他社会学家的激烈批评，后文将在这一点上展开。

鲁曼的系统理论受到20世纪70年代由马图拉纳和瓦雷拉等生物化学家对生命现象研究中有关"系统自我参照性"（self-reference of systems）所取得的重要成果的影响（高宣扬，2005：12）。他将自创生理论应用到社会系统的成分、边界和生产过程的分析上，认为社会系统在存在论上是自创生的。卢曼的社会自创生理论不在于类比生命系统与社会系统，而在于尝试认真处理社会系统的复杂性和演化（Hernes，Bakken，2003）。根据卢曼的系统理论,当代社会可被视为一个从分层到功能分化的发展过程。"鲁曼的社会系统理论实际上就是对现代社会进行分析的理论产物。鲁曼认为,当代社会不同于以往社会的地方,主要是它在功能方面的高等分化。"(高宣扬,2005:前言1)这些功能子系统根据特定的任务被建立,执行经济、政治、法律、科学、教育等功能,它们有着自身的沟通媒介(communication media),政治系统之于权力,经济系统之于金钱,法律系统之于合法。"对于西方社会来说,最重要的沟通媒介就是'真理''爱''金钱''艺术'及'权力'等。这些沟通媒介……使社会系统内的沟通成为可能。"(高宣扬,2005:154)这些子系统是高度自治和自指的,它们和整体的社会本身都是自创生单元,他区分了三种类型的自创生系统:生命系统(细胞、大脑、有机体)、心灵系统(意识或思想、沟通)、社会系统(互动、组织、社会),如图3-3所示。

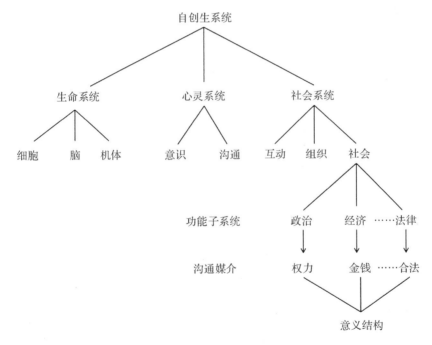

图 3-3 卢曼对自创生系统类型的区分

资料来源:Luhmann(1986)。

"自创生系统,不仅仅是自组织系统,它们不仅生产并最终改变它们自身的结构,而且它们的自我指涉也应用到其他成分的生产。这是自创生的概念创新。"(Luhmann,1990:3)在卢曼看来,沟通是基本的社会行为,是社会的基本构成成分。"社会系统不是由行动（actions）或者某种特别的沟通行动（communicative actions）构成，但它们需要行动归属以推动自身的自创生。"（Luhmann，1990：6）"意义"（meaning）是卢曼的社会系统理论的一个基本概念（Luhmann，1990：21），每类自创生组织代表特定的自创生实现模式：生命系统基于循环的、有组织的新陈代谢；社会系统和心灵系统基于循环的、有组织的意义（沟通和意识）。生命有机体是复杂的物理和化学系统，而心理系统和社会系统是以意义作为基础的系统。通过"意义"概念，卢曼认为在心理系统和社会系统之间存在密切的关系。正如卢曼强调的，社会系统与个人是互相依存、共同演化的，缺少社会系统，个人就无法继续存在；缺少个人，社会系统同样无法继续存在（Luhmann，1995：59）。社会系统包括互动（interaction）、组织（organization）、社会（society），这三者是自成一体的。对于互动而言，在古代社会和现代社会中，互动在部落、市场、社区、村落、城镇中都很常见，比如面对面的线下沟通和线上沟通，每一个常驻成员都参与其中，也会有本地成员流出和外来人员进入；对于组织而言，它在现代社会中发挥着重要作用，比如学校、公司、俱乐部、行会、协会、民间社会团体、非政府组织（NGO）、社会公益组织等，它有一定的准入门槛，满足一定的条件才能成为其成员，不满足条件或违反组织规章制度的人就被排除在外。对于社会而言，所有的沟通都是在其中发生的，沟通涉及社会的制度规范、规则秩序、道德法律、文化习俗等，沟通网络不断递归运作。

社会系统的基本成分是形成于个体的人之间同时又超越他们而存在的"沟通"（communication）或"沟通事件"（communication events）：

> 社会系统把沟通作为其自创生再生产的特定模式。它们的要素是沟通，通过沟通网络，沟通被递归地生产和再生产，外在于这张网络，沟通是不可能存在的。（Luhmann，1986）

在卢曼看来，沟通网络和社会系统，它们的成分和边界是自身内在地建构和生产的，而不是由观察者的分析确定的。社会系统生产和再生产的基本成分和基本过程是沟通，但沟通是不能被直接地观察到的，它只能通过转化或分解或还原为行动。因此，沟通与行动不能等同，沟通过程也不是一个行动链条。"在社会中就社会进行沟通"，对沟通网络的"向内看"和自我指涉，沟通的递归生产和再生产，这是卢曼的社会自创生理论的精髓。卢曼对"究竟是什么构成了社会系统"这个问题给出了一个双重性答案:一是沟通;二是沟通作为行动的分配。沟通是自创生的成分的统一体,而行动则是社会系统自我观察和自我描述的统一体(Luhmann,1995:174;杜建荣,2012:67)。这不仅对于整个社会系统是适用的,而且对于所有的社会子系统都是适用的,法律、经济、政治、生态、文化、科学、教育、宗教、医学等,这些子系统既是人们可以感受到的社会现实,也是循环的沟通系统现实。沟通是由沟通网络产生的信息(information)、话语(utterance)和理解(understanding)三者构成的统一体,如图 3-4 所示。信息是关于消息的内容,话语是发送者(sender)的发话和意图共同产生的形式,理解(包括误解)是信息在接收者(receiver)那里生成的意义。信息、话语和理解在沟通过程中被共同创造出来,它们是一个有机的不可分割的整体。只有信息的传达而没有发送者与接收者之间的互相理解是无法产生沟通的;当接收者意识到某种信息,确认这一信息被传递给他,但是他没有理解(包括误解)这一信息时,沟通也无法产生。与日常生活中人们之间的沟通不一样,卢曼意义上的沟通绝不是纯粹的信息发送者和接收者之间的互相理解,它还蕴含了沟通的行为(action)——个体在信息的期待(expectation)和理解差异的基础上选择自己的反应行为。个体不仅要感知到他的表达行为,理解这一表达行为所包含的信息,还要在理解的基础上付诸行动以达成目标。所以,沟通不是简单地停留在语言或者思想等抽象层面上的东西,它是具体的行动和行为。也就是说,一个话语或言语行为携带信息并在另一个人那里生成理解。社会是这样的一个沟通网络:沟通是信息、话语和理解的综合,它持续地产生进一步的沟通。以法律为例,一个法律沟通就是在一个沟通系统中的一个连接,它向后指涉(reference)早期的法律沟通,并且它能够反过来触发进一步的法律沟通。比如,是什么使得一个罚金成为某种"合法的"东西? 是命令、规则,还是规范、法律? 这与法律沟通的递归循环紧密相关:一个罚金通知的沟通,被连接到一个法院的命令,一个法院的命令被连接到一个判决,而一个判决被连接到一张传票,一张传票被连接到一个逮捕行为,一个逮捕行为被连接到一位警官的权力,一位警官的权力被连接到一个成文法,以此类推,递归循环,这就是作为持续过程的沟通(托依布纳,2004:5)。

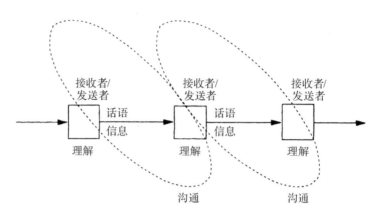

图 3-4 作为持续过程的沟通:信息、话语和理解的综合
资料来源:Mingers(1995:144)。

卢曼的沟通网络理论为我们呈现了身体不在场和时间不在场的情况下主体与他者之间的互动模式。在书信时代,书写让行为互动在时间上得到扩展,书写的发展在时间上和空间上极大地延展了远程互动的范围,在没有书写的文化群体内部和文化群体之间,人们的互动必然是面对面的沟通;而在现代信息通信时代,人们在电话、手机、互联网、物联网这类中介互动的过程中不再受空间距离主导时间距离的限制,沟通和面对面互动变得具有即时性。世界社会的政治系统也是一种持续的沟通过程:世界社会的政治系统是一些世界范围的沟通,它不是一群人民、一个拟制的共同体,更不是真正的人类,这些沟通为了集体决定的目标而着眼于构造权力和共识。它包括各种相互分离的实体:民族国家、国际政治体制,以及两者各自的管理机构和公众(托依布纳,2016:80)。

社会系统及其子系统是自治的,它们之间是一种组织闭合和结构开放的关系,对于一般的社会组织与其环境的关系,比如公司、企业、学校等机构,它们与其环境是基于边界、开放和闭合的机制。自治是循环性,狭义的自创生定义把自治定位于系统要素的循环自我再生产之中,比如,经济自治存在于支付行为的自我再生产之中,组织自治存在于决定的自我再生产之中,自治定位于社会自我指涉本身的循环性,社会自创生仅仅是社会自治的一个特殊个案(托依布纳,2004:86)。根据自创生系统,在系统边界与环境的动态耦合下,系统同时可以开放和关闭,从系统/环境依赖性中区分内部的相互依赖,并将系统和环境互相联系起来(Hernes,Bakken,2003)。社会系统及其子系统都是组织闭合和结构开放的系统,这是社会系统具有的吊诡(悖论)性质,既要维持系统的运作,保持组织闭合,又要与环境保持交互,保持结构开放。而结构开放是为组织闭合服务的,最终都是为了维持社会系统的自我指涉和自创生机制。

　　社会中最重要的功能系统如法律系统、经济系统、政治系统、教育系统等是通过特定的方式来将自身的沟通结构化的。为了化解当代社会环境的复杂性,卢曼以二元符码(二元编码)来区分社会子系统之间的边界,不同的沟通系统以不同的方式把世界编码,例如,法律系统之于合法/非法,经济系统之于付款/欠款,科学系统之于真理/谬误,政治系统之于有权/无权,医学系统之于健康/不健康,会计学系统之于借项总金额/贷方金额。每个子系统根据其特定的二元符码来与自身及其环境沟通,不符合这些符码的成分则被排除在这些子系统之外(Luhmann,1982b;托依布纳,2004:2;秦明瑞,2019:292)。整体的社会系统和部分的子系统(经济、法律、艺术、宗教、教育等)是组织上闭合、结构上开放的自创生系统。社会系统在组织上具有独立性,其性质由内部运作决定,而在结构上进行信息交换和人员流通。譬如,法律系统自身是组织上闭合的,其内部的运作只能由法律系统的构成成分,比如由自身的学说、法律理论和判例所决定,但这不意味着它是遗世独立的,它在结构上的开放保证它可以与外部环境进行信息的交换和传递,从而与其他子系统以及整体的社会环境维持着一种结构耦合的关系。

　　卢曼清晰地区分了物理空间中的生命系统与概念空间中的社会系统和心灵系统,区分了它们各自的构成成分以及组织和结构特性。可以这么说,卢曼将自创生理论应用到社会系统的分析上,这种视角并不是一种隐喻,而是一种存在论。回顾卢曼的社会自创生思想,我们能够发现卢曼的思路:他首先对一种一般的社会系统理论进行建构,而后通过这种社会系统理论对法律进行分析,而非直接对法律进行应用,这样就避免了在自然科学和社会科学之间进行简单类比所可能产生的问题(杜建荣,2012:10)。但卢曼的问题在于对社会子系统边界的界定。尤其是在当代社会子系统功能高度分化和自治的前提下,仅以二元符码来区分子系统之间的边界失之偏颇,很多社会的沟通事件和人类活动是跨边界的,它们不仅仅属于某个系统,还有可能同时属于多个系统。比如,一次商业谈判可以同时涉及经济系统、法律系统和教育系统。这也是后来卢曼的观点被其他学者批评的一个主要原因。

　　作为在社会学、法社会学、宗教学、经济学、政治学等多个学科有深刻见解的当代学者,卢曼的社会系统理论蕴含着人类思想的光芒。虽然他的理论和术语艰涩难懂,但是不能阻碍他展现出对社会本质的深刻洞见,在当代学界依然催生出新的研究视角和主题,他的影响是引起社会学范式转换的"革命","从结构-功能主义的到功能-结构的和问题-功能主义的理论,从行动社会到沟通和语义学社会,从社会'机器'到自创生"(杜建荣,2012:2),卢曼的系统理论改变了社会学研究的范式。正如卢曼代表作《法社会学》的译者宾凯所言,"大概卢曼自己会这样认为,如果没有'二阶观察'这一束概念闪电,西方古老的知识论传统仍然还处在万古长夜之中"(卢曼,2013:1)。卢曼的社会系统理论引起了系统理论的第二次范式转变。系统理论的第一次范式转变发生在从探讨系统内部整体与部分的区分转向探讨系统与环境的区分;系统理论的第二次范式转变则发生在环境开放性概念转向系统的开放性与封闭性的自我指涉(丁东红,2005b)。

卢曼思想中的一个核心概念是差异/区别(difference)。卢曼的社会学思想的独特之处在于,他不像传统社会学流派那样总是摆脱不了运用主体与客体、存在与非存在这两个差异来观察世界的单调处境。他把主体与客体当作"观察者"嵌入社会系统理论内部。"在他(卢曼)之前的社会学或社会理论,无论是贯彻实证主义路线的经验社会学还是以反对实证主义著称的社会批判理论,都没有认真对待'观察者'这个问题。卢曼认为自己原创的社会系统论才是第一个能够逻辑自洽地处理观察者问题的社会学理论。"(卢曼,2013:1)

在自创生理论的发展过程中,生物学家们一直困在低阶的自创生系统中,比如有机体、认知系统等,当考察高阶的自创生系统时,比如,社会生态就出现了僵局,因为没法确定系统的构成成分本质。在"社会是不是自创生"的这个问题上,马图拉纳和瓦雷拉选择的是第一条道路,即社会现象是个人之间的互动,社会是连接人的系统。而卢曼采用的是第二条道路,即"社会不是一个生物系统,而是一个意义系统",卢曼打破了僵局,他"打开了将自创生运用到社会科学的第二条道路:把社会系统描述成它们自己的自然发生的自创生系统"(托依布纳,2004:42)。这是卢曼的一大贡献,凭一己之力撑起了社会自创生的开创性研究。这第二条道路,用托依布纳的话来说就是:社会自创生是源自活有机体的自创生的自治,社会系统是在该词严格意义上的自创生系统,它们自生自发地生产出一种自治秩序,以生产自身成分的方式进行自我生产(托依布纳,2004:42-43)。

卢曼的社会系统理论对今天的中国社会有一定的启发意义。卢曼提出社会自创生的时候，正值当代西方社会处于发达阶段，社会趋于高度自治、区分化和复杂化。学者秦明瑞指出，"西方的社会结构特征是完备的、合理化的、以私人为主体的市场经济，全面覆盖的福利国家，全民普及的基础教育和高质量的高等教育及科研体系，完备的法律体系，等等。中国的社会结构特征则是正在建立的、尚不完善的、兼有国家和私人主体的市场经济，建设中的基础教育和高等教育及科研体系，尚待完善的法律体系，等等"（秦明瑞，2019:123）。

卢曼的社会系统理论与其法社会学理论是一脉相承、前提和发展的关系。卢曼的法社会学理论首先是建立在一种对社会的一般理论的建构领域基础之上的，两者都建立在系统理论、自创生理论和二阶观察的认识论之上。卢曼的社会系统理论对"社会"从构成和运作机制上进行了本质的建构，为进一步探讨"法律与社会的关系"铺平了道路：第一，它清楚界定了社会的内涵和外延，厘清了社会系统的构成成分和内部区分；第二，他建立起社会系统、子系统及其环境之间的关系和以二元符码区分的边界，确立了组织上（规范上）闭合和结构上（认知上）开放的运作，将法律系统与社会系统视为两个交互的自创生主体。法律系统属于社会系统的子集，是"社会中的法"，它不是遗世独立的，而是与社会系统有着密切的关系，并非外在于社会系统而存在。

3.3　社会自创生：其他学者的视角

在卢曼之后，社会自创生的相关研究得到进一步发展，主要集中在以下三个视角：存在论视角、隐喻视角和组织闭合视角。这些视角的代表学者有罗勃、泽莱尼、霍福德、马图拉纳、瓦雷拉、马加良斯和桑切斯等。

除了卢曼，系统管理学者罗勃也从存在论的视角讨论自创生的社会系统的组织模式。罗勃认为，社会系统不同于有机体，社会系统的时空边界是不可见的。当"瓦雷拉、马图拉纳和乌里韦的六个规则"（简称"六个规则"）从有具体的、可观察的边界的生物系统应用到不可观察的边界的社会系统时，该判定还能否适用？如果不适用，那么社会系统就不是自创生的；如果还适用，那么社会系统就是自创生的。对细胞来说，它的边界是半透性的细胞膜，但对社会系统来说，它的边界更多的是概念层面的东西。罗勃主张，自创生的社会系统的成分不是整个人类或人类个体，而是人类的属性，例如概念、思想、规则、组织目标和文化等，它们维系着人类社会的生产和再生产。对于制度（institution）与个体（individual）的关系，他认为两者是不对称的。自创生组织并不依赖特定的个体，但它以个体来服务于其目标，以人类的寿命和储存的技能、经验与知识作为维持其自创生的资源（Robb，1990）。换言之，个体是组织运作的载体和媒介。他指出，瓦雷拉对自创生在隐喻上的使用将会使其失去解释力的担忧是多余的，因为隐喻的使用是跨学科研究的一个重要方式（Robb，1989）。例如，经济学家使用"基因"隐喻来看待组织的变迁（Winter，Nelsoon，1982：9）。

罗勃还认为，信息技术的发展和通信系统之间的连接是自创生的催化剂，基于此，可能存在一些比人造组织更高级的逻辑秩序的系统，这类系统是自创生的，它超出了瓦雷拉等的"VM & U Six Rules"六个规则的应用范围，超出人类的理解和控制，人类无法观察到它们的边界，人类及其机构将成为这类系统的成分。他把这类系统称为"超人类系统"（Supra-human Systems）或"超人类的自创生系统"（Supra-human Autopoietic Systems）（Robb，1989）。罗勃的超人类系统是社会自创生理论的一个扩展，他认为这些系统除了超出人类的控制，还会对社会产生不利的影响。超人类的自创生组织处于比人类和人类组织更高级的逻辑水平上，后者是它的成分。根据定义，它是组织闭合的，它不受低级的逻辑水平系统即它的成分干扰。超人类系统是这样一个系统：它们是一组共享信念，这些共享信念是由话语和承诺所创造，扩展和维持的定义、区分和解释构成的。在超人类的自创生系统中，对于系统与构成成分之间的关系，罗勃以构成脑的神经细胞与脑本身的关系作了类比：

> 用流行的术语来说，单个神经细胞在脑中不能"知道"脑在"想"什么，无论单个神经细胞存在于什么样的元系统（metasystem）中，它都无法在脑上面发挥任何影响。因此不妨说，超人类的自创生系统可以说是拥有"它们自身的心智"，无法通达那些维持它们的成分。（Robb，1989）

因此，在超人类的自创生系统中，"人类无法观察到超人类系统的边界"。这种情况是有可能的，上文提到，我们可以设想一下科幻电影《黑客帝国》中的母体/矩阵革命（Matrix）效应。虽然人类有反思的能力，但当其置身于如此复杂的层级系统中时，犹如人脑中的神经细胞和身体的细胞，它们是否能够观察到整个系统的运作过程？作为观察者的我们还能反观自身以及我们置身于其中的复杂世界社会吗？

除了构想"超人类的自创生系统"这个思想实验，罗勃还提到了现实中的记账系统(accounting system)，并认为它是"虚拟的"(virtual)自创生系统(Robb，1991)。正如他所说，记账在把作为其环境的许多人类活动系统概念化和组织化方面占据支配地位，它是人类寿命和其他资源的消费者，同时，它在识别和处理资源、物质、能量方面发挥着日益重要的作用。记账是概念域(conceptual domain)中的自创生系统吗？罗勃的回答是肯定的，他认为记账系统通过它的异创生来调节其他人类相关的系统，不是出于人类的意图，而是它自身的自我生产过程需要这样的调节机制。为了解释记账系统是自创生系统，罗勃引入了意义(meaning)、会话(conversations)和沟通(communication)这三个概念。这三者及其之间的交互构成了自创生的生产过程，并保证了它的闭合和自治。意义与人类活动直接相关，它的异创生的生产(allopoietic productions)包括人类活动的大量记录和估价，比如，人们之间的交易、所有权的本质和范围、义务和权限、保管的正当行为，以及人们使用资源的效益、效力和经济。而沟通行为是记账系统的实践，它是严格且遵循规则的，它的这种概念结构保证它的流动和对实践中的异常现象做出很好的回应。从沟通到会话，从会话再到沟通，这种重要的反馈回路保证了自创生的闭合。记账系统存在于什么域中？罗勃认为，"记账系统的自创生在认知域(cognitive domain)中，它的制度化存在于人类活动系统域(the domain of human activity systems)。制度和人类能动者为记账系统的认知提供了一些基质，它们不是记账系统的成分，而是它的部分构成成分实现的媒介"(Robb，1991)。总之，记账系统在基于规则的意义、会话和沟通循环过程中不断生产自身的成分，它是一个自创生系统。

对马图拉纳和瓦雷拉来说，自创生理论扩展到生物领域以外要回答的主要问题是："一些元细胞也是自创生统一体吗？"换言之，"二阶自创生系统也是一阶自创生系统吗？"(Maturana，Varela，1987：87)如果是，它们的成分到底是什么？是细胞、器官还是分子？还是说二阶自创生系统仅仅是一阶自创生系统的环境或媒介，而它们本身不是自创生的？对此，两人都没有明确将二阶自创生系统视为自创生的，马图拉纳更多将其视为媒介，瓦雷拉则更多认为它们仅仅是组织闭合的。马图拉纳探讨了一阶、二阶和三阶自创生系统的发展问题,他区分了自创生的三种情况:(1)自创生的简单连接,在这里各个系统既没有失去其各自的特性,也没有混合成一个新的实体,这是一阶自创生系统;(2)一个新的自创生实体的建立,在这里子系统失去了它们各自的特性,这是二阶自创生系统;(3)一个更高级的自创生系统,它的自创生需要以连接起来的自创生实体为前提,这是三阶自创生系统(托依布纳,2004:41-42)。对于"是否任何二阶自创生系统也是一阶自创生系统?"这个关键问题,马图拉纳和瓦雷拉认为,二阶自创生系统虽然包含一阶自创生的细胞作为其成分,但前提是二阶自创生系统的成分也是自创生系统或者具有自创生的组织模式。如果仅以二阶自创生系统(或元细胞)的结构成分为标准,那么任何一种器官(例如,心脏、肝、脾、胃)都会被认为一阶自创生系统,但实际上任何一个独立的器官都不是活的,也就不是一个自创生系统。一个合理的和温和的看法应该是:一个只满足结构成分的二阶自创生系统,应该只被视为一个自创生系统的聚合(agregation),只有当这个二阶自创生系统也满足了自创生的组织模式,它才有资格作为一阶自创生系统(李恒威,肖云龙,2016)。组织闭合有一个相互依存的过程网络,在瓦雷拉看来,神经系统和免疫系统就是组织闭合而不是自创生的两种物理系统。瓦雷拉在《生物自治的原则》(*Principles of Biological Autonomy*)一书中提到了"闭合论题"(closure thesis),"每个自治系统都是组织上闭合的"(Varela,1979:58)。组织闭合保留了自创生的大部分属性,尤其是自治和结构决定,也就是说它们的系统的状态变化由其结构决定,环境只起到扰动的作用。瓦雷拉旨在以组织闭合的思想探讨自治的现象。他明确指出,自治的思想不仅可以描述生物的、自然的系统,还可以描述人类和社会系统(Varela,1979:59)。可见,马图拉纳和瓦雷拉对自创生在社会系统中的应用上持谨慎的立场。他们没有以"自创生",而是以"组织闭合"或"自治"的概念来描述社会系统。

对于自创生理论向社会领域的拓展,马图拉纳和瓦雷拉两人的立场在前期和后期有较大的变化。作为自创生理论之父,对于自创生理论向社会领域的扩展,马图拉纳和瓦雷拉两人的立场从初期的一致反对转向后期的分歧(Maturana,Varela,1987:xxiv)。最初,他们主张自创生仅适用于生物领域,"自创生理论对于描述生命系统的组织是必要的和充分的,生命系统是自创生系统"(Maturana,Varela,1987:82)。这是他们否定社会系统是自创生系统的主要原因,因为按照这一逻辑,如果社会系统是自创生的,那么它就是活的或有生命的。显然,他们不赞同这一主张,在他们看来,只有生命系统才是有生命的。

马图拉纳对自创生理论在社会领域的应用极其反感。根据智利学者乌雷斯塔拉苏(瓦雷拉在智利大学时的朋友和同事)的回忆,他于1972年参加了马图拉纳的认知生物学讲座,后来在他的《社会自创生?》一文中提到了马图拉纳对社会自创生的态度:

> 如果存在一个自创生的社会组织,我将不愿意成为它的成员,因为在那之后我将成为它的奴隶和机器人,我的所有行动都将从属于它的自创生的实现。(赫伯特·马图拉纳在他的"知识生物学"的讲座上回应我的问题"有可能存在一个自创生的社会组织吗?"——1972年于智利大学科学系)。(Urrestarazu,2014)

同样,在学者珀格森那里,也提到了马图拉纳拒绝将自创生思想应用到社会学,"'谢谢你使得我在德国出名,'我对卢曼说,'但我不同意你使用我思想(自创生)的方式'"(Poerksen,2004:78)。马图拉纳和瓦雷拉在早期文献中还提到了生物系统与社会系统的关系,他们肯定了生物系统向高阶的自创生系统转换的可能性,而对将人类耦合的社会系统转换为高阶的自创生系统的可能性则只是提出了假设:

> 生物现象取决于个体所包含的自创生;因此,存在从自创生统一体的耦合中出现的生物系统,这些生物系统中的一些系统甚至可能构成高阶的自创生系统。人类社会又如何呢?作为耦合(coupled)人类的系统,它们也是生物系统吗?或者换句话说,人类社会在构成上取决于使其成为一个整体的个体的自创生,这种关系在何种程度上将人类社会描述为一个系统?如果人类社会是生物系统,那么人类社会的动力学将由其成分的自创生决定。如果人类社会不是生物系统,那么社会的动力学将取决于法则(laws)以及独立于使其成为一个整体的个体的自创生的关系。(Maturana,Varela,1987:118)

他们对从人类社会的生物特性方面提出的问题并没有给出一致的答案。但在后期,两人的看法出现了分歧。在马图拉纳看来,自创生系统的存在不该有"空间"上的限制,也就是说,自创生不仅仅适用于物理空间,也适用于非物理空间(Maturana,1981:21-23);而对瓦雷拉来说,"自创生"的概念只能在隐喻的意义上应用到非物理域,当它被用来刻画社会系统时,最好代之以"操作闭合"(operational closure)这一概念(Varela,1981b:38)。马图拉纳赞成自创生理论向社会领域的扩展。他区分了自创生的单元和自创生的社会系统。自创生的单元是细胞和多细胞系统,细胞是一阶自创生系统,多细胞是二阶自创生系统:

> 一个多细胞系统是通过它的细胞成分以及通过它自身作为完满的多细胞总体而实现的,这使得细胞成分的自创生成为可能。……生命系统,作为细胞和分子的合成系统,它存在于两个域:(1)其成分将之实现为一阶或二阶自创生实体的域,即新陈代谢的或生理的域;(2)生命系统与包含作为整体的生命系统的媒介交互和相关的域,即关系的或行为的域。(Maturana,Mpodozis,Carlos,1995)

马图拉纳虽然不同意社会系统本身是自创生的,但他认为,"社会系统是自治复杂系统的人类交互的媒介,生命系统在其中循环地交互,实现它们的结构耦合"(Maturana, Mpodozis, Letelier, 1995)。马图拉纳把多细胞有机体视为社会系统,对他而言,个体是否属于特定的社会系统取决于构成社会系统的连结行为(interlocking behaviors)是否充当个体实现它们自创生的媒介。马图拉纳的观点揭示了个体如何同时成为多个社会系统成员的途径。

瓦雷拉自始至终反对将自创生理论扩展到社会领域,他坚称自创生理论仅适用于生物领域。事实上,他接受这一观点,即自创生的标准可以应用到生命的更高级形式(包括人在内),仍然花了相当长一段时间(Luisi,2006:160)。早在20世纪80年代,瓦雷拉就开始对自创生理论在生物领域以外的扩展感到担忧,"除非在特定的(自创生和生产)以及一般的(组织闭合和一般计算)之间做出细致区分,否则自创生的概念将不过是一个隐喻,并失去它的解释力"(Varela,1981b:38)。他认为,自创生只关注生物细胞的层次,生物细胞是其成分产生自物理空间的唯一系统。社会系统在它们维持其组织的意义上是自治的,但不是自创生的;因为对于一个观察者来说,没有空间边界的系统是不可辨别的,它们没有必要再生产产生它们的交互网络。因此,瓦雷拉认为,自创生的定义不能直接转换到其他情形,例如社会系统。对他来说,界定类似公司(firm)或者会话这样的(社会)单元的关系,最好用

"操作"(operation)而不是"生产"(production)，才能更好地把握这类关系的本质(Varela,1981b:38)。社会系统是组织闭合的而非自创生的，将组织或会话视为自创生系统是不恰当的，这些系统不生产自身，它们仅仅是操作化的关系。他建议对社会系统的研究应聚焦于自指和自治等术语的分析。在他看来，从（生物领域的）自创生扩展到社会领域的自创生，这是语言的滥用："在（生物领域的）自创生中，边界概念或多或少有些准确的意义，然而当过程网络转化为人与人之间的交互，细胞膜转化为人类群体的边界时，我们就会陷入滥用。"(Varela,2000)随着自创生从社会学领域扩展到其他领域，比如法学领域，也出现了语言的误用和混乱。在理解自创生的法律系统方面，存在一些基本概念，例如，自创生、自我指涉、反映、自组织、反身性、自我生产、自我调整、自我描述等，托依布纳指出，在"自创生"这个术语周围存在相当大的概念混乱，这些基本概念经常被不假思索地互相等同，而我们要清楚地辨别自我指涉的不同程度，并且不要只是将每一个自我指涉现象都等同于自创生，这样我们才能达到对自创生的法律系统的清晰理解（托依布纳,2004:29）。

自马图拉纳和瓦雷拉提出自创生的概念以来，一个很大的争论便是关于非生物领域中自创生系统的可能性。马图拉纳和瓦雷拉主张的是，自创生系统最好留给生物学和心理学领域，因为生物学和心理学都是关于有机体的和生命的个体，是关于生命系统，而社会是意义系统，是个人之间的互动。乌雷斯塔拉苏以瓦雷拉、马图拉纳和乌里韦提出的六条规则判定任一给定的系统是否为自创生系统(Urrestarazu,2014)。他提出假设：自创生是否可以被视为域自由的(domain-free)而不是域特定的(domain-specific)的概念，即自创生是否仅适用于生物领域，是否还能适用于其他领域。在生物领域外的元分子域(meta-molecular domains)，例如，社会系统、经济组织、软件或硬件实体（人工生命制品），它们是否也是自创生系统。为了讨论元分子域中的自创生系统，乌雷斯塔拉苏聚焦于这样一个问题："根据马图拉纳、瓦雷拉和乌里韦的判定自创生系统的六条规则，在什么样的物理的和成分相关的（成分—边界）条件下，一些动力学系统可以被界定为社会系统和自创生统一体？"(Urrestarazu,2014)

对于社会系统，乌雷斯塔拉苏认为最好把它们描述为沟通网络，它们生产集体的行为模式或过程(colletive behavioral patterns/processes)包括由多个能动者在一些任意的空间区域中为了一些任意的持续而执行的协调活动。"自创生的系统应该成为结构决定的机械实体",乌雷斯塔拉苏提及瓦雷拉、马图拉纳和乌里韦的将自创生系统视为机械系统的观点。在此基础上,他排除了人类社会组织符合自创生要求的可能性,因为人类行动不是结构决定的,以及"一个人类社会组织不是也不能成为一个机械系统","总之,这使得社会系统……不能被建构成一个自治的、自创生的实体"(Urrestarazu,2012)。乌雷斯塔拉苏不同意社会系统是自创生的,他的关于"对于社会系统,最好把它们描述为沟通网络,它们生产集体的行为模式或过程"的观点对分析社会系统有一定的启发。

虽然马图拉纳、瓦雷拉、乌雷斯塔拉苏或多或少反对社会自创生,但有学者对于其组织闭合的视角还是赞同的,"总的来说,很难坚持社会系统是自创生的观念,至少在严格遵循这个形式定义的情况下。然而可能的是:一个更为一般看法,诸如瓦雷拉并不规定生产过程的组织闭合的观念,可以具有富有成效的应用"(Mingers,2002)。

泽莱尼和霍福德将生物系统等同于社会系统,"所有自创生的以及所有生物的(活的)系统都是社会系统"(Zeleny,Hofford,1992)。他们辩称,并非所有的社会系统都是自创生系统,因为有些系统不能生产它们自身。这类系统不是自发产生的,而是由其他系统设计的、由外界力量推动的,例如,集中营、监狱、指挥层级(command hierarchies)、极权秩序。这类社会系统不能被视为自创生系统,因为一旦外部力量消失,这些系统也就不存在了。然而,泽莱尼和霍福德的观点失之偏颇。像监狱这类系统是维持社会稳定的必要条件,它是社会发展的产物,是在法律法规制度下运作的、为公民所接受的系统,是社会系统自我生产和再生产的一部分,它是长期存在的,属于社会系统的一个不可缺少的部分或环节。因此,监狱属于自创生的社会系统的部分。而集中营这样的机构则属于特定时期国家行政和军事力量异化的产物,不是社会系统自我生产和再生产的产物,而是外部力量强加的,这类系统只是短暂存在的,一旦特定情况结束,这类系统也就消失了,因而不属于自创生的社会系统。

他们认为,社会组织是交互、反应和过程的网络,是组织闭合和结构开放的系统,它们包括以下必要过程和条件,如图 3-5 所示。

(i)生产(Production):引导新的成分进入的规则和规范(例如,出生、成员和接受);

(ii)结合(Bonding):通过个体在组织内的时限引导个体的关联、功能和职位的规则;

(iii)分解(Degradation):与成员终止关联的规则和过程(例如,死亡、分离和开除)。

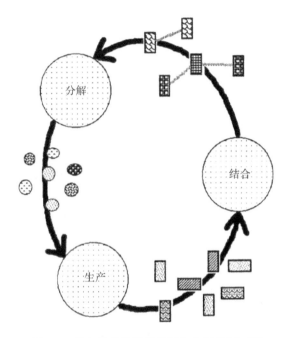

图 3-5　独立过程的循环组织和它们的"生产"

资料来源:Zeleny,Hofford(1992)。

对一个组织来说,如果以上三个构成过程是均衡的或和谐的,那么它就是自我维持的系统,它在一个共享的或共同的资源环境中是自创生的。如果失去其中一个,或者其中一个或两个占主导,那么该组织只能是它创生的(heteropoietic)或异创生的(allopoietic)(李恒威,肖云龙,2018)。泽莱尼以此刻画中小企业网络中的自创生过程:

在自创生的社会系统中,动态的生产网络被持续地更新而它们的组织保持不变,但它们的成分被替换了;死亡的或退出的个体被新成员的出生或进入所取代。个体的体验也得以更新;思想、概念和它们的标签逐步形成,这些反过来服务于人类社会中最重要的组织因素。自创生的社会系统,不管它们丰富的隐喻的、拟人化

75

的含义和直觉,都是通过当前成员能动者之间的沟通获得的,通过个体行动的内在协调而描述的网络。(Zeleny,2001)

在这个网络中,协调(coordination)、沟通和有限的个体寿命(lifespan)是关键要素,它们内化于"生产—结合—分解"这个动态的生产网络。在社会领域中,人类个体持续创造、维持和分化它们的环境,而这些自我维持的网络,不管它们是经济的、社会的还是文化的,都与它们的环境在结构上耦合并共同演化。以商业系统为例。泽莱尼通过分析商业系统协调过程中的生产、服务、运输、转换和沟通等关键环节,及其实施的运营和交易等协调行动,认为协调本身是由命令(command)、指令(instruction)或者规则(rules)、契约(covenants)和惯习(habits)引起的,它们都嵌入协调的语言中。这些协调过程还相互串联在一起形成序列和链,形成复杂和相互依赖的协调过程的子网络。而这些互相联系的过程网络根本上是由规则驱动和协调的:从行为的规则到合作、竞争和沟通的规则,以此形成一个递归的过程。由此,泽莱尼得出,中小企业网络是自我生产和自我维持的自创生网络,它们是组织上闭合和结构上开放的系统,不但依赖符号反馈,还依赖基于行动与环境的结构耦合。它们不是中心化控制的控制层级机器,而是通过其行动和交互的社会活动的社会有机体。泽莱尼和霍福德将规则和规范与个体在社会组织中的功能和地位关联起来,并以此来描述其内部网络的动态过程,这对理解非物理域的社会系统的自创生有非常重要的理论启示。

很多学者把自创生理论在社会领域的扩展视为一种隐喻:社会系统在隐喻的意义上是自创生的。主张这个观点的学者主要有明格斯、路易斯和卡普拉、马加良斯和桑切斯、摩根。

明格斯是较早关注自创生理论的学者,他强调社会中的规则和集体的重要性:"社会"的定义必须包含两个要素,一是它与实体的群体活动而不是单个个体相关,二是它关注基于规则的行为而不是物理的因果效应。"自创生中的成分和参与者必须遵循规则、交互和沟通——它们形成了成分的共同体,一个社会和一个社会系统。"(Mingers,1995:125)关于社会系统的存在论方面,他指出当自创生理论扩展到社会领域时会面临一些问题:人类个体是由其他物理的和生物的过程生产的,将他们视为社会系统的成分是否合适?如果不将他们视为成分,社会系统的成分又是什么?在理解社会系统的自创生的可能性时,过度强调物理空间和一个由系统生产的成分构成的自规定边界,可能是不必要的。他还提到,在"社会系统是自创生的"这个观点不能得到严格辩护的情形下,以瓦雷拉的"组织闭合"这个更一般的观点来取代"社会自创生",可以更好地发挥自创生理论的应用成效:

> 至少严格按照正常的定义来说,坚持"组织或社会系统是自创生的"这个观点看起来十分困难,但如果"自创生"的概念只是在隐喻的意义上使用,或者使用瓦雷拉的"组织闭合"概念,都将有助于我们的思考。在此类比之外,任何宣称"组织或系统是自创生的",都会引起存在论上的争议。(Mingers,2008:170)

明格斯从人与社会之间的交互作用方面,对卢曼的社会自创生理论提出批评。在他看来,没有人类活动就不会有沟通,就不会有社会的生产和再生产;又或者说,没有物理的生命系统和它们的认知子系统,就不会有诸如语言、政治和经济这些领域,因此,他不同意把人类排除在社会系统的成分之外。相比卢曼,更激进的进路是将自创生理论应用到概念、描述、社会实践、思想、规则或沟通等非物理的自创生系统,这类系统交互并自我生产(Mingers,2008:171-172)。这是自创生的社会系统发展的一个可能趋势,有学者就提出了这类超前的想法,比如罗勃提出的超人类系统(Robb,1989)。

路易斯和卡普拉主张在隐喻的意义上将自创生理论应用到社会系统(例如,政党、家庭)。他们指出,"人类社会系统不仅存在于物理域,也存在于概念域。在物理域中的行为由'自然律'(laws of nature)支配,在社会域的行为则由社会系统自身产生的规则支配"(Capra,Luisi,2014:136-137)。他们把人际交往和界定社会共同体的规则分别视为社会系统的成分和边界:

> 那些界定党派或家庭的规则可以被看作是由(社会)结构自身所形成的一种边界。这些社会结构是开放系统:一些成员离开此结构,而另外一些成员又参与进来,并且通过党派或家庭的规则被转变成常规成员。(Luisi,2003)

如图 3-6 所示,自创生的逻辑循环被运用于社会系统。从生物学到社会科学的转变假设是:细胞成分间的化学互动被"人际往来"所代替,而细胞的膜边界则被社会共同体的界定规则所代替。

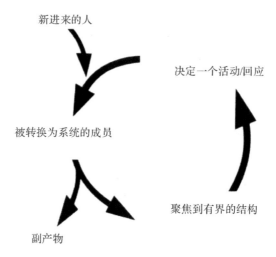

新进来的人

决定一个活动/回应

被转换为系统的成员

副产物

聚焦到有界的结构

图 3-6　走向社会自创生

资料来源:Luisi(2003)。

在路易斯和卡普拉看来,每一个社会系统都是一个政党、一个商业组织、一个城市和一个学校,它们都使系统自身维持在一个稳定的和动态的模式,从而允许新成员、物质或者思想进入该系统的结构并成为系统的部分。这些新进入的元素将被系统的内部组织(即规则)转换。他们看待社会系统运作的模式有助于我们理解发生在概念空间的社会系统甚至更宏大的系统的存在形态和组织模式。

马加良斯和桑切斯认为,社会组织的边界是规则(Magalhaes,Sanchez,2009:10)。对于某个组织新进来的人来说,他参与学习组织的"基因编码"(genetic code)及其隐含在组织中的角色(role),通过接受组织的成文或者不成文的规则,最终为组织所接受,他以此作为准则参与到组织的活动中,这样他就被转换为组织的常规成员;那些不符合规则的成员则被排除在组织系统之外。通过这种方式,社会个体与社会网络形成结构耦合。公司、学校、工厂等社会组织,它们以内部的规则、规范或程序、命令等确定共同体,即哪些人可以成为组织的成员,哪些成员该被解雇等。

组织管理学者摩根在其《组织》(*Images of Organization*)一书中使用

自创生的隐喻来看待组织的变革(摩根,2005)。他将组织(主要是管理学中的组织概念,比如,公司)视为机器、有机体、大脑、文化、政治系统和心灵监狱,将其视为变迁和转换、统治的工具。他认为,作为一种隐喻,自创生理论对我们理解组织很有帮助:

(1)对这一理论的创造性解释帮助我们看到组织总是试图与环境之间实现一种自我指涉的闭合形式,将它们的环境设定为自身身份的一种延伸;

(2)这种观点帮助我们理解组织在面对环境时遭遇的许多问题与它们竭力去维持的身份密切相关;

(3)这种观点帮助我们对组织的演化、变革和发展做出的解释必须对影响组织和环境共同模式的因素予以重点考虑。(摩根,2005:213)

组织可以从环境中观察自己,将组织自身与环境看成结构耦合的关系。组织既是自治的,也是开放的,它与环境发生交互,组织可以获取关于自身和环境的新信息,从而避免以自我为中心的危险。

3.4　社会自创生：争议与澄清

自创生理论在社会领域的应用体现出一定的价值。正如托依布纳所说:"自创生理论提供了一个集中于社会沟通的差别化(特别化)性质的社会秩序(及知识和意义)的解释。"(托依布纳,2004:2)然而,自创生理论在社会领域的应用也引起了存在论上的争议。这些争议主要包括:社会系统是不是自创生系统,如果是,如何界定它的成分、边界和生产过程;人类个体是不是被社会生产,如果不是,它又是被什么生产;人类个体是不是社会系统的成分,如果不是,社会系统的成分又是什么;人类个体在社会系统的自我生产和再生产中扮演着什么角色;等等。

一些学者对自创生理论在生物领域以外的扩展提出了质疑。明格斯指出,当我们尝试将自创生理论从生物系统扩展到社会系统时,需要从两个方面对其进行界定:一是系统成分的本质,二是系统边界的本质(Mingers,1995)。的确,作为存在论立场的两个要素,系统的成分和边界决定了整个系统的本质,对这两者本质的界定是将自创生理论从生物领域扩展到社会领域的关键。在卢曼看来，"沟通在作为一个整体的社会中规定了功能子系统，这些功能子系统通过区分它们自己的沟通而把它们自己区分开来"（Mingers，2002）。对于这一观点，明格斯指出，在经验实证上，这些子系统并没有如此清晰的边界。有时多个交叉系统之间的边界并不那么明显，例如，在经济领域当中，在其之下的最终运作可能是货币支付，但如果我们试图解释某一特殊事件，那么我们会立刻发现在其中还存在着社会、政治和法律等方面的因素。这是因为人们在做经济决定——买或卖，投资或借贷——人们形成了所有不同子系统之间的连接。他们的决定受自身的期待（expectation）影响，而这些期待又被其他领域的沟通调节。此外，沟通往往不只属于一个领域。"例如，签订一个借款协议，双方会有一个货币的转移，并建立了法律义务。获得一个研究资助既是一个有关学术地位的交流，也是一次支付。"（Mingers，2002）诚然，卢曼以二元符码划定社会子系统的边界是不够全面的，社会子系统在高度自治的情形下将发生很多跨边界的行为，这些行为往往是多个子系统牵连到同一个沟通事件，这种情况下并不是以某个子系统的二元符码就能界定清楚的。

在明格斯看来，卢曼的"只有沟通生产沟通"的主张是有问题的，个体才是沟通得以被生产的前提：

> 尝试表明社会沟通……如何根本上从支持它的人类的交互中出现，是没有意义的。缺少人类活动，将不存在沟通……从分析上说，沟通产生沟通是一回事，从操作上说，它们需要人类采取特定的行动和做出特定的选择又是另一回事……一个沟通可能刺激（stimulate）另一个沟通，但肯定不生产（produce）或产生（generate）它。（Mingers，2002）

在明格斯看来，缺少个体的人，社会将不仅没有沟通，也将没有其他的社会交往和行动。在社会学家约翰·沃特金斯（John Watkins）看来，社会世界是由个体的人所组成的：

> 社会世界最终是由作为个体存在的人所组成的，他们的行为方式多少是以自己的性情倾向及对自身所处情境的理解为依据的。任何一种复杂的社会情境、制度或事件，都是个体及其性情倾向、所处情境、信念、物质资源及综合形成的特定构型的结果。（吉登斯，2016：201）

　　诚然，个体的存在是沟通、行动、合作等实践活动得以产生的前提，但不意味着个体在每个实践活动中都起着决定性的作用。在很多实践活动，个体引起这些实践活动，但这些活动经过重复将会被惯例化（habituation）和制度化（institutionalization），个体在其中的作用会弱化，从"台前"转到"幕后"，充当实践活动展开的载体和媒介角色。

　　对人类个体在社会运作中起作用的认识分歧，是社会自创生引起的另一个问题。明格斯的立场有其片面之处，他预设了人类个体的作用。当然，没有人类个体，任何实践活动都不可能发生，更无从谈这些活动之间的相互联系了。但这并不意味着人类个体在整个实践活动过程中就是最根本的要素，人类个体引起实践活动和沟通，但在实践活动和沟通的过程中，人类个体更多的是起着载体和媒介的作用，而沟通事件形成的网络才使沟通得以维持。沟通和人类个体在沟通事件过程中都是自成一体的，只要沟通发生，两者就处于一个关联状态，没有如此明显的分离。

　　传统上人们对"社会系统的构成成分是什么"这个问题的回答是：个人（individuals）或行动（actions）——社会行动（social actions）（Corsi，2015）。一方面，我们在个人基础上定义社会系统，这个进路总是会引发争议：个人意味着什么——他的身体？他的意识？他的生物属性？他的社会属性？抑或二者兼之？即使是描述法律、家庭、政党、工会抑或正式的组织如何运作以及以一群个人的思想为出发点也是有问题的。另一方面，"行动"这个概念从来没有获得令人满意的解释，行动涉及能动者及其意图，这又陷入了概念定义上的困难。传统上人们对社会系统成分的看法——主要是将人类个体视为社会系统的构成成分，这个看法忽略了社会系统的构成成分的其他可能性，比如，卢曼的沟通，罗勃的概念、思想和规则，以及社会制度和文化层面的因素。在这方面，吉登斯对个体（个人）与社会的关系有着较为深刻的见解，"当代社会里的个体被定位于纷繁多样的层面上，这些层面包括家庭、工作场所、邻里、城市、民族国家以及一个世界性系统，所有这些都展现出某些系统整合的特征，将日常生活的琐碎细节与大规模时空延展的社会现象日益紧密地联系在一起"（吉登斯，2016：79）。

　　卢曼将生命系统、心灵系统和社会系统区分为基于特定模式的自创生系统，在一些学者看来，这个区分割裂了社会与人类之间的联系。哈贝马斯认为，卢曼的最大错误是割裂了社会现象和人类现象之间的联系，割裂了心灵系统和社会系统之间的联系。心灵系统与社会系统之间的联系是语言，它使得人们之间的理解与合意成为可能。再者，社会现象不仅包括社会系统，还包括生活世界（life world）。生活世界并不遵循社会系统的原则，而是遵循语言机制，旨在理解与合意（Habermas，1990）。拉夫·范德斯特雷腾（Raf Vanderstraeten）批评了卢曼对心灵系统和社会系统的分离。在他看来，卢曼仅仅把沟通视为社会系统的基本成分，并把个人排除在成分之外，这割裂了生命系统、心灵系统和社会系统之间的联系。一个完整的社会化理论需要把不同的系统参照（system references）、单个的人（individual persons）和社会系统（social system）纳入解释中来（Vanderstraeten，2000）。

社会自创生和法律自创生（超循环）将个体的人排除在构成成分之外，是否意味着法律被去人化（dehumanized）了呢？或者说人的主体性和理性消逝了？有一些反对的依据说明社会自创生和法律自创生打破了个人与社会的统一性：系统理论为了社会而把人类个体边缘化了，它把个人当作盲目的力量，作为玩偶参与游戏（托依布纳，2004：56）。但这个反对依据并不能说明个体被解构了。因为无论是沟通还是行动，人类都是作为媒介和载体维持它们的运转，人类主体还是在一定程度上参与着社会的自创生和法律的自创生。按照马克思主义，在人类社会的实践活动中，必须有实践主体的角色，这个实践主体只能是人，但人经过物的依赖关系、人的依赖关系到人的全面自由发展这个发展阶段，在这个过程中人的作用是越来越让位于实践活动本身，人的主体性越来越体现在他的自由全面发展上，而不是囿于具体的社会实践活动中，充当卓别林电影《摩登时代》（Modern Times）里"拧螺丝"的那种流水线的打工人角色。

自创生理论作为一种生物理论，将其应用到社会系统的分析上，两者的共同之处在于：系统的循环往复或者自我再生产。在计算机领域中，由图灵机模拟出来的自动装置理论（the theory of automata），以及自创生理论，都是生物理论与社会理论之间关联的类比。但吉登斯认为，通过细胞的自创生机制来理解社会的自创生机制并没有太大意义：

> 尽管断定它与社会理论之间的关联最终有多紧密还言之尚早，但最重要的一点无疑将是由自创生组织推导出来的循环往复性。自创生组织可以理解为要素生产之间的联系，这些要素"循环往复地参与了产生自身的同一个要素生产网络……"瓦雷拉认为，自创生系统控制论中最近出现的理论议题表明了一种与辩证法非

常接近的逻辑框架。……罗素和怀特海因而禁止自我指涉（self-referential）的表达。但是，自我指示（self-indication）却是自创生组织理论特质的逻辑属性，它们因而也意味着一种矛盾的结果。但这只是生物系统中的特性……社会系统的自我调节属性必须通过系统矛盾的理论才能得到理解。（吉登斯，2015：84）

哈贝马斯、明格斯、范德斯特雷腾和吉登斯等人对卢曼社会自创生理论批评的合理之处在于，卢曼的社会自创生理论在理论分析上是行得通的，但在经验实证上会遇到很多困难。隐喻或类比的应用尽管有好处，但它们有时会让人陷入一种滥用的处境，在理解上并不能完全符合事物的本性。正如美国计算机科学家和电气工程师爱德华·阿什福德·李（Edward Ashford Lee）指出的，类比的确是有用的推理工具，就像认知科学哲学家丹尼尔·丹尼特（Daniel Dennett）所说的那样，类比可以给我们提供一种叫作"直觉泵"（intuition pumps）的工具，但李也指出了类比的不足：

类比与暗喻/隐喻（analogies and metaphors）。大家知道，将一个复杂事物的特征映射到另一个你（自认为）已经完全理解的复杂事物上，是一种强有力的思维工具。但它的力量太过强大，往往会导致思考者被靠不住的类比牵着鼻子走，从而误入歧途（李，2022：39）。

尽管存在这些不足，但卢曼的系统理论也有其合理之处。个体自身及其行动嵌入沟通网络（信息—话语—理解）中，沟通网络远远不只是信息的传递和理解，还有作为媒介和载体的个体实践。卢曼的沟通网络是一种实践过程，是一种具体的行动，它存在于具体的时空过程中。在沟通网络中，作为成分的沟通事件和载体的人类个体维持着整个社会系统的运作，一起构成了人类的生活世界。

作为一位在系统理论深耕多年的社会学家和法学家，卢曼没有把个人视为社会系统的构成成分，这当中有其深层的原因，根据马图拉纳的回忆：

大约25年前（1989年），尼克拉斯·卢曼邀请我（马图拉纳）去比勒菲尔德与他一起讨论他的作为自创生的沟通系统的社会系统的观点。我问他："你为什么把人从你的关于社会系统的基本构成中漏掉？"他的回答是："我想要创立一个可以允许我以正式的术语对待它们的社会系统理论，以此我可以推测出它们发生了什么事。因为人是不可预测的，他们不能成为社会系统的一部分。"（Maturana，2014）

"人是不可预测的"，这个观点很符合现代社会的现实。卢曼没有把个人视为社会系统的构成成分，而是把个人视为社会系统的环境，他正是看到了这一趋势：当代社会系统不断趋于高度分化和自治，社会系统及其环境不断趋于复杂，人类个体不断趋于频繁流动和不可预测。"社会系统的构成成分不包括人"，卢曼的这个主张获得了德国学者阿塔纳西奥斯·卡拉菲利迪斯（Athanasios Karafillidis）的支持：

> 社会学理论从来没有把人类的整体复杂性视为社会过程的一部分。虽然他们参与了并且是社会形式的一部分，但他们本身不仅仅是社会的一部分。社会可能包括关系（relations）、行动（actions）、交换（interchange）、模仿（imitation）、流动（flows）、交互（interactions）、角色（roles）和职位（positions），或者预期网络（networks of expectations），但它肯定不包括"人"（people）。因此从社会学的观点来看，当我们考虑社会自创生的可能成分时，人从来没有成为真正的选项。（Karafillidis，2014）

卢曼没有把个体的人纳入社会系统的构成成分之中有其深层逻辑。生命系统是一种同质性系统，它的构成成分是细胞，那么社会系统呢？它是一种同质性系统还是异质性系统？我们需要在自创生系统的生产过程的本质和成分的本质上保持一致吗？学者约翰·贝德纳茨（John Bednarz）认为，"正如生命自创生系统的生物过程生产生物成分，如果自创生的概念扩展到社会领域是有效的话，社会过程必须相应地生产社会成分。因此，不管人类被理解为个人（persons）和个体（individuals）也好，被视为能动者（actors）和主体（subjects）也罢，他们都不能被视为社会系统的构成成分"（Bednarz，2015）。社会系统的成分不是具体的个人，而是个人之间的关系以及他们的关系产生出来的意图、承诺和行动。学者加达·阿拉（Ghada Alaa）认为，社会自创生构成成分是个人的沟通、合作、交互、信任和士气等要素（Alaa，2009）。

对于"将个体排除在社会系统和法律系统之外，忽视了个体对于社会系统和法律系统的重要性"的相关批评，我国法学学者杜健荣为卢曼的观点进行辩护：

> 实际上，虽然卢曼把人视作法律系统环境的一部分而不是其构成元素，但是他并不否定人的作用，也不否定系统的存在离不开人的存在这一事实，对他来说，系统和环境是同样重要的。他所意图强调的，乃是系统并非仅仅是由人组成的，而是在这个基础上"凸显"的，这种系统一旦形成，就有了独立于个人的生命力和运作方式这一事实。（杜健荣，2012:226）

因此，卢曼只是将个体从系统中分离出来，将其视为系统的环境。从卢曼、卡拉菲利迪斯、贝德纳茨、阿拉和杜健荣等的观点可以看出，自创生的社会是一个复杂性系统，人类个体不是社会系统的成分，他们是实现社会沟通、交往、行动等的载体、媒介和环境，以此嵌入社会系统运作的网络和具体实践中。但这并不否定人类个体的主体作用，个体仍然享有极大的能动性和主体性，在社会的生产和生活中起着重要的推动作用。个体的社会互动与社会关系是整合在一起的。

从存在论上看，对自创生的社会系统的构成成分、边界和内部反应网络以及个体是否为其成分的界定问题，学者仍然没有形成一致的认识；从隐喻上看，自创生理论应用很广，但又难免陷入滥用。从生物系统到社会系统，它们的构成成分的关系和边界有哪些区别？内部反应网络是怎样的？人是被生物系统生产，还是被社会系统生产？抑或两者兼而有之？要回答这些问题，首先，我们需要认识到的一个前提就是：社会不是一个生物系统，而是一个意义系统。这就决定了生物系统和社会系统在构成成分上有着本质区别，前者是细胞分子，后者是意义层面的元素。人具有双重属性：生物属性和社会属性。至于人是被物理生产还是被社会生产，这既取决于他的生物属性和社会属性，也取决于我们对"生产"一词的界定。对于社会系统持续性的自我生产和自我再生产，社会系统与个体是紧密联系在一起的，诚如吉登斯所说：

> 相对在自己活动中再生产出社会性总体的个体生命而言，社会性总体不仅在时间上先在并更为持久，而且在时间与空间上延展开去，超出任何单独考虑的具体能动者。从这个意义上说，社会系统的结构性特征当然是外在于"个体"活动的。但在结构化理论里，这方面的关键在于，没有人的能动作用，人类社会，或者说社会

系统,显然将不复存在。但这并不等于说能动者创造了社会系统:他们只是再生产出或者说转变了后者,在实践的连续过程中不断更新业已产生的东西。(吉登斯,2016:162)

从社会自创生理论的主要视角来看,人并不是社会系统的构成成分,而是社会系统的环境的一部分,是这些成分(沟通、概念、思想、规则等)不断生产自身边界和成分的载体,甚至当社会高度发展,人作为载体的身份可以被机器和技术所取代,但其仍然是社会系统的环境的一部分。这个立场是否说明了自创生理论是反人本中心主义的呢?"在鲁曼看来,作为'个人',始终都是作为社会系统的环境的一部分而存在。"(高宣扬,2005:27)因此,卢曼的社会系统理论并不是传统的人本中心主义(anthropocentrism),它是反人本中心主义传统的,他把每一个"个人"妥善地安置在社会系统的分析中,以便从社会系统的运作上分析系统的构成成分、边界和生产网络问题,分析个人和能动者的问题。鲁曼这样做的原因很大程度上是他看到了帕森斯的结构功能论把人本中心主义作为指导思想的失败之处:"当人们将社会系统归属于'人'的时候,当'人'的地位高于或优于社会系统的时候,社会系统本身的生命及其自律就被扼杀或窒息了。"(高宣扬,2005:28)因此,在卢曼那里,作为个体的人,始终都是社会系统的环境中的一个因素和一个组成部分。

自创生的概念向社会系统的扩展存在的主要问题,与卡普拉在20年前提出的看法相比,相对少了一些,但其主要的问题仍然是相似的。"迄今为止,大多数自创生理论的研究是在最小的自创生系统上:简单的细胞、计算机模拟的以及最近发现的自创生化学结构。对于多细胞生物体、生态系统和社会体系的自创生研究则少得多。因此,对那些生命系统的网络模式的现行认识在很大程度上仍然是猜测性的。"(卡普拉,2017:141)回顾自创生理论40多年的发展,我们可以看到,在"社会是不是自创生的以及在何种意义上是自创生的"这个问题上,我们仍然没有达成一个公认结论和形成一个统一范式。社会系统是不是自创生的以及在何种意义上是自创生的,这既是一个存在论的问题,也是一个认识论的问题。从低阶的生物领域扩展到高阶的社会领域,自创生理论面临着存在论的困难,学界对社会系统的构成成分及其边界的界定等问题还存在较大争议。同时"自创生"被隐喻地应用到社会科学各个领域,尽管这对理解社会系统的自创生的可能性很有帮助,但无疑也在某种程度上使该理论本身失去了原本的解释魅力。在社会自创生的应用上采用生物学隐喻或类比，虽然富有形象性，但是也存在不可避免的问题，这种隐喻或类比会忽视社会作为整体所具有的不同于生物有机体的独特性。卢曼正是看到了这一点，认为从生物学术语转换到社会学术语的隐喻，很难达到阐释社会系统本质的目的。于他而言，他将来自生物学领域的自创生理论引入社会学领域，对社会系统进行分析，不过他并不是从隐喻意义上来分析，而是从存在论意义上将自创生这一概念一般化和普遍化，使得自创生这一概念能够描述社会实在的概念。卢曼采用的进路是存在论意义上的，但这个进路又是自创生理论的提出者马图拉纳和瓦雷拉所坚决反对的。因此，在对社会系统的构建逻辑分析上，他们才以"组织闭合"这一术语来取代"自创生"这一术语。在马图拉纳看来，人类存在于语言的认知域——社会，作为自创生系统的人类构成了社会系统，人类个体可以同时是多个社会系统的成员，可以参与和退出这些系统，对人类个体的自创生来说，社会系统是必不可少的存在。但在生命系统与社会系统之间，马图拉纳和瓦雷拉拒绝将两者进行类比，瓦雷拉的立场更坚决：社会系统并不具有生命，它无法实现自创生。

这是自创生理论在一般化和普遍化过程中面临的重要难题——转译。那么，卢曼是如何将这一理论进行转译的？其中的关键在于如何处理社会系统的构成成分或基本要素。在传统中，人们认为社会系统的构成成分或基本要素是个人，没有个人，社会系统也就无法运转。另外，把社会看成一个不断自我再生产自身构成成分的系统是难以想象的。卢曼的出发点是在观念上进行转变，他把"沟通"引入社会系统的构成成分或基本要素，社会系统是沟通或沟通网络的自我生产，社会系统是一个意义系统和自创生系统。把沟通作为构成成分，这样，社会系统就是同质性系统，而不是异质性系统，从而克服了自创生从生物学领域"转译"到社会学领域的难题：社会系统通过递归的、循环的、自我指涉的运作，不断地以自身的构成成分生产出更多的构成成分、产生边界和形成内部生产网络。最终，卢曼找到了一条存在论意义上的转译路径，克服了自创生作为一种生物学隐喻或类比的问题，这个路径对于刻画卢曼的社会自创生理论和现代社会的理论模型无疑是适合的。

此外，一些学者在分析自创生的社会系统时忽略了两点：第一点，任何个体或系统都要遵循两个法则，即自然法则（natural laws）和社会规则

(social rules)。法则是自然世界先天固有的，是无法改变的且有普遍的（完整的）物理约束的；规则是社会建构的，是由当地风俗规定的，是可以随着历史发展被改变以适应社会环境中的变化的。美国文化人类学家克利福德·格尔茨（Clifford Geertz）在《地方知识：阐释人类学论文集》中指出，有丰富的民族志材料证明，社会范畴、社会规则往往在具体社会行为中发生变通，社会生活中充满无数例外和不确定性，比如，中国人的行为在不同地区就有不同程度的差别，有的地方人际关系比较复杂，办事效率低，营商环境差；有的地方人际关系相对简单，办事效率高，营商环境好。大家要看眼色行事，察言观色，灵活机动，随机应变。（格尔茨，2014：11）。在这两个系统中的成分行为是作为社会系统中的"遵循规则"（rule-following）和物理（机械）系统中的"合乎规律"（lawful）。个体在自然法则和社会规则下都会经历生老病死和适者生存，而一般系统也要遵循一定的物理规律和演化规律。第二点，任何社会组织或系统都是物理空间和概念空间的结合体，即它们需要一定的物理场所来运作，运作的产物既有具体的也有抽象的，比如规则的制定、规范的产生、文化的形成、制度的调整，这些往往是在物理空间和概念空间中的共同运作下不断演化的结果。人类社会系统具有双重性，其成分和边界既通过生物生产也通过社会生产。生命系统是一个有清晰物理界限的系统，作为成分的细胞在遵循热力学定律和新陈代谢机制的条件下递归地对整个有机体进行自我生产和再生产；而社会系统是一个没有明确物理界限的系统，它占据具体的物理空间，但其中的社会交互也发生在概念空间层面，其中的人类个体具有不可预测性。人类个体不是自创生的社会系统的成分，这种立场并不意味着消解人的主体性，并非所谓的"去人类中心主义"，而是以系统的视角看待人在系统及其环境关系中的位置。

卢曼的社会自创生理论与吉登斯的结构化理论（structuration theory）都是基于递归性的组织理论（recursivity-based organization theory），它们都有对社会系统的组织和结构进行解释。吉登斯认为，"结构的二重性（duality）是社会生活（social life）的根本递归性，正如它构成社会实践：结构是实践再生产的中介和结果"（Hernes，Bakken，2003）。卢曼的自创生理论与吉登斯的结构化理论存在一些相似之处：第一，两者都聚焦递归性（recursivity）的意义；第二，两者都认为结构的递归性是实体的构成和被构成成分；第三，两者都认为构成通过自我指涉发生，这种构成反映在吉登斯的再生产和卢曼的自创生中。

　　社会自创生在存在论或隐喻方面的应用引起的争议，能够通过结构化理论，让部分争议得以解决。理由是，社会自创生与结构化理论共享一些思想观点：都是分析社会结构/组织与个人能动性的关系，都涉及社会行动的时空性和过程性，都关注社会的自我生产和自我再生产，都关注紧密渗入时空中的社会实践(praxis)。不同的是，卢曼的社会自创生理论主张社会通过沟通网络的递归生产来实现的社会系统、社会子系统及其环境都是处于一种组织闭合和结构开放的关系；吉登斯的结构化理论则认为社会结构、社会制度与人类的活动是相互建构起来的。吉登斯的结构化理论打破了以往的二元方法论，确立了"结构二重性"理论：一方面，社会结构本身是由人类的行动建构起来的，因此，它应当受制于人的活动；另一方面，经过人的实践活动建构起来的结构又是行动得以建立起来的桥梁和中介。

　　结构化理论中的"结构"，指的是社会再生产过程里反复涉及的规则与资源；我们可以抽象地把"结构"概念理解为规则的两种性质，即规范性要素(normative elements)和表意性符码(codes of signification)。而资源也具有两种类型：权威性资源(authoritative resources)和配置性资源(allocative resources)。前者源于对人类能动者(agents)活动的协调，后者则出自对物质产品或物质世界各个方面的控制(吉登斯，2016：引言18)。在结构化理论中，结构总是被看作社会系统的某种属性，"体现"在嵌入时空的被再生产出来的实践活动之中。社会系统会以纵向和横向两个方面，有序组织于社会性总体中，即组成"结合起来的整体"的各个制度(吉登斯，2016：161)。"结构被理解成社会关系的'模式'(pattern)"，在考察社会关系的时候，吉登斯认为我们需要考察两个向度：横向的组合向度(syntagmatic dimension)和纵向的聚合向度(paradigmatic dimension)。"前者是社会关系在时空里的模式化，它包含了处于具体情境中的实践的再生产；后者则是指不断重复体现在这种再生产中的某种'结构化方式'的虚拟秩序(virtual order)。"(吉登斯，2016：15)这两种向度凸显了社会系统的特性，一是它是看得见的，它的实物建筑、机构、部门等是具体的；二是它又是看不见的，它的规则、制度、法律等是抽象的。在理解"社会"这个概念上，吉登斯指出，一种意思是广义上的社会交往或社会互动；另一种意思是作为一个统一体的某一"社会"中的社会，它有特定界限，以使自己与周围其他社会区分开来，比如，法律社会、文化社会、经济社会、中国社会、美国社会等。"虽说社会总体一般会与确定的场所形式相联系，但它们绝非始终具有明确划分的界限。"(吉登斯，2016：155)

吉登斯是反对以生物学视角来理解社会的，他多次提出了批评：

> 社会科学里有那么几个有害的假定，人们往往受到它们的影响，假设社会作为社会性的整体（social wholes），是可以被清晰界定的研究单位。其中就有一种假定，总想把"社会系统"看成在概念上密切关联着生物系统，即生物有机体的肌体。在 19 世纪的社会思潮中，涂尔干、斯宾塞以及其他许多学者在描述社会系统时，往往都直接采用有机体比拟。这种立场在今日已很少有人使用了，但暗含的类比还屡屡可见，哪怕是那些用其他视角的学者，比如用"开放系统"来讨论社会的学者。（吉登斯，2016：155）

> 功能主义者和"系统论者"往往喜好"社会系统"这个术语，前者很少彻底抛弃有机体比拟，后者脑子里想的要么是物质系统，要么就又是某些生物形态。（吉登斯，2016：157）

吉登斯的批评有一定的道理，但正如我们在前文指出的，当代社会是一个复杂性系统，人类个体往往很难理解完整的社会运转，就连经济学家都觉得当代社会复杂得难以让人用一个理论、视角、立场就能把社会的运作机制说清楚。在当代复杂性科学快速发展和应用到社会科学领域的状况下，以生物学类比或隐喻来看待社会系统，理解社会的生物有机体立场显得并没有那么不受待见和糟糕，反而更容易让我们理解复杂的社会系统背后的运作机制。无论是卢曼的社会自创生理论，还是吉登斯的结构化理论，都不是刻画今天高度复杂性的社会的主导理论，而是不同的视角之一。正如学者高宣扬所言，"在人类社会和文化进一步走向极端复杂化的今天，由一种超大型的理论论述体系化形式主导，甚至控制整个理论思考的方向，已经成为不可能的事"（高宣扬，2005：前言 9）。

自创生的社会是一个系统、一个整体、一个过程。人类个体在其中是媒介和载体，他们具身到具体的社会—文化—历史环境中，嵌入具体的实践活动和人际交往中，与整体的社会共演化。人类个体的社会属性而不是生物属性构成了社会系统的成分，伴随这些交互的界定规则构成了社会系统的边界，当中的通信、交往和行动网络则充当了再生产这些成分和边界的内部网络。从这个意义上，我们可以说社会系统是自创生的。社会系统甚至还会朝着高阶的方向发展，涌现出更高阶的"超人类系统"，至此人类个体甚至会被这类系统所控制和奴役，其自身存在的价值也会出现危机，届时置身于层层系统中人类还能反观自身吗？

　　总的来说，自创生理论存在的上述问题不可回避，关键在于我们如何转换视角或范式。自创生理论使用"生产"和"边界"的概念，将社会系统限于纯粹的沟通或沟通网络，对能动者和环境之间关系的分析不够充分，目前以自创生的主要视角来看待这些问题还显得不够全面，我们需要发展更为丰富的理论模型来看待这些交互：能动者与环境之间的交互，个体的和集体的能动者、制度与文化和社会之间的交互，社会子系统与整体的社会、环境之间的交互，个体的和集体的能动者与能动者之间的交互，这些交互背后的社会习俗和文化的演化背景，等等。当前自创生理论在多个领域有或多或少的发展，但在社会领域的扩展层面，仅仅局限于隐喻意义上的应用并不能完整呈现社会系统的本质和机制，未来的研究应重点探讨社会系统的存在论层面，聚焦于跨学科的研究，采取新的研究方法和分析框架，结合哲学、社会学、人类学、法学、系统科学、复杂性理论、公共选择理论等理论研究和实证研究，开拓更为宽广的路径，从而推进对那些因社会自创生而提出的问题的理解和解决。

4　社会的法律：一个自创生系统

　　法律自创生理论是近几十年首先在德国出现，以卢曼和托依布纳为代表，然后在欧洲发展起来的一个重要学术流派和法学方法论。在法律自创生理论产生之前，法律一直存在一个禁忌或悖论(paradox)：循环性禁忌或循环性悖论，即法律的合法性问题，换句话说，法律为什么是法律？很多法学家都尝试对这个问题作出回答，或将法律归诸神的意志，或归诸人的意志，或归诸国家的意志，或归诸客观规律。而在卢曼和托依布纳看来，法律的合法性在于法律自身，换句话说，法律之所以是法律，是因为根据法律它是法律。这就是法律的反身性，自创生的法律是一种反身法，尽管整个法律系统存在一个"反身性"，法律仍然是一个在闭合的自创生系统世界社会中运行的闭合的自创生系统。托依布纳看到了自创生理论的价值，用他的话来说，"自创生理论所做的是找到一条围绕着禁忌的路。循环性不再被看作一个知识问题，而是作为一个法律实践的问题"(托依布纳，2004：20)。正是自创生理论的这一视角的独特价值，让两位当代德国法学家借助这一视角来对法律的构成、运作、法律与社会的关系等问题进行了全面而深入的剖析，为我们呈现了法律运作机制的清晰面目。

4.1　法律自创生的提出背景

　　法律自创生的思想是社会系统自创生机制的重要组成部分，在卢曼的社会系统理论和法社会学理论中占据非常重要的位置。何谓"法律自创生"呢？在卢曼看来，"现代社会的法律是一个自我指涉(自我参照)、自我生产和自我再生产的，在规范上闭合、在认知上开放的系统，即一个自创生的系统。法律是一个在规范上闭合而在认知上开放的系统"（卢曼，2009b）。德国法学家海尔默特·科殷（Helmut Coing）评价，卢曼在他的《法社会学》一书中从系统论到演化论方面建设法社会学，超过迄今所达到的基本原则；理查德·诺布尔斯（Richard Nobles）和大卫·希夫（David Schiff）认为，卢曼在后期所发展出的法律自创生理论，足以称为继韦伯之后对法律社会学最完整的论述（杜建荣，2012：3）。杜建荣指出，20世纪80年代中期之后，卢曼将自创生理论引入社会学，改变了原先采用的法律是开放系统理论模式，这种理论转向采用了法律系统是自我指涉和自我再生产的系统理论，"自我指涉的系统"，即法律能够自己生产自己的统一性（unity），法律在规范上闭合和认知上开放。这里的统一性，是指法律系统自身与环境区分开来，以及法律系统与其他社会子系统区分开来的边界，即法律与非法律、合法与非法区分开来的边界。于是，"卢曼通过将法律视为一个自创生系统来重新认识法律及其与社会的关系，这一理论上的转向标志着卢曼的理论建构进入了一个新的阶段"（杜建荣，2012：145-146）。一方面，卢曼出身于法学；另一方面，他意识到法律在社会中的重要性。卢曼指出，"一切集体的人类生活都是直接或间接地由法律来形塑。法律就像知识一样，是社会条件的一个最重要和最带有渗透性的事实"（高宣扬，2005：101）。卢曼把社会学领域所应用的社会自创生理论搬到法学领域中，形成了他与众不同的法社会学理论；他的法律自创生思想"既有别于把社会学所应用的理论搬到法律上的一般流行的法律社会学，又不同于一般系统论的系统论法律社会学理论的要点"（卢曼，2009a：译者前言1）。卢曼在1972年出版了《法社会学》，1993年出版了《社会的法律》，这是两部关于法律和社会关系、法律地位、法律构成和运作机制的著作，卢曼在其中系统阐述了法律自创生的思想。法律自创生理论涉及法律的一系列相关术语，比如，系统、环境、自我指涉、自创生、法律的基本成分、法律的边界、法律的系统与环境、合法与非法、法律运作自成一体性、法律的功能、规则化和程序化、或然性信条——公正、法律的演化、法院在法律系统中的地位、法律论证、政治与法律、结构性联系、法律系统的自我指涉、自我描述、自我观察、自我运作等。那么，作为自创生的法律，有两个关键的问题：一是法律（系统）与社会（系统）的关系；二是法律（系统）是由什么生产的。"法律与社会的关系"是卢曼法社会学理论的核心问题；卢曼通过将法律视为社会系统的结构，揭示法律与社会间的系统——结构关系以及两者之间"共同演化"的关系(杜建荣,2012:13-14)。这里所说的"法律与社会的关系",第一,并不是指法律与作为一般系统类型的社会系统之间的关系,而是法律与作为总体性社会系统的"社会"之间的关系;第二,一般是指某一国家或地区领域内的法律与社会,而不是某一国家的法律与另一国家的社会之间的关系。

作为一个在行政法方面非常有经验的法学家,卢曼为什么要另辟蹊径,提出一个基于沟通的法社会学理论呢? 根据彼得·海吉尔(Peter Hejl)的说法,卢曼之所以提出一个以沟通作为重要活动的理论,是因为在司法系统中,尤其是在罗马法传统中的法官和法院,它们主要的活动就是沟通以及从文本中选择意义(Hejl,2015)。另一个重要原因与当代全球社会的复杂性和不确定性相关。当代社会日益复杂,人类面临各种各样的危机,这些危机具有不可预测性、突发性、非线性、连通性,当代社会本身面临时代造成的结构性问题,而卢曼的理论却是"非系统化的",用法学学者杜建荣的话来说,"卢曼不仅深入研究了传统法社会学理论所关注的一些重要问题,诸如社会学上的法律概念、法律的功能、法律与社会变迁,也论及法律教义学、主观权利、法律论证等传统法学理论所关注的问题,此外,在对信任、生态、风险社会等问题的研究中也探讨了许多与法律有关的问题,从广义说这些内容都可以被归入其法社会学理论的范畴之内"(杜建荣,2012:11)。这些是卢曼构想法律自创生理论的重要缘由。仔细查看卢曼的著作,我们会发现,他在沟通的基础上建立起了一个包括社会、经济、法律、宗教、艺术、媒介、教育、科学等领域在内的庞大体系。除了社会自创生理论,卢曼对后世影响较大的还有法律自创生理论。法律自创生理论的主要代表人物中影响较大的是当代法律系统理论代表人物卢曼和德国著名法社会学家托依布纳。值得注意的是,虽然卢曼和托依布纳的法律自创生思想是从社会学和生物学衍生出来的,但法律自创生相关研究在我国学界的热度有超过社会自创生相关研究的趋势。

在冯·福斯特的控制论、瓦雷拉和马图拉纳的自创生理论以及卢曼社会学理论的基础上,托依布纳以自创生理论来看待法律系统的运作,对法律自创生的研究作出了重要贡献。托依布纳有关法律演化的思想是卢曼有关社会演化的思想的继承和发展(托依布纳,2004:译者序言20)。社会演化表现为生产力的提高、系统自治(权力)的增强、规范结构的变化这三个层面,在卢曼那里，他对社会学基本概念的重新定义表现出这样一种趋势：系统论在其分析框架内通过降低环境的复杂性，将社会演化限制在权力增长这个层面上（哈贝马斯，2009：7）。托依布纳指出，生物学家在自创生这个术语能否应用到法律这样的社会现象发生争论，部分学者认为这个术语只适用于有机生命的生产，他们也愿意承认生命和认知系统的自创生的特点对社会现象具有某种影响。托依布纳对自创生理论在生物领域之外的应用做了一番深入思考：在生命的基础上把自创生的概念应用于法律有意义吗？在意义的基础上法律中的自创生有活力吗？在自组织和自创生的概念基础上，托依布纳对以上两个问题进行了回应：与生物的自创生相比，社会的和法律的自创生通过它们自然发生的特性来区别，社会自创生和法律自创生需要形成新的自我指涉循环以为更高层次的自创生系统提供基础。托依布纳把法律视为一个超循环（hypercycle）的社会子系统，法律是一个次级控制论系统，通过一种自我指涉的方式构成其各个组成部分并在一个超循环中把它们连接在一起的方法，把自己与社会（一阶自创生系统）区分开（托依布纳，2004：39）。法律自创生理论把法律系统视为一个只能进行现存系统之外的进一步的法律沟通的闭合的沟通系统。托依布纳思考的是法律的构建机制如何能像一个活的细胞那样从它自己的成分中再生产它自身。这就是法律的循环性——法律确定/生产法律。所以，自创生理论是一种理解法律权威性的循环性的社会理论，法律决定什么可以被算作法律（托依布纳，2004：5）。

如图 4-1 所示，（1）在"社会弥散的法"（socially diffuse law）的初始阶段，法律话语的要素、结构、过程和边界与一般社会沟通的那些东西完全一样，至少由社会沟通他治的（heteronomously）决定；（2）当法律话语开始界定它自己的组成部分并操作性地使用它们时，法律进入"部分自治的法"（partially autonomous law）阶段；（3）只有当法律系统的组成部分在一个超循环（hypercycle）中连接起来，法律才成为"自创生的法"。

托依布纳在法律自治的三个阶段中分别将法律视为他治的、部分自治的和超循环的。与托依布纳的这一观点形成鲜明对比，卢曼则认为自创生是一个"全无或全有"的过程，而不存在部分的自创生或者自创生的中间阶段、中间程度的说法，也就是说，一个系统要么是自创生的，要么不是自创生的，不能说一个系统"既是自创生的又是非自创生的"，或者说"部分是自创

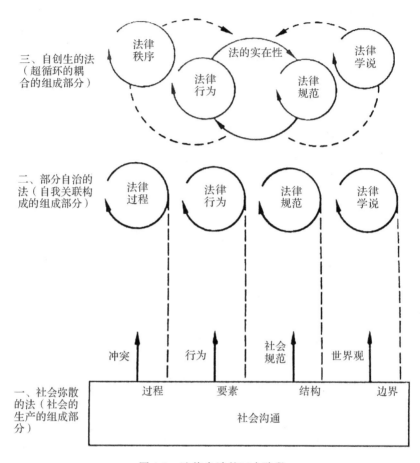

图 4-1　法律自治的三个阶段

资料来源:托依布纳(2004:49)。

生的"和"逐步地自创生"。卢曼的法律自创生思想具有两个视角:内部视角
和外部视角。法律的内部视角主要研究法律自身的问题,比如法律规范、法
律学说、法律教义学、法律案例等;法律的外部视角则主要关注法律与社会、
法律与其他领域之间的关系,比如法律系统与政治系统、法律系统与经济系
统等。"卢曼通过将内部视角与外部视角相结合,不仅建立起法律与社会间
的连接,也把法律系统的内部运作纳入其观察中来。"(杜建荣,2012:258)换
句话说,卢曼对法律系统的观察不是一种一阶观察,而是包含了对观察者的
观察——二阶观察,因此,法律是自创生系统,社会是自创生系统,法律是社
会的法。在卢曼看来,法律是自治的而不是自足的。托依布纳的法律自创

生思想指出了法律的演化，从弥散的法到部分自治的法，再到超循环（自创生）的法。在他看来，自创生理论的两个贡献主题分别是法律的自治以及法律自治与其他社会子系统的关系。

4.2 自我指涉和自我观察

自创生理论是自组织理论的子集，自组织理论是自创生理论的大类。法律是一个自组织系统，是自组织系统中的自创生系统。自组织是复杂系统演化时出现的一种现象，是指系统形成的各种组织结构的直接原因在于系统内部，与外界环境无关（许国志，2000：175-176）。自创生包含几种形式：自我指涉、自我观察、自我调整、自我描述、自我构成、自我再生产。法律是一个自我指涉和自我观察的系统。自我指涉，也叫自我参照，它是卢曼社会系统理论和法律自创生的重要概念，指的是系统的各个成分之间在其相互指涉与同其环境的交往中进行自我区分和相互区分，而在这种自我区分和相互区分中，系统中的各个因素以及整个系统本身，实现经过中介而环环相扣的自我确认、相互区隔和相互作用，同时又完成同其他成分之间的新指涉。法律系统要能够进行自我生产和自我指涉，就必须能够自我生产出它本身所具备的各种组成要素，同时还必须保证使这些组成要素也能够进行自我生产。在卢曼看来，观察和自我参照是互相包含的，观察者把自己和他的观察对象区分开来，之后才能进行观察，为了这个目的就需要自我参照。因此，法律系统作为一个受自我观察约束的系统，它能够把通过运作而再生产的系统与环境的区分重新引入系统之中，并且借助系统（自我参照）和环境（外部参照）的区分来观察自己，这一系统的任何外部观察和描述都必须注意系统本身具有自我参照和外部参照的区分（卢曼，2009a：24）。

在了解法律自创生的基本思想之前，我们首先要关注"法律（系统）与社会（系统）的关系"这个重要问题。卢曼是如何将自创生理论应用到法律领域的呢？在自创生视角下法律系统与社会系统之间、法律系统与其他社会子系统之间是什么关系？这些都是厘清"法律（系统）与社会（系统）的关系"时需要回答的问题。法律自创生理论并不是像有些研究者认为的那样，将法律描述为一个自我观察、自我描述、自我再生产的封闭系统，因此就认为它割裂了法律与社会之间的关系。相反，这两者是紧密相连的关系。很多批评者是基于这个立场，认为卢曼的自创生理论是强调法律系统的封闭性，这就意味着切断了法律与社会之间的关联。自创生的整体社会系统与法律系统是一种嵌套关系，或者是低阶与高阶的关系，即"自创生中的自创生"，也就是在一个较大的自创生系统中存在较小的自创生系统，比如，细胞、器官、神经系统、整个人体都是自创生系统，但是它们是层层嵌套的，细胞嵌入器官中，器官嵌入神经系统中，神经系统嵌入人体中。这就有力地回击了一些研究者的质疑：法律系统作为社会的一部分，它必然要依赖社会的运转，受到社会其他子系统的影响，它怎么可能是自创生的呢？既然社会是一个自创生系统，法律又是社会的一个子系统，那么法律系统就应该是整体的自创生社会的一个部分，法律系统怎么可能是一个自创生系统呢？

社会系统不是简单地是法律系统的环境，社会系统本身包含法律系统，它不仅仅是法律系统的环境，还包含更多其他的因素；社会系统比法律系统的环境要小，因为法律系统还涉及人的精神和身体状况，而且还按照法律系统宣布为法律上相关的方面，这些方面与物理的、化学的和生物的事实发生关系（卢曼，2009a：26）。法律（系统）与社会（系统）两者之间并非仅仅是系统与环境的关系，而是更为复杂。在卢曼看来，一方面，社会系统比法律系统的环境所包含的东西要多，因为法律系统自身的运作本身就是社会的一部分，而法律系统的环境则是法律系统边界之外的东西；另一方面，社会系统却比法律系统的环境要小，因为环境是系统之外的东西，在法律系统之外并非只有社会系统，还包含了其他的系统，比如心理系统等，在此意义上，社会系统仅仅是法律系统的环境的一部分（杜建荣，2012：14；引自 Luhmann，2004：89）。"社会系统是一个运作上自成一体的、通过自己的运作而且只通过自己的运作再生产自己本身的系统"；法律系统在社会系统中进行运作，它通过不断更新沟通并与其他一切事物划清界限，通过它的每一次运作履行或实现社会系统的职能；同时，它通过遵循法律规则，而不是遵循其他规则，使自己与社会系统内部的环境划清界限，并从这一职能中区分出来，进行自己独有的、递归的再生产，实现了法律系统的自创生（卢曼，2009a：291-293）。卢曼将自创生理论从社会学"搬到"法学，清晰阐释了法律系统与作为整体的社会系统的关系、法律系统与其他社会子系统（政治、经济、宗教等）的关系，它们之间都是组织上（规范上）闭合和结构上（认知上）开放的自创生系统，都有自身的构成成分、边界和内部生产网络，它们之间互为彼此的环境。作为一种自创生系统，社会系统和法律系统都具有反身性（reflexivity）。

　　托依布纳认为，法律系统是一个二阶（second-order）自创生系统，它通过法律行为把它们自己作为法律行为再生产的关于合法与非法的特定沟通，由它们特定的法律预期所调整，通过规范性来界定法律系统的边界，法律系统在其中创造了一个独特的环境（托依布纳，2004：81）。法律是自创生的，它如何从它的构成成分中再生产它自身呢？"只有法律制定法律"，"法律自己生产法律"；或者说，"由法律自己决定什么是法律的界限，即法律自己决定什么属于法律，什么不属于法律"（卢曼，2009a：4）。托依布纳提到，"法律的渊源是承认规则，它确立了什么能够被算作一个特定法律系统的一个规则。承认规则是被官员用作确定什么能够被算作法律的规则。但谁是这样的官员是由法律——宪法来确立。所以，法律确定法律"（托依布纳，2004：序言4）。托依布纳还指出，法律系统的渊源除了来自哈特认为的"承认规则"，还有汉斯·凯尔森（Hans Kelsen）认为的"基本规范"，这是宪法之上的法律权威的渊源，这两者解释了"谁是这样的官员"。法律系统的自创生特性体现在它的统一性，法律系统只能通过系统本身而不是通过该系统的环境中的诸因素而产生和再生产。法律是作为一个自创生系统而演化的，它是一个历史性的机器，每个自创生的运作都在改变系统，把机器置入另一种状态，为下一步运作创造了改变的前提条件（卢曼，2009a：27）。

　　社会的或法律的演化单位既不是人类个体，也不是人类集体，更不是自私的基因，而是作为一个沟通系统的社会或法律自身（托依布纳，2004：译者序言25）。与社会系统一样，法律系统的基本单位也是沟通。法律是一个"通过系统各构成部分——法律行为、法律规范、法律过程、法律教义学的互动，内在地生产出一种自治秩序"的自创生系统（Teubner，1993：20）。法律是一个循环地自己生产自己的复杂系统，这一生产过程包括法律的多种自组织模式，法律系统的自我指涉、超循环是其中的关键（托依布纳，2004：译者序言16）。法律系统是自我指涉的，它有自身的规范、结构、过程、边界和环境，与古罗马法一样，它按照法律的范畴思考自身、观察自身、描述自身的构成成分。法律系统的这种自我观察和自我描述导致"法律变得越来越自治，有关法律行为、法律规范、法律过程、法律教义学的自指循环的自然发生，它们各自通过自指来自我观察、自我描述、自我调整以及自我再生产"（Teubner，1993：33）。法律的自我观察是对观察者的观察，即一种二阶观察（second-order observation）。如果我们把法律作为客体，我们作为观察者，我们必须把法律作为一个以系统与环境区分为依据的课题来观察,因此,"法律始终被视为一种自我观察型的系统"(卢曼,2009a:5)。卢曼认为,在系统与环境之间作出区分,好处在于社会及其环境作为法律系统的环境而进入了我们的考察范围,这也是系统论首先要进行的主要区分;我们应该把法律系统作为一种进行自我观察和自我描述的系统来描述,即它发展自己的理论,不进行任何在系统内部反映外部世界的尝试的理论(卢曼,2009a:8-9)。按照法社会学学者宾凯的说法,"所谓法律的自我观察,是指运用法律系统自己的结构和操作——包括先例、原则、概念、法条、学说等——把单个的立法、司法或订立合同等法律操作活动协调起来,这必然涉及运用合法/非法这个法律二元符码以对法律沟通作出要么合法要么非法的评价。法律自我观察的最高形式是法律教义学,即法律或法律科学,也就是通常在法学院传授的刑法、民法、行政法等部门法"(卢曼,2013:12)。

卢曼认为,与当代复杂的社会系统一样,法律系统也是复杂的,因此法律系统需要自我区分,以简化它的复杂性。在当代法律系统的分化和运作过程中,表现出了社会系统的封闭性及其与周围环境之间的复杂关系。"为了保持法律系统自身的自主性/自律性,法律在现代社会生活中尽可能地发展其本身各内在因素之间的紧密关系,使法律在其自身的范围内不断进行自我调整和自我分化,排除或减少周围环境各因素对于它的生存和发展的干扰,使它具有越来越强的自我生产能力。"(高宣扬,2005:101)法律系统是一个递归的、自指的、二阶的自创生系统。"递归"(recursion)是一个数学名词,用在此处表明法律沟通或者说法律的创制和实施过程,实际上是从某种最高规则向最低规则(最简单、最基本的规则)逐步"回溯""后推"的一个过程。作为一种反身法,法律系统确定它自己处于一个自创生系统世界中的一个自创生系统,即"自创生系统中的自创生系统",它根据法律预期调整自身的运作,通过规范性来界定它的边界:

> 自创生法(法律)的中心要素是:社会被理解为一个自我调整的沟通系统。它由产生进一步的沟通行为组成。特别化的沟通循环已经从社会沟通的一般循环发展出来,有些已经成为如此彻底地独立以至于它们有必要被当作二阶的自创生社会系统。它们组成了反过来自我再生产的自治的沟通整体。它们生产它们自己的要素、结构、过程以及边界。它们建造自己的环境并界定它们自己

的特性。组成部分自我指涉地构成,并且反过来通过一种超循环
互相连接。社会子系统操作地闭合,但是认知地向环境开放。(托
依布纳,2004:81)

"自创生法"是建立在法律系统的反身性基础上的,即"法律通过规制自己
来规制社会",自创生的法律是一种"反身法"(reflexive law)。法律系统在其自
身的运作过程中,以它内部的法律规范、程序、规则来觉察外部环境,对其进行
信息加工,以此与外部世界建立联系。法律系统的构成成分,从行为、规范、程
序、特性到法律现实,都是以一个循环的方式构成的,并且彼此以多种方式
循环性地紧密联系(托依布纳,2004:20-21)。由此可见,法律的社会现实存
在于大量的循环关系之中,它不是孤立的,而是保持一定的自治,自主地决
定内部的运作和规范,同时又与整体的社会以及其他社会子系统保持着信
息的交换和人员的流通——法律系统是规范闭合、认知开放的自创生系统。

4.3 规范闭合和认知开放

卢曼认为作为整体的社会是一个自创生系统,作为它的子系统,法律也
是一个自创生系统,社会及其他子系统都是法律系统的环境。哪些运作产
生了作为法律的法律呢?在卢曼看来,心灵系统只观察法律但不产生法律,
因此把意识或者个人视为法律系统的一部分或者一个内在要素,是行不通
的,法律的自创生只有通过社会行动才能实现(卢曼,2009a:22)。法律是自
成一体的、自我指涉的、自创生的系统,它在规范上闭合(normally closured)
和认知上开放(cognitively opened),它从自身出发有选择地吸收外部的刺
激,适应社会和政治的变迁,既是严格遵守规范的、抵御外部环境压力的独
立系统,也是保持认知开放的、适应外部复杂环境的系统,这样法律系统从
社会中分化出来,与社会及其他子系统保持结构耦合的动态交互关系,以此
不断地演化。法律系统为什么要保持规范上闭合和认知上开放呢?这就涉
及自创生理论的一个重要特性:自创生系统在其生产和再生产自身的过程
中虽然是自治的,但并不是自足的。换句话说,自创生的法律系统的运作以
封闭为主,它是在法律相关的规范范围内的运作,超出法律规范的范围,比
如作为环境的社会系统,就需要由社会这个外部环境提供认知资源支持,所
以法律系统又是开放的。卢曼以"物质连续统"(materality continuum)来加

以说明,所有的系统形成都需要物质连续统,比如,生命系统的物质连续统是线粒体、ATP、DNA、RNA 等构成的新陈代谢网络,社会系统的物质连续统是以人类为载体的沟通和沟通网络,法律系统的物质连续统则是以法律学说、法律教义学、法律文本、法律案例等构成的沟通,社会系统本身也是法律系统物质连续统的一部分。

卢曼认为,法律系统具有统一性,它除了具有自身的结构,还有它的运作(operation)——法律系统基于其结构运转的机制。"法律的统一性并非受任何稳定观念所赐,而是来自运作的生产以及再生产特定的法律意义。"(Luhmann,2004:78)在传统法律理论中,"法律系统"被认为一套规则或制度,在系统理论看来,这种认识是不充分的,规则或规范仅仅是法律系统的结构,而不是法律系统的运作。"卢曼认为,如果我们将关注的重点从结构转移到运作,那么所关注的基本问题就不再是法律系统如何建立一套连贯的规则体系,而是运作如何生产系统与环境之间的差异,以及系统如何区分哪些运作属于系统而哪些运作属于环境。"(杜建荣,2012:150)法律的系统运作是规范闭合和认知开放的,即法律系统的运作是由其内部因素的属性决定的,外部环境可以影响但不能决定其运作,这并非意味着法律是封闭的、孤立的,它对外部环境还有信息传递和认知开放。法律系统区分了规范和认知,它的封闭与开放实际上是其形成过程的两个方面。对此,卢曼提到:

> 法律系统运用这一区分将递归的自我再生产的封闭性和与环境相联系的开放性结合了起来。换言之,法律是一个在规范上闭合而在认知上开放的系统。法律系统的自创生在规范上是封闭的,只有法律系统能够授予其元素以法律的规范性,并把它们作为元素建构起来。……同时与这种封闭精确联系的是,法律系统是一个在认知上开放的系统。……通过程序,它使其自身依赖事实,并且在事实压力要求下,它也能改变这一程式。因此,法律中的任何一个运作,信息的每一个法律处理都同时采取了规范的和认知的取向——同时而且必须连接在一起,但是并不具有同样的功能。规范属性服务于系统的自创生,即其在与环境的区分中的自我持续。认知属性则服务于这一过程与系统环境的调和。(Luhmann,1987:20)

就像生命系统一样，法律系统的封闭性和独立运转是主要的，但是开放性和与环境的交互也必不可少，但开放性是从属的、次要的和受决定的，而封闭性是支配的、主要的和决定的，法律系统的开放性是为封闭性服务的。所以，法律在决定、改变社会的同时，它服务于社会中的政治、经济、教育、科学、道德等各方面。法律与整体的社会是系统与环境的关系，法律是社会不可分割的一部分。法律与社会通过信息（information）与干预（interference）进行自我调整，从而把法律的运行闭合与对环境的认知开放结合起来。一方面，法律通过自身产生知识进而生产自治的法律现实；另一方面，法律通过自身干预机制与社会环境相连。法律系统与实际环境的耦合和交互机制是法律内外事件、结构和过程互相促进的结果——法律通过自己调整社会（托依布纳，2004：78）。法律是由社会通过沟通再生产沟通的网络来实现的：一方面，社会是其法律的环境；另一方面，法律所有的运作始终是在社会中的运作，亦即是社会的运作（卢曼，2009：15）。法律的运作在规范上闭合和认知上开放，还表现在它与社会子系统的紧密联系上：

> 在将自创生系统理论应用到法律这一特定领域的时候，还有一个额外的问题是关于多维层面上的协调。人们只有在考虑到法律是社会的一个子系统这一事实时才能把法律视为一个社会系统，而且同样也还存在着其他的子系统。把社会看作一个分化的社会系统需要一种社会系统的一般理论作为前提，这种理论不仅能够处理作为一个整体的广泛的社会系统，也能够处理其他的社会系统，例如面对面互动系统，或者组织系统。理论上的结论因此必须能够被跨越多个层面进行分配，而且这种结论必须检查法律所声称的是否对作为整体的社会有效，或对所有社会系统和所有自创生系统都是如此。（Luhmann，1989）

干预是社会子系统之间沟通的中间媒介。尽管法律"在规范上闭合和认知上开放"，但是要"通过自我调整而调整他者"，这个是很难实现的，卢曼就持谨慎的观点，法律不可能是一种控制或调整其他社会系统的手段："系统观察系统，仅此而已。"（托依布纳，2004：92）法律使用特定的二元符码（合法/非法）独立进行运作，这不意味着法律是遗世独立的，它与环境中的社会子系统是相互渗透（interpenetration）、运作耦合和结构耦合的关系，社会子系统之间相互影响、互为环境，法律系统与其他社会子系统都是运作上封闭的自创生系统，又通过结构耦合形成联结。说到法律系统与其他社会子系统的运作耦合，比较典型的例子是议会对法案的通过、一项支付行为的发生，这些都具有法律上的意义，也具有政治上的或经济上的意义（杜建荣，2012：180）。社会系统内部分化过程的结果是产生法律、政治、经济、教育、道德等子系统，这些社会子系统本身没有集体行动的能力，为了能够沟通，它们需要具有集体行动能力的正式组织，比如，法庭、议会、公司、银行、学校等，这些正式组织作为集体能动者可以跨越功能子系统的边界相互沟通，在这个沟通中，一个系统际关系的系统出现了，它反过来成为自治的，这些系统包括团体、集体谈判、质问程序以及相关的行动（托依布纳，2004：103）。这些系统在社会内部与环境的接触和在它们之外的那些接触，干预这些子系统的一个连接和一个桥梁机制，众多的社会子系统凭借这个机制超越自我观察并且通过一个同样的沟通事件互相连接，引起这个连接的原因包含以下三点：(1)它们使用同样的基本材料——"意义"；(2)它们全部基于相同要素——"沟通"，来运行发展它们的系统；(3)在任何社会子系统中的所有专门化的沟通形式——相互作用、组织、功能性子系统，它们也是一般社会沟通的形式（托依布纳，2004：95）。在此，我们回到法律系统的信息与干预机制，它们作为两个保证运行闭合的社会系统保持认知开放的机制，法律系统通过自身的内在生产的信息生产外部世界的内在模式，以此模式调整自己的运行方向，这个信息是由法律规则、法律学说、法律教义学等运行的事实构成，法律的干预和它的社会环境对它们之间的"结构耦合"关系负责（托依布纳，2004：105）。

法律演化如何进行自治呢？卢曼提出了变化、选择和保持的基本模式，通过增加演化机制在其中发生的系统指涉来丰富这个基本模式，这三种演化机制既自生地（endogenously）又外生地（exogenously）运作；它们以规则、制度和教义学在法律内部相互作用的方式运转，也通过在其他社会系统中影响法律的类比机制运转（托依布纳，2004：67）。"法律系统并不独立于它的环境。构成法律系统环境的其他社会子系统和社会自身的自创生，通过共同演化，系统以一种非常间接的方式对法律改变的选择发生影响。这是一种共同演化的过程。"（Teubner，1993：58-61）法律与社会以及其他社会子系统的共同演化，是在多个组织闭合和结构开放以及系统与环境的结构耦合中保持自治的发展过程。社会—法律演化的特点表现在，法律的"自生"演化与社会环境的"外生"演化相互作用（托依布纳，2004：67）。比如，在法律与经济之间存在结构耦合,法律要服务于经济,但是法律又不能被带入经济中的物品或服务类型当中去。又比如,法律与政治是两个分离的、组织闭合的自创生系统,它们有各自的功能、递归的运作网络、各自的符码(对法律来说是合法/非法,对政治来说是权力/非权力,对经济来说是付款/欠款)。法律开放地承受着其他系统对它的扰动和影响。结构耦合与扰动是相互包含的,如果没有结构耦合,就没有扰动(perturbation),系统也就没有机会进行学习并改变结构,因此,如果没有与社会中其他功能系统的结构耦合这一联系,现代意义上的法律就会崩溃(Luhmann,2004:385)。这说明了法律系统并不是遗世独立和完全封闭的,它是一种半开放状态,在结构耦合的双重作用下,既减少了环境对法律系统的影响,也有利于环境以某种方式对法律系统产生影响。所以,法律与整体的社会以及其他社会子系统并非被割裂开来,而是通过运作封闭、认知开放和结构耦合从环境中获得扰动,并在系统内部被有选择地作为信息和沟通加以处理,从而与社会及其子系统维持一种互动、循环和共同演化的关系。

4.4　对法律自创生的评价

自创生理论在法律系统中的应用引起了一些争议,部分争议与卢曼的社会自创生引起的争议是类似的,即边界问题、没有提及组织和结构之间的区分、没有明显表明法律的沟通是如何从人类之间的交互中出现的,等等。

首先,是自创生理论的问题,它是否做出了较强的存在论主张,以说明法律系统是自创生的,还是最好把它视为一个精致的生物学隐喻?或者说它实际上是同义反复的而经不起实证检验的?(Mingers,1995:163)从卢曼和托依布纳的观点来看,他们并没有将法律自创生仅仅视为一个隐喻,而是主张较强的存在论立场。法律自创生理论在描述法律系统的二元符码与结构耦合、规范闭合与认知开放等特性上,使得我们能更好地理解法律系统的运作机制。在存在论上,法律系统与社会系统的关系、法律系统与其他社会子系统的关系,都是互为环境、结构耦合的,法律系统、社会系统与其他社会子系统都是组织上闭合(规范上闭合)和结构上开放(认知上开放)的自创生系统,都有它们的二元符码区分的边界、自我生产的构成成分以及内部生产过程。

其次,是法律自创生的存在论层面的问题,即它的边界、构成成分和内部生产过程的问题。法律自创生以沟通作为其成分,以二元符码区分法律事件和事实的合法与不合法,它同样是自指的。法律是沟通生产沟通,规则生产规则,通常我们把法律理解为一个规则系统或符号系统,以此来看它是自我指涉的。然而,我们难免产生疑问:规则怎么可能生产规则呢?符号怎么可能生产符号呢?除非我们把法律系统理解为一套包含规则和行动(实践)的系统,法律才能生产自身。以二元符码区分法律事件和事实的合法与不合法,但问题是所有的法律事件和事实都能被划分为合法与不合法吗?一些跨国活动在一些国家或地区是合法的,但在另一些国家或地区则是不合法的,即使是某些国际法也难以界定,在此情况下我们如何界定它们的性质?在法律系统自身没有此类范例可以借鉴的情况下,在法律学说和教义中找不到相关解释的情况下,法律系统又是如何应对的?从法律系统的运作来说,法律场所、法律依据和能动者都是很重要的因素,它们维持法律系统的特性。比如,法庭、法律条文、审判程序、法庭纪律、证物、法官、审判团、辩护律师、原告与被告、目击者、记者、公众、警察、罪犯以及所有这些人和事物营造出来的氛围、法庭审判中的一审和二审、退庭后法院场外的记者和公众游行;等等,它们保证了审判过程中的庄严性、公正性与合法性。而仅仅将法律系统局限于沟通(事件),将会遗漏很多重要因素,对于一个法律案例的完整性来说是不够充分的。学者从能动者及其动机对法律系统的重要性批评了卢曼的法律自创生理论:"卢曼遗漏了不成文法(common law)自我生成(self-generativity)的方法和动力:个体的角色——普通的法人,它们在生成法律规范和个体保持这些规范的转化中是不可缺少的。"(Mingers,1995:166)根据卢曼的理论,个人不属于社会系统,也不属于法律系统,即个人不是社会系统和法律系统的构成成分。但在传统的对法律系统的理解中,个人是一个基本的构成成分,特别是对于"法律人"的强调,使得卢曼的这一立场与主流观念发生很大差异,这也是卢曼被许多学者批评的地方(杜建荣,2012:223)。传统的社会理论也一直把个人视为社会的基本构成要素。有学者认为,社会系统是个人用来控制其所必须面对的复杂性的机制;社会系统不能被视为一种"超个体"(superindividual),它仅仅是一种工具,只有个人才具有自我反省的能力,也只有个体能够体验(Wallace,1990;杜建荣,2012:224)。事实上,卢曼从来没有忽视人或否定人的作用,也不是如某些学者认为的那样,卢曼的社会自创生和法律自创生是反人本主义的。卢曼的方法论立场虽然把个人排除在法律系统之外,虽然他把个人视为法律系统环境的一部分而不是其构成成分,但是卢曼并未否定个人的作用,也肯定了系统不能离开人的事实,系统与环境都是系统运作中的不可忽视的方面,于系统的运作而言同等重要。卢曼强调的是系统并不仅仅是由个人所构成的,个人是不可预测和不确定性的因素,将其视为系统的环境可以有效地保证系统的稳定和平衡运作。这样的系统运作机制一旦形成,就不会轻易受到系统环境的干扰,这样系统就独立于个人的生命周期和运作方式。

最后,法律的自治和交互是否如卢曼和托依布纳所说的那样是规范上闭合的? 在传统的观点看来,法律的自治是法律和社会中特定利益之间的关系;而在自创生理论看来,法律是闭合的和自指的系统——"只有法律制定法律",它不是由环境所决定的,它通过自身的结构和活动而变化,这些变化不等同于外部环境压力引起的变化。但正如上文提到的,法律系统中很多活动都是发生在法庭、法院等具体的场所,能动者以及外部环境的因素对于法律系统中的活动的影响不容忽视,仅仅将法律系统的结构描述为规范上闭合的是否合理? "在许多法律学者看来,如果不把法律系统理解为由法庭、法官、律师等一系列机构和角色构成的系统,那么这一理论对于解释法律的经验事实将是缺乏实际的说服力的。特别是在美国法律发展中,长期以来都把法律人——诸如法官和律师——视为法律系统的中心,因而也倾向于从法律人的法律实践来理解和认识法律。"(杜健荣,2012:224)如果法律系统是规范上闭合的,当一些法律案例中涉及的伦理规范与公众和整个社会的伦理规范相冲突,当判决结果因为外部环境的影响而被改变以至于法官和审判团不得不做出让步时,又如何依据法律系统自身的规范来应对这些变化? 法律系统又该如何自行决定其判决? 在法律系统内部,也有一些不可忽视的影响。律师经常从事经济交涉,法官的任命背后充满了各种政治斗争,法官在判决中越来越多地引用非法律的学说和素材。在以上两种情况下,法律的自治是否如法律自创生所认为的那样"只有法律制定法律"? 法律在相当大程度上受到政治、经济和社会因素的影响。法律的自我生产将会导致一个矛盾:一个系统里发生的大多数情况是由外部因素导致的。比如,在法律方面,自创生的观念似乎难以与法律被外部因素决定的事实相协调,比如政治因素、经济因素和社会因素。"法律自我生产的想法会导致实证主义或决定主义的复兴吗? 或者导向一种虚构的法律专制统治?"类似这样的质疑,让一些学者特别是法律社会学家拒绝法律中的自创生观念(托依布纳,2004:33)。

第三部分

社会存在论：从集体到文化

5　社会存在论:集体构成的多元组织模式

　　社会自创生深入分析了这些关系:整体的社会系统与社会子系统、社会子系统之间、社会系统与环境、社会子系统与环境、社会系统与其构成成分、社会子系统与其构成成分等。这些关系构成了社会系统的存在基础的一部分,但这个存在基础的"拼图"还不完整,从生物学视角的生命自创生到社会学视角的社会自创生,从隐喻视角到存在论视角,我们需要以另一块"拼图"来进一步完善对社会系统构建机制的分析。当代聚焦于个体与集体(群体)、个体与社会、集体与社会、制度文化与社会等关系的社会存在论和集体意向性理论,更宏观地说是社会科学哲学研究的议题,包括行动和能动性,结构、能动者和进化,社会规范,意向、制度和集体行动等,正好可以对社会系统的存在基础提供很好的补充。社会整体与其构成成分、集体主义与个体主义是东西方长期以来关于社会构成和集体构成的主要争论之一。正如吉登斯提道,"结构主义与功能主义都特别强调,社会整体相对其个体组成部分(人类能动者)而言,具有至高无上的地位"(吉登斯,2016:1)。无独有偶,认为社会整体或国家超越个体的,还有英国哲学家托马斯·霍布斯(Thomas Hobbes),他在其著作《利维坦》(*Leviathan*)一书中提到了一个巨型怪物——"利维坦"(Leviathan),即圣经中述及的一种力大无穷的巨兽名字的音译,以此比喻一个超越于个人之上的强大国家(霍布斯,1985)。国家是典型意义上的集体。那么由个体组成但又超越于个体的集体会有什么异于个体的性质呢? 个体如何才能形成集体,是什么将集体与非集体(一般的人群聚集或"乌合之众")区分开来? (李恒威,肖云龙,2019)从学校、足球俱乐部、工会到跨国公司再到国家,这些组织都可以称为集体,这些不同规模和不同存在形态的集体,它们存在一个共同的运作机制和组织模式吗? 这些议题在当代社会存在论研究中受到广泛讨论,由此引出人们对一般性的集体和社会现象之本质的深入思考。

5.1　社会存在论的基本内涵

社会存在论(social ontology),是"关于社会世界的构成的理论,社会领域中存在什么以及事物如何加入其中的理论。这种理论既属于社会科学家的探讨范围,也属于哲学家的探讨范围"(佩蒂特,2010:136)。关于社会存在论,存在不同的理解,有传统的和当代的两个版本。澳大利亚哲学家菲利普·佩蒂特(Philip Pettit)指出,"传统的社会存在论探讨的是一个一般性问题:个别的能动者怎样与社会联系在一起。通常假定,个人是像部分与整体的联系那样与社会联系在一起的,于是问题就成了整体是否大于部分之和,或者——这其实是一回事——通过属于整体,部分是否发生了转换的问题。但是无论怎样严格地理解'部分',说个人是社会整体的一部分,这本身就是有问题的。而且无论如何,认为社会存在论集中在一个唯一的问题上,这是错误的"(佩蒂特,2010:136)。佩蒂特直面社会存在论领域存在的两个问题,这些问题都得到了社会科学家和哲学家的关心讨论:

> 第一个问题关心的是,个别能动者的能动性是否会遭到加总社会规则(aggregate social regularities)的损害,以及关于那些规则如何发生作用的知识是否会削弱我们对于那些能动者作为意向和思想主体的观点——简言之,即我们的意向心理学。……加总社会规则是否削弱了这种意向心理学的问题是一个垂直的问题。它关注的是在多大程度上,个别的能动者可谓受到了自上而下的影响;用部分—整体的关系来讲,这个问题也就是整体是否大于部分之和的问题。

> 社会存在论中的另一个问题是水平的而不是垂直的问题,因为它关注的是在多大程度上,个别的能动者受到了彼此的影响,而不是自上而下的影响;用部分—整体的关系来讲,它可以被看作部分是否通过共同属于一个唯一的整体而得到了转换的问题。这个问题就是,是否个别的能动者为了拥有任何他们独特的能力——例如为了拥有思想的能力,就要非因果地依赖他们彼此的社会关

系。(佩蒂特,2010:136-137)

在此,社会存在论领域存在的这两个问题为个体主义与整体主义、原子论与整体论、部分与整体的关系作了铺垫。塔夫茨大学哲学学者布莱恩·爱泼斯坦(Brian Epstein)指出,"最近一些年在社会存在论的子领域,形而上学与社会科学哲学交接之处有一个激增的研究兴趣:探究社会世界的本质"(Brian,2016)。社会哲学与社会科学哲学(philosophy of social science)有很多相似之处,都属于社会科学的研究领域。社会科学研究两类对象,一类是有信念、价值、情绪反应、选择和行动的个体;另一类是消防部门、大学、政府、教堂、法律、习俗和文化。其中,社会层面的事物是否可以被还原为个体层面的事物,是社会研究中的核心哲学问题之一,它贯穿于社会科学的各种理论和方法论之中(里斯乔德,2018:118)。

与传统的社会存在论相比,当代的社会存在论(新的社会存在论)侧重对集体现象和社会现象的分析,它包括三个方面:(1)关注社会集体的视角;(2)分析现实的社会结构;(3)理解文化背景的演化(Kobow,2013:5)。这三个方面归根结底是这样一个问题:如何理解社会实在或社会世界的本质及其演化?爱泼斯坦在《社会存在论的一个框架》指出:"社会存在论的目标和问题是理解社会世界的本质。……社会存在论可以区分为基础(grouding)和锚定(anchoring),对于任何社会事实(social facts),我们都可以这样问两个不同的存在论问题:社会事实的基础是什么?为什么这些事实是以这种方式锚定?换言之,社会事实基础条件的锚点是什么?"(Epstein,2016)。对社会存在论的学者而言,他们想获得社会世界如何被构造的解释:社会世界的基石是什么?它们是如何凝聚在一起来构造它的?社会存在论不该被视为"存在论主张"的研究,比如,"存在社会集体"或者"不存在社会精神",而是被视为关于不同种类实体之间的存在论构造关系的研究(Epstein,2016)。当代英美学者关注有关行动的分析性哲学,即意向性、行动、承诺、知识、信念、欲望、意图等,结合日常生活的常见合作现象,来分析行动的本质。人类社会的合作离不开意图、行动和能动性,人类与他人合作的倾向主要体现在人类社会的规范、规则和规律的存在中,以及共同行动的能力中(里斯乔德,2018:88)。吉登斯指出,这些行动哲学学者对他的思路借鉴很有限,在他看来,"行动"(action)并不是一些"行为"(acts)的组合;我们也不能脱离身体来探讨"行动",因为身体正是"行动"与它的周围世界的中介，是行动中自我的统合体（coherence）（吉登斯，2016：3）。社会规范在集体构成和社会运作中发挥着重要作用，它的核心内涵是指，在社会群体内，基于人机互动而产生的，对社群成员行为构成约束的非正式规范（李怡然，2021：49）。我们需要从日常生活中个体的联合行动（比如，一起做饭、一起散步、一起粉刷房子），到制度性社会事实的建构（比如，货币的流通、总统的选举），再到人类社会规范乃至习俗的形成等等这些发生在能动者之间与集体之间互动的社会事实、社会对象、社会过程和社会事件来理解机体和社会的形成机理和动态演变。社会规范在人类社会生活中无处不在。在政府、高校、企业、俱乐部中都有规范，即法律、规章、制度、规则等，包括非正式的、含蓄的和正式的。遵循规范也是集体的能动性得以实现的重要保证。集体的能动性正是集体的意图、行动、目标、制度、规范和文化等"要素集"有机整合和演化的结果，这些个体能动者和集体能动者嵌入社会的"要素集"当中，与整体的社会、社会子系统、社会组织等实体共演化。

单数个体的能动性、复数个体的能动性和制度的能动性之间的关系是怎样的？个体与集体的关系、个体主义与集体主义是当前社会存在论的研究中普遍关心的议题。"社会理论和社会哲学的问题研究，常常体现为个体主义与整体主义、社会自然主义与历史文化主义的立场之争。出现这种情形的一个主要原因是关于群体的哲学研究还不够充分。群体作为社会实在的构成部分、社会主体（能动者）的重要类型，与制度实在、社会事实共同构成了社会存在论（social ontology）的主要研究对象。由此形成了社会存在论中的群体理论，其内容着重研究社会群体、群体心灵、集体意向性和群体行动等问题。"（田曼，2022）佩蒂特认为，社会存在论的学者关心两个问题，其一，个体能动者的能动性的地位问题。它们是不是意向性的主体，它们在多大程度上受到集体的影响，个体能动者与集体的关系，是不是部分—整体的关系，即集体是否大于个体能动者的聚合。其二，个体能动者之间的关系问题。用部分—整体的关系来讲，个体能动者为了拥有任何他们独特的能力，比如，为了拥有意向的能力，就要非因果地依赖于他们彼此的社会关系（佩蒂特，2010：136-137）。库利指出，人类生活可以从个体（个人）的方面，也可以从社会（普遍）的方面来考虑，"社会"和"个体"并不代表两个事物，而是同一事物的个体方面（集体成员）和集体方面，比如军队和士兵、班级和学生；社会集体或社会组织本质上都是一样的，从家庭、城市、民族、种族到全体人类，不管它们大小、复杂程度和持久程度如何，它们与最小、最简单或历时最短暂的集体没有根本区别(库利,2020:24-25)。

可见,个体主义和集体主义、原子论和整体论是我们在解释集体的构成中无法绕开的话题。在本章中我们指出,个体与集体都是真实存在的,仅仅分析个体的行为,既是片面的,又是不合理的,个体与集体之间是动态耦合的关系。个体的意图、信念、行动与集体的意图、信念和行动并不是简单的部分—整体的关系,个体的和集体的意图、信念、行动等都嵌入它们动态耦合的时空关系和实践活动中,单凭个体主义或集体主义并不能充分解释集体的和社会的现象。对个体能动者与集体的关系、对集体本质的理解,我们需要结合个体在集体中的意图和行为,个体在集体中所扮演的角色、功能,个体与集体在时空中的动态耦合关系,以及个体和集体背后的社会习俗、文化背景等因素。

5.2 社会存在论"五巨头"的观点

我们生活于其中的社会世界每天都发生各种各类的事件和事实,最常见的是新闻等媒体中的宣告性事实"欧盟将提高进口关税""朝鲜进行了新的核试验"等等。我们将欧盟、朝鲜视为作出决定的主体,这些决定是实实在在发生并对我们的生活产生了影响,此种集体就不仅仅是隐喻意义上的集体,它们是存在论意义上的集体。人与人组成的不同规模和层次的组织,其集体性是有明显差别的,人们使用诸如"聚集"(aggregation)、"群体"(group)、"集体"(collective)、"联合体"(unity)、"联盟"(union)、"共同体"(community)等概念来描述不同规模和层面的社会关系。"聚集"现象,我们在日常生活中经常可以看到,比如,公交车站候车的人群,但这个人群并不能称为群体,因为他们每个人都是没有共同目标、共识纪律的独立个体,他们只是因为等候公交车到站的偶然性相聚而已。"群体"是什么呢?按照法国社会心理学家、社会学家和群体心理学的创始人古斯塔夫·勒庞(Gustave Le Bon)的说法,群体是指两个或两个以上的人,为了达成共同的目标,通过相关方式而聚合在一起进行活动的人群。所以,很多因为偶然性而聚集在公共场所但没有任何明确共同目标的人群,只能视为人员聚集,不能视为群体,比如传统节日里的聚会、集会或者协作劳动的聚集等(勒庞,2013:3)。"集体"相对比群体规模更大,除了共同目标和共识纪律,还包含制度和文化等因素,比如公司、学校、社区、国际组织,甚至国家。玛丽·道格拉斯(Mary

Douglas)在《制度如何思考》(*How Institutions Think*)中指出，一个人群要成为社会集体，需要其成员具备思维和情感，对公司而言，它要成为一个市场主体，需要具备法人地位，但即使它获得了法律赋予的实体地位，也不能说它具有自己的态度，也不能说它自己能行动，更不能说它自己能思考或者有情感，因为思维和情感是个体才具有的(道格拉斯，2013：12)。"联合体"(unity)和"联盟"(union)常常见于各种国际组织和地区组织，比如联合国、20国集团(G20)、亚太经合组织(APEC)、"一带一路"共建国家等。"共同体"(community)则涵盖更大范围，比如，中华民族共同体、人类利益共同体、人类命运共同体，囊括一个民族、地区、国家、全球等。

对于这些集体性不同的社会关系，一些学者从试图转换个体主义的旧范式，走向一种新范式，探究集体的组织模式和存在基础。他们从意图、信念、态度、承诺、理性、行动、能动性以及责任等概念切入，尝试对人类的共享意向性或集体意向性进行描画，部分揭开了集体相关活动中涉及的参与方式，而与之密切关联的人类活动虽然从表面上充满了个体主义色彩，但背后的社会关系、文化习俗、规范和制度在其间扮演的角色决定了这些尝试是解释集体本质和运作机制的一个可能进路。集体意向性理论是当代集体合作的一个重要理论，它关乎集体个体成员和整个集体的意图、行动、责任、理性等，它旨在回答这些问题：集体意图是什么？存在集体意图吗？如果存在集体意图，还存在集体态度(collective attitudes)吗？例如，信念和欲望(Chant et al.，2014)。当前在集体意向性理论研究领域，有多个影响力较大的学者及其相关理论，例如，芬兰哲学家雷摩·图梅勒(Raimo Tuomela)的"我们模式"(we-mode)、美国行动哲学家迈克尔·布拉特曼(Michael Bratman)的"共享意图"(shared intention)、美国哲学家玛格丽特·吉尔伯特(Margaret Gilbert)的"复数主体"(plural subject)、美国政治哲学家菲利普·佩蒂特(Philip Pettit)的"集体能动性"(group agency)、美国哲学家约翰·塞尔(John Searle)的"社会实在"(social reality)。这些学者在集体意向性理论领域浸淫多年，提出这些相关性理论为我们理解集体的意图和行动提供了研究路径，因此，这五位学者也被称为"集体意向性或社会存在论五巨头"(the Big Five of collective intentionality or social ontology)。这"五巨头"都主张，联合行动需要联合的或共享的意图(Chant et al.，2014：13)，而他们都有各自的代表性理论来刻画集体成员个体之间的协作活动和集体的构成模式。

图梅勒指出,社会存在论不仅是关于社会现实基本本质的研究,也是社会科学理论最佳解释的一部分研究,这种研究要求它们的假设存在论(Tuomela,2013:ix)。在《社会存在论:集体意向性和集体能动者》一书中,图梅勒指出,集体意向性是"社会的黏合剂",具体来说它包括我们模式框架三个核心的或标准的特性:集体理性(group reason)、集体条件(collectivity condition)、集体承诺(collective commitment);一些社会集体,包括大型有组织的集体,我们可以将其视为功能集体能动者(a functional group agent);一个我们模式集体可以充当一个功能集体能动者(Tuomela,2013:x)。图梅勒关于社会存在论研究广为人知的是他提出的"我模式"(I-mode)和"我们模式"(we-mode),这种个体主义进路(我模式)和集体主义进路(我们模式)的概念和心智状态都需要社会行动(social action)和社会制度(social institutions)来解释;我模式是自下而上(bottom-up)的存在论指向,从成员层面到集体层面;我们模式是自上而下(top-down)的存在论指向(Tuomela,2013:4-5)。"就像其他处于这一领域的哲学家一样,图梅勒认为,意图只是群体表现出的一种态度。群体能够拥有共同的信念、评价、偏见、情绪或认知。"(里斯乔德,2018:210)图梅勒将这种表示群体的态度称为"我们态度"或"集体态度"(we-attitudes),一般的集体态度可以表示为:

一个人拥有一种集体态度 A(比如,一个目标、意向或信念)。

如果他有 A,他就会认为他所处集体中的其他人也有 A,除此之外,他还会认为,拥有 A 的成员构成的集体中存在共同的信念。(Tuomela,2002:10;里斯乔德,2018:210)

基于对集体态度的分析,联系囚徒困境的例子:两个参与者拥有一个共享意图,即都会选择对自己最有利的结果,类似于团队推理方法,集体态度能够以集体程度不同的方式或模式表现出来,一些集体态度是由个体的独立行动、信念、价值等引起的,这是"我模式态度"或"个体模式态度"(I-mode attitudes);相应地,参与者把这种情形视为由群体、集体或团队的目标、意图和行动引起的,这是"我们模式态度"或"集体模式态度"(we-mode attitudes)。图梅勒宣称,"联合意图"(joint intention)包含"我们意图"(we-intentions)的集合,它是集体成员持有的参与意图(Chant et al.,2014:2)。在有的学者看来,图梅勒的"我们意图"与娜塔莉·古德(Natalie Gold)和罗伯特·苏格丹(Robert Sugden)的"囚徒困境"等模型不同,首先,在"囚徒困境"等博弈论模型中,参与者之间是反对关系,"我们意图"参与者之间是合作与协调关系;在囚徒困境中,实现利益均衡可能是一种"我们意图",但"我们意图"并非必须是均衡状态(柳海涛,2018:22)。因此,图梅勒的"我们意图"并不是一种零和博弈(双方中有一方好而另一方不好),也有可能是双方都好,甚至双方都不好的状态。图梅勒在《社会哲学:共享的观点》(Tuomela,2007)一书中重点讨论了集体的构成模式。他认为我们可以根据其成员接受的群体理念(ethos),即构成目标(constitutive goals)、价值(values)、信念(beliefs)、规范(norms)和标准(standards)来界定(自治的)社会群体(social groups)(Tuomela,2007:44)。在他看来,"以'我们模式'思考和行动就是作为一个群体成员来思考和行动"(Tuomela,2013:36-37)。集体可以区分为"我们模式"集体(We-mode groups)和"我模式"集体(I-mode groups)。图梅勒区分了多种不同意义的集体意向性。最弱意义上的集体意向性是这样的,它基于我模式,仅仅需要能动者对同一个内容有一个态度,并且能动者共同相信他们拥有这个态度。稍强意义上的集体意向性(可能是我模式,也可能是我们模式)主张,能动者一起想要做或相信某事。更强意义上的集体意向性(我们模式)宣称,能动者一起作为一个集体去行动,他们为了相同的命令式团队理由,同时满足集体承诺和集体条件(必要地处于通过一条船的条件)的标准或标记(Tuomela,2013:6)。

作为一个群体成员,他既能以"我们模式"也能以"我模式"来行动,后者在私人意义上采纳群体的理念。图梅勒认为,由一些个体组成的群体 G 是一个"我们模式"的社会群体,当且仅当:

  (1) G 作为一个自为的群体,接受特定的理念 E(ethos),并对理念做出承诺;
  (2) G 的每个成员作为群体成员,应以群体规范的方式接受 E(并相应地作为群体成员对理念做出承诺),至少在某种程度上该群体接受 E 作为它的理念;
  (3) 在群体中(1)和(2)是共同信念(mutual belief)。(Tuomela, 2013:27)

在群体接受的条件下,"我们模式"集体不能还原为个体。群体成员所思考的群体目标,经过群体接受的过程形成集体意向性,这是对群体决定达成一致的过程。达成一致的过程包括两种方式(Tuomela,2013:130-136):

一种是公告栏式(bulletin board view)。当群体提出一个目标时,它的成员表决是否赞同这一目标,就像摆出一个公告栏,公开征集意见,得到赞同后即可达成群体一致。假设共同体内(最初可能只有一个"我模式"集体)的成员提出一个清理公园的计划。提出这个计划的成员可以公开地与群体其他成员沟通。我们可以根据联合意图构造的公告板隐喻来说明此情形。最初的成员或组织者的提议(即联合行动计划)写在公告板上:"集体 G 的成员将在下周六清理公园。愿意参加的人请在此签名。"(Tuomela,2007:87)成员的集体接受该计划意味着集体成员形成了参与到联合行动中的联合意图,每个签名的集体成员拥有清理公园的"我们意图"以及执行各自清理公园一部分的意图。再者,集体成员由于表达了他们个人的参与意图,共同下决心清理公园,于是他们清理公园的联合意图就形成了(Tuomela,2007:88)。达成一致的另一种方式是附和式(going-along-with)。当群体做出一个决定时,只要它的成员能够忍受这个决定,那么群体就算达成一致并继续维持而形成集体态度,群体接受保证了成员承诺完成集体的目标,它的作用在于使集体得以维持稳定,从而保证了集体的存在。由此可见,公告板式说明了群体成员是出于自愿而形成的集体,而附和式是群体成员迫于群体接受而维持的集体。图梅勒的集体视角指出了日常生活中两种常见的集体组织模式,即公告板式的群体成员意图的联合和共享的形成,以及附和式的群体接受。

布拉特曼较早关注意图的本质,他在"意图的两个面向"一文中提到了有意图的行动和意图去行动之间关系的共性是什么。回答这个问题有两个进路,一是欲望—信念模型(desire-belief model),将有意图的行动视为对能动者的欲望和信念而言合适关系的行动,这是一个还原模型:它将有意图去行动视为可还原到确定的欲望和信念。在这个进路中,有意图地行动与有一个意图去行动之间关系的问题,成为这样的一个问题:欲望和信念成为一个去行动的意图的构成成分,这与对有意图地行动的欲望和行动而言是必要的复杂关系。为了对这种关系进行说明,布拉特曼列出了两种意图:未来指向的意图(a future-directed intention)和当前指向的意图(present-directed intention)。比如,我有意图在今天稍后一些时候发动我的汽车,这是未来指向的意图;我也有意图现在发动我的汽车,这是当前指向的意图。这样一个当前指向的意图不足以保证我确实会发动我的汽车,但如果我稍后有意图地发动我的汽车,这看起来是貌似可信地认为,我有这样一个当前指向的意图来发动汽车。毕竟,当发动汽车时,我肯定有意图去做某事,考虑到我有意图地发动汽车,看起来是我意图的将会包括发动汽车在内。这里就提供了一个解决前面问题的一般进路:对我而言,有意图地做 A,我必须有意图去做 A;我在行动那时的心智状态必须是 A 处于我意图去做的事情当中——布拉特曼将这种进路称为"简单视角"(the simple view)(Bratman,1984)。在他那里,信念、欲望、意图是构成有意图行动基础的常识心理学的基本要素,意图是计划中的典型要素,有意图的行动通常包含去行动的意图,意图状态本身是包含在我们意图观念中的状态和行动的共同要素,意图是两面神,与有意图的行动和协调的计划捆绑在一起。

布拉特曼以"共享意图"(shared intention)概念来刻画个体能动者之间的合作(Bratman,1993)。他着重分析了只包含两个能动者而不依赖制度性结构和权威关系的例子,例如,一起散步、一起做饭、一起粉刷房子,等等。对于群体中的每一个成员来说,共享意图的形式是:我打算我们联合行动(joint action),并且你也打算我们联合行动。在他看来,"共享意图不是存在于某种融合能动者(fused agent)心智之中的某个态度,因为根本就没有这种心智;共享意图也不存在于参与者双方之任何一个心智或两个心智之中。更确切地说,共享意图是一种事件状态,它主要存在于参与者的态度及其那些态度之间的关系之中,但任何参与者的态度本身都不是共享意图"(Bratman,1999:122-123)。可见,布拉特曼倾向以共享意图的概念而避免以集体意图和集体心智的概念来解释集体意向性,他的集体意向性的解释不是个体意图的累积性解释,而是具有共同知识(common/mutual knowledge)的个体参与者态度之间的关系。这里所说的共同知识是能动者的意识无法直接觉察到的,它绝大多数是实践性的,人们要想在社会生活中"持续"完成各种各样例行的活动,它们是不可或缺的(吉登斯,2016:4)。

我们可能一起在做某个合作行动,合作行动尽管是完成一项事务的充分条件,但却不是必要条件。即使缺少合作的行动,我们仍能够一起粉刷房子,我们甚至不知道他人的活动,即使我们知道他人的活动,我们也不会去关心——譬如,我们偶然在一起恰巧完成了一项事务。为此,布拉特曼提出"共享的合作活动"(shared cooperative activity,以下简称"SCA")(Bratman,1992),以弥补共享意图对联合行动和合作现象解释的不充分。共享的合作活动涉及有许多能动者参与的复杂制度结构中的活动,但他重点考察的是只有两个能动者参与的活动:你与我一起唱二重奏、一起粉刷房子、一起旅行等,这些现象在布拉特曼看来都是共享的合作活动。SCA 有三个特性:

（1）相互回应:在 SCA 中每个能动者都试图回应另一个能动者的意图和行动,知道另一个能动者试图类似地回应。每个能动者关注另一个能动者的行为来指引自身的行为,知道另一个能动者同样这样做。

（2）对联合活动的承诺:在 SCA 中每个能动者对联合活动有一个适当的承诺(虽然出于不同理由),他们的相互回应也是为了达到该承诺。

（3）对相互支持的承诺:在 SCA 中每个能动者承诺支持另一个能动者的努力,以发挥后者在联合活动中的作用。如果我相信你需要我的帮助以找到你粉刷房子的刷子,我将准备这类帮助;而你同样也准备如此支持我。这些支持每个能动者的承诺将我们置于这样一个位置:我们成功地执行联合活动,即使我们每个人都需要某种方式的帮助。(Bratman,1992)

布拉特曼对 SCA 给出了与共享意图一样的条件,以此分析意图和计划之间的关系。我们打算施行联合行动,当且仅当:

（1）(a)我打算我们施行 J,并且(b)你打算我们施行 J;

（2）我打算我们施行 J 是依照并因为（1）的(a)和(b)以及(a)和(b)相互配合的具体方案,你打算我们施行 J 是依照并因为（1）的(a)和(b)以及(a)和(b)相互配合的具体方案,(a)和(b)中的意图不是其他参与者强迫的,并且(a)和(b)中的意图在最低程度上的合作是稳定的;

（3）（1）和（2）是我们之间的共同知识(common knowledge)。
(Bratman,1999:98-105)

在此,布拉特曼将共享意图分解成两个互相关联的个体意图和共同知识。在上述条件（1）处,联合行动的每一方都有参与群体活动的意图;在（2）处,通过相互协调的计划,个体意图互相关联以构成一个共享意图;在（3）处,在共享意图和相互协调的计划基础上,我们都知道对方会为了共同目标而共同行动。布拉特曼清楚地知道,在两人的联合行动中,我们不需要提前制定出个体计划,可以凭借个人意愿随时即兴发挥,然而,当我们想要参加一项共同行动时,我们一定要有这样的意向,即我们目前还不知道的个体计划将会以某种方式相互协调,而这种方式在根本上支持我们的共同目标(里斯乔德,2018:209)。布拉特曼的"共享合作活动"是个人主义的立场,它仅仅包含个体的态度和个体之间的关系(Chant et al.,2014:2)。共享的合作活动不同于没有关联个体之间的非协调行动,因为参与在共享活动中的个体展现出对每个个体承担特定关系的态度。布拉特曼的"共享意图"与"共享合作活动"从微观层面的小规模群体的能动者之间的共享意图、共同知识、联合行动和相互承诺入手,给我们呈现了人类日常生活中的互动和合作现象。固然,我们需要共同行动来完成单个个体无法完成的事情,这类共同行动包括小团体和短暂的意图,比如,搬动一架钢琴,进行一次演奏二重唱,完成一次双人探戈舞,这类行动看起来不需要包含社会制度;但另一些共同行动则包含了社会制度,比如,赢得一场足球世界杯,发动一场战争,企业申请破产。但小规模的、面对面的小群体互动和共同行动,它们与大规模的社会制度现象的关系是什么?我们可以用个体的共同行动"建立"起社会制度吗?理解了一起演奏二重唱就能理解企业破产申请吗?布拉特曼没有考察学校、公司、协会等社会集体的结构和组织,以及宏观层面的制度现象和这些合作背后的社会文化背景,对我们理解人类复杂的合作现象和集体活动显然是不够的。个体能动者想做和能做与社会集体和社会机构想做和能做的事情,换言之,前者是单数主体,后者是复数主体,个体意向性与集体意向性之间存在较大的区别,前者一般而言只需日常互动和社会规则相结合,涉及的互动关系和环境相对简单,考虑另一个或几个能动者的意图、行动和目标;而后者需要以集体意向性理论将个体的共同行动与大规模的社会制度联系起来,这也是接下来我们需要从个体主义立场进入集体主义立场的缘由,而塞尔在这方面进行了很好的分析。

"复数主体"和"联合承诺"等概念形成了吉尔伯特关于社会集体本质研究的基石,而集体态度理论是美国哲学家吉尔伯特观点的核心(Chant et al,.2014:2;里斯乔德,2018:200)。两者的内在联系体现在,人们形成一个做某事 X 的复合主体,如果他们联合地对作为一个主体的 X 做出承诺的话(Gilbert,1998)。联合承诺(joint commitment),即两个或两个以上的个人公开地表达个人愿意与其他人一起用某种方式完成某事;社会群体是复数主体,在许多方面类似于个体主体;和个体一样,复数主体也可以拥有信念、意向和行动。吉尔伯特在其经典的论文《一起散步:社会现象的一个范式》中指出当代社会科学哲学聚焦的两个重要问题,一是方法论问题,即自然科学的方法适用于社会现象的研究吗?是否存在一个恰当的所谓的社会

的"科学"？二是存在论问题。通常这两个问题可以归结为这样一个问题："人类社会集体与作为其成员的人类个体是什么关系？集体仅仅是个体的聚合吗？"(Gilbert,1990)吉尔伯特提出这些问题,旨在理解一般意义上社会现象的本质,尤其是社会集体的本质。

吉尔伯特以"社会集体"(social group)、"集体性"(collectivity)、"复数主体"(a plural subject)等重要概念刻画两个或两个以上能动者的联合行动现象。集体性是指复数主体的行动、信念、态度或其他属性(Gilbert,1992：17)。对于多个主体一起完成某事时的共享意图,她认为,只有集体成员对他们的共同目标做出联合承诺时,才能算作共享意图的主体。参与联合承诺的多方能动者以共享意图展开行动,形成一个复数主体,就像分别充当身体的左右手。一个联合承诺不能还原为个体的态度,当两个或更多个体开放表达他们作为一个整体而联合承诺的意愿时,一个联合承诺就存在了。联合承诺需要共同知识,在两个人之间,彼此都知道对方的意图,征得对方的同意,双方知晓此事,比如,通过口头承诺或书面承诺、明确的协议,或者没有明确协议但朝着共同目标努力,大家一起晨练、一起打扫公寓、一起准备晚餐,每一方都知道另一方正在这么做(共同知识),联合承诺就产生了。一个联合承诺蕴含支持相关集体态度的社会(与道德无关的)义务,联合意图伴随着这样一种权利,每一方都可以斥责完不成其集体行动部分的个体,因此,吉尔伯特将集体态度视为内在地规范的。复数主体像一个主体(一个整体)一样行动和拥有心理状态,集体能够成为各种意向性心理状态的主体。还存在许多这类活动,涉及"共享的""联合的""集体的"行动,诸如一起旅行、一起吃饭、一起跳舞,等等。在这类活动中,除了个体知道自己的个人目标外,个体之间还需要有该目标的共同知识。

复数主体是由个体成员以特殊方式相互联结而成的实体,这种复数主体形成的充分必要条件是：

> 个体成员 A_1,A_2,……A_n 能够形成一个复合主体,而该复合主体拥有意向性心理状态并做出行动 X,当且仅当 A_1,A_2,……A_n 彼此之间形成了联合承诺并像一个主体来完成或施行 X。(Gilbert, 1996：268)

从吉尔伯特的集体解释来看,当每个个体都表达了进入联合承诺的个人意愿时,个体就形成了集体。这里以吉尔伯特著名的"一起散步"现象为例：

休·琼斯(Sue Jones)和杰克·史密斯(Jack Smith)走在路上，假设杰克走在休后面仅一尺左右的距离。为了引起休的注意，杰克咳出声音，并接着问她是不是休·琼斯，而且问如果他想一起散步她是否介意。休回答："不介意，这太好了，我就喜欢有人陪着散步。"(Gilbert,1990)

这可能就足够形成一起散步的活动了。一旦该交流产生，双方都假设符合他们一起散步的态度和行动已经发生。每一方都清楚地向对方表达自己愿意接受陪他人一起散步的目标，每一方都必须与另一方共同构成他们一起散步这个目标的一个复数主体(Gilbert,1990)。吉尔伯特以此设想，一旦形成该目标的复数主体的意愿在双方那里都得到表达，在共同知识的条件下，作为该目标的复数主体的构成，每个人以他的能力去追求该目标，由此奠定了复数主体的基础，这在逻辑上对他们成为相关目标的复数主体以及一起散步是充分的。

在吉尔伯特看来，"复数主体"是社会集体的核心概念——"社会集体是复数主体"(Gilbert,2014:9)。集体成员的个体偏好与集体目标和集体行动很多时候存在不一致的情况，是否可能拥有一个与个体偏好相矛盾的联合承诺？吉尔伯特认为，个体的态度、意向和行动不能构成复数主体的态度、意向和行动，她的观点是强还原论的(里斯乔德,2018:202)。吉尔伯特在《共享意图与个人意图》一文中提到了两个人一起爬山的例子：

当事人是内德和奥利芙，奥利芙说："我们的计划是徒步去山顶。我们到达山脚下就开始爬山。正如内德后来告诉我的，他早就知道，依他的能力根本爬不到山顶，所以他决定只爬一半。尽管他不再想爬到山顶，但是他没有对我说出他的想法，他想着至少爬一半之后再对我说。在那之前，我们遇到了帕姆，帕姆问我们想爬多远。我说，我们想要爬到山顶，实际上我们的想法确实是这样的。"(Gilbert,2009)

在这里，内德和奥利芙形成了一个联合承诺：想要爬到山顶。他们两人形成了一个复数主体，虽然内德在后来只决定爬一半，但是目标都是爬到山顶，共享意图也没有发生改变。在其最近的著作《联合承诺：我们如何构造社会世界》中，吉尔伯特避免使用"复数主体"这个技术性术语，她认为该术语会引起人们对其立场的误解，因为名词"主体"通常与主体性(subjectivity)

或意识(consciousness)相联系,所以她代之以"联合承诺"一词(Gilbert,2014:9)。再者,她否认存在任何独立于单个集体成员个体意识的集体意识,她认为联合承诺是属于某个给定的个体总数的特定态度的前提条件。因此,作为个体复数的我们,是这类态度的主体。换句话说,这是我们的态度。除了探究复数主体,吉尔伯特也探究了社会群体与制度和实践的关系,她认为,社会群体、制度和实践是由联合承诺的网络所构成的,它包括为特定目标而努力的共同决定、采取行动的共同意向,以及对当地环境的共同信念等(里斯乔德,2018:203)。类似"一起散步"这类日常生活的小规模暂时现象,对于理解社会实在和社会集体有何认识上的帮助呢?吉尔伯特认为,对这类现象的研究,可以发现社会集体的本质。这诚然是一种研究进路,其中涉及个体能动者之间的约定(一种社会规则)、共享意图、联合行动、联合承诺、共同知识和共同目标等因素。一些社会学家倾向于研究类似持久的、复杂的现象,例如家庭、行会、军队甚至国家这样的例子,这些例子与一起散步的例子是明显不同的。类似"共享行动"(shared action)作为社会集体构成的一个要素,"一起散步"可以被视为一般社会现象的范式。"一起散步"的例子包含"我们的目标",而不是"我的目标",类似这样的例子还有很多,"一起吃饭""一起跳舞"等,这类活动的目标是复数主体的目标,而不是参与者的个人目标。

"人类社会集体是复数主体",为了形成一个社会集体,一群人构成一个复数主体,这既是逻辑上充分又是逻辑上必要的;当他们形成一个复数主体,这些特定的人群有一个"联合的""集体的"或"共享的"目标;一般而言,复数主体的重要概念不仅嵌入我们共享行动的概念中,还可以在我们的共享的或集体的信念和共享的或集体的原则中找到(Gilbert,1990)。吉尔伯特将"复数主体"这个概念视为描述人类社会生活的核心概念,它渗透到国家、俱乐部、家庭甚至散步的大多数生活中,复数主体现象已经成为经典的社会现象。

佩蒂特在20世纪90年代就开始关注社会存在论领域的相关问题。他在《人同此心:论心理、社会与政治》一书中提到:"是什么使得人类成为意向性的和思想的主体?他们的意向性和思想与他们的社会性和共同经验具有怎样的联系?我们应当如何从事社会解释和政治评价?"(佩蒂特,2010)在理解集体能动性(group agency)之前,我们有必要先理解何谓"能动者"(agent),它与意向主体(intentional subject)相互联系:

意向主体是能动者的一种。大致地,他们是以我们归于他们信念与欲望的方式与环境打交道的能动者;相比于刺激—反应式的机械人,他们是在如何解释他们的境况以及对它有什么样的感觉的基础上行动的。能思考的主体又是意向能动者的一种。他们不仅在信念和欲望的基础上行动,他们行动时还带有要去满足某种需要的信念和欲望:例如,他们行动时带有要去符合事实的信念,带有想要去符合任何他们所支持的价值的欲望。(佩蒂特,2010:11)

因此,人类是有意向—信念—欲望的、能思考的、有思想的主体。作为整体论的个体主义者,或者说整体论的个体主义社会存在论立场(佩蒂特,2010:192),佩蒂特与克里斯提安·李斯特(Christian List)在他们合著的《集体能动性:集体能动者的可能性、设计和地位》一书中提出了关于集体组织模式的重要问题:"集体可以被整合为超越它们个体成员之上的理性能动者吗?"(List,Pettit,2011:vii)他们的回答是肯定的,他们认为可以在集体层面实现能动者的整合,即使事实上在单个集体成员之间存在信念、态度的分歧以及利益冲突。在不同类型的聚集(collection)中,有些聚集的同一性随着其成员的变化而改变,比如,在某个地铁站中的人群;有些聚集的同一性则不随成员的变化而变化,比如,构成一个国家、大学或者有目的的组织中的成员聚集。前一种聚集是"纯粹聚集"(mere collections),后一种聚集是"集体"(groups)。在佩蒂特和李斯特看来,前者不是能动者,后者才是。任何多成员能动者一定是凭借其信念和欲望保持同一而随着时间逐步演化的,将这类视为同一个实体,即使因为某人的离开或新成员的加入,这种实体的会员也随着变化,这种实体仍被视为集体的候选者(List,Pettit,2011:29-30)。当聚集呈现出三个能动性(agency)的特性时,一个聚集就可以成为集体能动者(group agent),这种集体能动者就具有集体能动性(group agency):

(1)它有表征状态(representational states)来描绘环境中事物的状况;

(2)它有动机状态(motivational states)来规范它所要求事物在环境的状况;

(3)只要环境未能匹配一个动机规范(motivating specification),那么它就有能力来加工它的表征状态和动机状态,从而引导它适

宜地介入环境。(List,Pettit,2011:20)

因此,集体能动者具有表征状态和动机状态,并有能力加工这些状态,进而在此基础上在具体的环境中采取行动。集体能动者的候选对象包括政府、商业公司、合议庭、政党和专家小组,等等。佩蒂特和李斯特认为,联合意图(joint intention)对于集体而言至关重要,集体是不是有联合意图是一个集体能否成为能动者的关键。个体可以通过两种不同的方式形成集体能动者,取决于其中是否包含任何联合意图,如果没有联合意图,个体凭借其信念和欲望,很难组织起来形成集体,来维持和生成集体层面的信念和欲望,这种信念和欲望与个体层面的信念和欲望是不同的(List,Pettit,2011:32)。仅仅考虑个体偏好的聚合过程(比如多数投票),不会产生恰当的群体决策,除了联合承诺、沟通,还需要联合承诺的双方作出公平和理性的决定,才能具备集体能动性。在多元问题需要被决定的情况下,简单的多数投票的结果会导致不一致。他们回顾了历史上对集体能动者进行解释的两个主要进路:一个是集体能动性的"授权理论"(authorization theory),即当群体中的每个人都认可在某个领域为他们发声的独立声音,并且他们对受该独立声音约束做出承诺时,集体能动者就出现了。另一个是集体能动性的"生机理论"(animation theory),即当一些更丰富的事情发生时,用机体隐喻来说,当一群人通过一个共同的目的和心理而变得富有生机时,集体能动者才会存在(List,Pettit,2011:7)。他们提出了一个不同于这两个理论的进路,即他们所谓的"非还原的方法论个体主义",如表 5-1 所示。

表 5-1 集体能动性的实在论

社会实在论的类型	集体能动性是还原的还是非还原的?	是不是方法论上的个体主义?
授权理论	还原的	个体主义的
生机理论	非还原的	非个体主义的
佩蒂特和李斯特的理论	非还原的	个体主义的

资料来源:List,Pettit(2011:10)。

他们反对集体能动性必须包含某种神秘的精神,或者说集体包含某种生命力。佩蒂特认为,多成员能动者(multi-member agent)的同一性并不随它的信念和欲望变化而变化。因此当我们将其视为同一个实体时必定有某种基础，即使由于某人的离开或者新成员的增加而引起它的成员身份的变化（List，Pettit，2011：32）。可见，集体被视为能动者是以其同一性得以保持为前提的。而集体的同一性与集体层面和个体层面之间的关系密切相关，对于集体层面和成员个人层面的关系，佩蒂特提出了随附性论题："集体能动者的态度和行动随附于其成员的态度和行动。"（List，Pettit，2011：66）佩蒂特还认为集体作为能动者，它的绩效取决于它的组织模式，取决于形成它的命题态度——它的偏好和判断——以及把这些命题态度付诸行动的规则和程序（List，Pettit，2011：81）。

塞尔社会实在建构论的基本思想体现在他提出的建构社会实在的三个要素：集体意向性、功能赋予、建构规则。"我们如何创立、建构和维持社会制度性实在（social instotutional reality）？或者说，社会制度性事实如何存在？它如何能够如同物理实在那样作为客观原因起作用？"这是塞尔近年来关心的核心问题之一。他在《社会实在的建构》（塞尔，2008）和《人类文明的结构：社会世界的构造》（塞尔，2014）等著作中就回答了这个问题：物质实在为所有的社会实在提供了不容置疑的存在论基础，这种存在论基础是由看不见的事实（比如，法律、规则、制度、条例、社会结构）和看得见的事实（比如，金钱、建筑、道路、交通工具、电力设备）共同发生作用，而社会实在是由风俗、习惯等因素维系的。塞尔提道，"一个心智实在，即一个意识、意向性和其他心智现象的世界，如何与一个完全由力场中的物理粒子构成的世界相匹配？本书将这个研究扩展到社会实在：在一个完全由力场中的物理粒子组成的世界——并且在这个世界中某些粒子还形成了一些像我们自己这样的有意识的生物体的组织系统，如何可能存在一个货币、财产、婚姻、政府、选举、足球赛、鸡尾酒会和法庭的客观世界？"（塞尔，2008）；以及"民族国家、货币、公司、滑雪俱乐部、暑假、鸡尾酒会、足球比赛，它们的存在方式是什么样的呢？"（塞尔，2014：序言1）。塞尔特别感兴趣的是物理世界和生物世界是如何过渡到社会世界的，他试图提出一个关于社会事实和社会制度的存在论的一般理论，即我们是怎样建构一个客观的社会实在的。

塞尔从四个要素出发，探讨社会实在的存在论基础：功能的归属、集体的意向性、构成性规则、人为了应对环境所具有的能力背景。塞尔在研究社会实在的存在论基础时，从三个层面递进：从心智到物质；从个体到社会；从原始事实（无情性事实）到社会事实（制度性事实）。意向性是心智通往物质的中介，集体意向性是沟通个体与社会、原始事实与社会事实的桥梁（柳海涛,2018:123)。塞尔非常看重集体意向性这一要素,他认为,理解集体意向性对于理解社会事实必不可少(塞尔,2008:22),但他不同意集体意向性就是个体意向性的叠加或累积:

> 在我看来,把集体的意向性归结为个体意向性的所有这些努力都是不行的。集体意向性是生物学上的基本现象,不可能归结为什么别的东西,也不可能由别的什么东西代替。我所见到的所有把"我们的意向性"归结为"我的意向性"的努力都会遭到反例。
> (塞尔,2008:22)

塞尔关于意向性的立场既不是方法论的个体主义,也不是整体主义,确切地说,他的立场是非还原的个体主义。针对一些哲学家相信集体意向性必须还原为个体意向性,以及不愿意承认集体意向性是一种基本现象的行为,塞尔摆明了他的立场:拒绝任何将集体态度还原为个体态度的主张。"企图把集体意向性还原为个体意向性以及共同信念(mutual belief)的全部立场都是混乱不堪的。我不认为我的脑袋大得能够容得下这么多的信念,但我有简单得多的解决办法。只要把我头脑里的集体意向性作为一种原初的意向性就行了。"(塞尔,2001:114)一个深刻的原因是,诸如"我相信你相信我相信你相信我相信……"这种递归推理存在一个问题,就是这种推理没有达到一种集体性的意义。任何一组"我相信"(I belief)、"我欲望"(I desire)和"我意图"(I intend)等这种("信念—欲望—意图"模型,简称"BDI"模型)都会导致无限后退,我不可能达到"我们相信"、"我们欲望"和"我们意图";在集体意向性中,达到这种集体性的意义的关键是,集体中大家一起做(相信、欲望、意图)某件事情的意义,而每个人具有的个体意向性则是从他们共同具有的集体意向性中产生的(塞尔,2008:22)。他坚称,没有一套可以叠加或累积而形成集体态度的个体态度的集合,不管这些个体态度多么相互依赖,照此观点,一个集体意图是集体模式中个体占有的心智状态,这种心智状态不能还原为集体的(Chant et al.,2014:2)。一方面,他认为,有些哲学家相信集体意向性必须归结为个体意向性,以及不愿意承认集体意向性是一种基本的现象,原因在于他们持这样一种观点:"由于意向性都存在于个别人的头脑中,因而那种意向性的形式只能涉及该意向性在其头脑中存在的这些个人。"另一方面,他认为"任何承认集体意向性是心智生活基本形式的人必定会陷入这样一种观念,即以为存在着某种黑格尔主义的精神世界——一种集体意识或者是某种同样令人难以置信的东西"。他指出还原论和超级心智这两种立场都是错误的。不是所有出现"我们意图""我们相信""我们想要"的情况都能还原为"我意图""我相信""我想要"等加上交互信念，一旦我们接受了这个事实，关于集体意向性的另外一些问题就会产生（塞尔，2014：52）。在塞尔看来，"我们的集体意向性可以采取的形式是'我们意图''我们在做如此这般的事'，如此等等。在这种情况下，'我意图'的只是'我们意图'的一部分。在每个个体头脑里存在的意向性都具有'我们意图'的形式"（塞尔，2008：23-24）。

在《社会实在的建构》与《人类文明的结构：社会世界的构造》中，塞尔都重点讨论了"社会事实"这个范畴，特别是涉及人类制度的社会事实，塞尔尝试解释"人类社会制度实在的本质及其存在方式"，这在哲学家那里被称为"社会制度性实在的本质或本体论"的东西（塞尔，2014：序言1）。比如，两个人计划一起散步、这张纸币是20美元的钞票等。对此，他着重提到"构成性规则""无情性事实""制度性事实"这三个重要概念。根据塞尔的看法，构成性规则的典型形式是"X在C中算作Y"。具有地位功能的事实加上得到集体的承认，它们就可以执行相应的动能，我们可以找到很多诸如此类的例子，比如，足球比赛、股市交易、鸡尾酒会、私有财产和法庭休会等等，它们都因为构成性规则而得以存在（塞尔，2014：8）。按照"X在C中算作Y"的建构过程，我们可以假设这样的情境：

> 在中国现有的货币体系（C）中，人们都把我手中这张特殊的纸（X）看作一百块钱（Y）。事实上，它包含了社会实在建构的三个基本要素：集体意向性，功能赋予，建构规则。现有的货币体系是情境C，"人们共同看作"是集体意向性，把钱的功能归属于这张纸是功能赋予，共同把这张纸当作钱所依据的东西就是建构规则。（柳海涛，2018：104）

常见的"X在C中算作Y"这类例子有，象棋中各个棋子的走法，"马"是"日"字形走法，按照这种规则走法而碰到的棋子算作"吃"；在美国的选举制度里，唐纳德·特朗普（Donald Trump）满足一定的条件X，所以他算作美国C的总统Y；在有的国家，法律规定比特币不属于合法货币，所以比特币在有的国家不能合法流通。无情性事实一般指自然界中客观存在的不依赖人的意志为转移、不依赖任何人类制度、不依赖语言而存在的事实，例如，太阳距离地球有 9300 万公里，珠穆朗玛峰海拔是 8848 米，地球已经诞生 45 亿年等。制度性事实是什么？在塞尔看来，它是经过人类的同意或接受的、仅在人类制度中存在、依赖语言的事实。比如，唐纳德·特朗普是美国总统，阿尔法狗打败柯洁赢得了国际围棋比赛，这些事实都是制度性事实，因为它们存在于构成性规则体系之中。也有一些制度性事实不需要集体同意、接受或承认，但它们可以被发现，比如经济学家发现了经济运行中存在的"大萧条"现象就是这一类事实（塞尔，2014：19）。塞尔指出集体意向性不可还原为个体意向性是正确的，但他认为集体意向性是生物学上的基本现象，所有意向性，不管是集体的还是个体的，都存在于个体的心灵之中，这种生物自然主义的立场有些站不住脚。因为个体的生物属性和社会属性是作为一个整体嵌入社会互动中的，没有完全生物意义上的个人，而且个体的意向性可以对集体产生影响，其意向性不是仅仅存在于个人的头脑中，还存在于集体的日常生活中，存在于维持集体运作的规章、制度和文化当中。即使集体中个体都完全被替换了，这个集体的意向性还是可以维持下去，比如，一个内阁全体辞职，换了新的内阁，有些方针、政策和制度还是会保留下来，原来内阁的政见和方案也可能会继续得到贯彻落实。

塞尔对关乎社会存在论和集体意向性理论的"制度性社会实在"的研究工作，展现了一种从事社会科学研究的新方式，开拓了一条从哲学角度理解人类社会组织的进路，即如何从哲学的视野来理解文化、社会、法律、政府、权力和责任等问题（柳海涛，2018：124-125）。塞尔从社会事实的存在论和认识论立场来探讨地位功能、构成性规则、集体意向性、制度性实在等，为我们理解从物理、生物到社会这些不同层面的事实是如何联系在一起的，从宏观和中观层面的制度分析、集体接受或承认来解释集体意向性、集体合作和社会现实世界，相比图梅勒、吉尔伯特、布拉特曼和佩蒂特等的进路，塞尔更全面综合地解释了集体的存在基础。

5.3 对"五巨头"观点的评价

图梅勒的"我们模式"、布拉特曼的"共享意图"、吉尔伯特的"复数主体"、佩蒂特的"集体能动性"、塞尔的"制度性社会实在"这类集体的和社会的互动是为了什么？共享意向性可以延伸至对社会制度的充分解释中吗？我们能够把银行、教会和政府理解为共享意向性的产物吗？由于集体意向性在社会存在论中具有重要地位，即它是区分自然事实和社会事实的关键，解释自然、社会和心智这三者的内在联系，是社会存在论蕴含的前提条件，从这个方面讲，研究集体意向性就具有重要价值（柳海涛，2018：13-14）。如果按照集体意向性两类不同主体的划分——个体能动者理论和集体能动者理论，它们都主张集体意向性是一种不可还原的原初实在现象，不同在于前者认为意向性的主体是个体，对集体意向性的分析必须与社会在根本上完全由个体构成的事实一致，比如图梅勒、布拉特曼、塞尔都是这个立场的代表；而后者认为集体才是意向性的主体，集体能动者和个体能动者具有同样的能动主体地位，比如吉尔伯特、佩蒂特等就属于这类代表（柳海涛，2018：13）。如果按照方法论的个体主义与方法论的整体主义来划分，则图梅勒、布拉特曼和塞尔属于前者，而吉尔伯特和佩蒂特属于后者。就前者而言，图梅勒认为，不论能动者是个体还是集体，只要有"一起做某事"的行动，就存在集体意向性；布拉特曼认为，集体意向性实质上是个体意向性之间的特定互动状态；塞尔认为，集体意向性是个体心灵所固有的，它是和个体意向性相并列的一种基本意向性类型。就后者而言，吉尔伯特和佩蒂特认为，集体能动者也是一种基本的能动主体，它和个体能动者具有同等的存在论地位，并且只有集体能动者才具有集体意向性（柳海涛，2018：14）。

图梅勒和塞尔等都认为共享意向性是社会理论的基本理论概念，集体模式意图可以说明社会制度的创建、维持和解体（里斯乔德，2018：215）。对于两个或多个个体能动者一起散步、一起搬椅子、一起划龙舟等互动或合作或集体行动，托马塞洛认为，这类联合性（jointness）或合作性（collectivity）或"我们感"（we-ness）的本质是刻画所有形式的共享意向性（shared intentionality）的特征。共享意向性假设（shared intentionality hypothesis）是托马塞洛和其合作者提出来的理论，他们在观察人类和黑猩猩在发展认知能力和技能方面的合作差异中提到，合作的倾向与文化的演化是协同进行的，联合注意是建立共享意向性的重要前提，它和共享习俗都不能还原为社会现象，也不能还原为个体意图：

> 很多理论家认同一个类似不可归纳的论点，其中像联合注意和共享习俗等都是不可简化的社会现象，而尝试从个体层面考察它们并弄清楚在个体大脑中发生了什么，都是注定失败的。我们的观点是，现在共享意向性确实是一种不可简化的现象，如联合注

意只在两个或两个以上个体进行互动时出现。……从个体的视角看，共享意向性只是一种分享，但是它背后的结构反映了它的演化过程，即每一名参与互动的个体能够至少在一些层次上，以他人的视角理解他人的观点。（托马塞洛，2017a:193）

相比人类成年人和儿童，黑猩猩并没有建立联合注意的能力，就合作这个能力而言，人类和黑猩猩之间存在较大的差异，儿童会尝试与他人合作，比如，帮助双手搬运纸箱的成人开门，而黑猩猩不会。共享意向性是一种微小的心理学差异，但它对通过指导自己行为而演化的人类的演化产生了巨大影响（Tomasello,Carpenter,2007:124）。集体是社会中的集体，它有其社会性。集体中的合作或共享在呈现个体互动的同时，也蕴含了个体互动背后的社会文化背景，集体的共享合作活动与社会文化背景密不可分。对此，吉登斯指出：

哲学文献中存在着大量有关意图、理智和行为动机的论述，但它们对社会科学却几乎很少产生影响。从某种程度而言，这种情况很容易理解，因为这种有关行动的哲学——就如英美哲学家所提出的——很少关注社会科学中的某些核心问题：有关制度分析、权力和社会变迁的问题。但是，那些集中关注过这些问题的思想传统，尤其是功能主义和正统马克思主义，秉持的又是一种社会决定论的观点。他们在孜孜以求地试图理解潜藏在社会能动者行动"背后的因素"时，恰恰在很大程度上忽视了在行动哲学看来对人类行为极为重要的那些现象。（吉登斯，2015:2）

吉登斯的批评不无道理，他认为我们要特别小心使用"目的"（purpose）、"意图"（intention）、"理由"（reason）、"动机"（motive）之类的术语，它们完全剥离了人的行动在时空中的情境关联；但是，人的行动是一种持续不断的行为流，有目的的行动并不是由一堆或一系列单个分离的意图、理由或动机组成的。当前行动哲学领域的研究的确存在这类问题，大量的共享意图、联合承诺、联合行动、群体心智、集体意向性等概念堆砌在一起，企图通过微观小群体的合作现象刻画整体的社会存在基础，往往忽略了宏观的系统、文化、制度、习俗和社会秩序及其演化等要素，这些被忽略的宏观要素恰好是理解社会构成本质的核心要素。当前社会存在论的发展虽然较有活力，但仍然是未得到充分发展的，其中的缘由不仅仅是我们在社会存在论的诸多理论和进路中缺少一致见解，比如，批判实在论、各种形式的方法论个体主义、共享意图理论、约定论、制度地位理论、实践论、确立已久的还原种类、循环种类等，也由于这些理论和进路的支持者没有找到相互沟通的办法（Brian，2016）。国内学者柳海涛在其《集体意向性研究》一书中指出，就目前国内对集体意向性问题的研究现状而言，还存在三个方面的不足：一是整体上还处于介绍和述评阶段，资料与内容稍显重复；二是没有把集体意向性理论拓展到其他领域，一些西方学者把它引入社会科学领域，逐步反映出集体意向性的社会科学哲学意蕴，而国内学者对这方面的认识和研究明显不足；三是偏重于分析哲学的方法论视域，疏于借鉴经验实证性科学和社会科学方法论层面上的探讨（柳海涛，2018:15）。柳海涛指出的问题可谓正中要害，国内对集体意向性的研究确实存在诸多不足，对集体意向性的分析不能仅仅停留在"分析的行动哲学"层面，应该进一步拓展到博弈论中的合作，同时可以借鉴政治学学者和博弈论专家罗伯特·阿克塞尔罗德（Robert Axelrod）在《合作的进化》和《合作的复杂性》中以计算机程序来模拟个体的意向性和集体的意向性；还可以借鉴社会学家吉登斯的结构化理论，纳入社会结构和制度等因素来分析集体意向性的形成；还可以借鉴比较心理学家托马塞洛结合文化、习俗和人类合作思维的演化来研究集体意向性。这些拓展和借鉴将有助于推动当前集体意向性存在问题的解决。

吉登斯指出，要弥补这些不足，我们需要："首先，一种充分的有关人类能动性的说明必须与一种关于活动的主体的理论联系在一起；其次，必须把行动置于时间和空间当中作为持续的行动流加以对待，而不是把意图、理智等以某种方式堆积在一起。"（吉登斯，2015:2）由此可见，时间、空间、主体等因素是吉登斯在他的结构化理论（theory of structuration）中非常看重的因素。在结构化理论看来，社会系统根本不存在目的、理智或者需要等诸如此类的东西，这些东西仅为人类个体所拥有。任何把社会再生产归结为社会系统之目的的解释都必须被看作无效的（吉登斯，2015:7）。吉尔伯特等以少数人组成的小网络作为社会集体，这种集体的形成范式是有缺陷的："正如如此多的群体是大型的（集体），很难想象少数人的小网络可以对一般集体有益。对于理解一般的社会集体来说，这种范式是误导的，大多数社会集体不是小规模的，不见得是暂时的，更不是像人们散步那样是孤立的或合作的。"（Epstein，2015:136）在这些小规模的联合行动的例子中，比如，两个人一起散步的例子，虽然他们具有共享散步的意图，呈现步伐的协调和良性的互动,但未必见得他们是作为一个集体而行动,"虽然集体能动性包含共享能动性,但集体能动性所蕴含的内容比共享能动性要多得多。当两个人一起散步时,虽然他们参与到一种'共享能动性'(shared agency)中,但他们并没有形成一个拥有信念、目标和意图属性的统一能动者(unified agent)"(Tollefsen,2015:5)。

虽然在社会存在论领域存在批评的声音,布拉特曼并不否认"存在大型机构能动者,比如公司或政府,有层级关系的机构",但他希望"通过聚焦于这种小规模的共享能动性可以获得一些洞见,也许我们的小规模共享能动性理论可以凭借进一步的条件延伸到这类大型的社会组织"(Bratman,2014:8)。布拉特曼和吉尔伯特等倾向于通过这种非形而上学的具体生活经历,比如一起散步、做饭、粉墙、搬沙发、跳探戈等来分别表现共享能动性(人数大于2,复杂行动)和集体能动性(人数大于2,简单行动)。尽管这类小群体的人数不多,但相对于比两个人的现象,更多涉及相互配合、协调、合作,这类可以进行共享合作活动(shared cooperative activity)的小群体已经具备初步的社会形态。在布拉特曼看来,一部分人形成小的群体,接着形成中等和大型群体,然后产生联动,这些群体虽然不等于累积的个体,但是群体同样不具有存在论上的实在性。这样既能避免个体主义与整体主义进路的分歧,又能更好地解释群体中的互动(田曼,2021)。对比这些不同的立场,我们可以看出行动哲学家和社会学家从不同的范围关注社会集体的事件、事实和过程,各有其合理之处,前者更倾向于关注微观层面,后者更倾向于关注宏观层面,单单否定其中一方将失之偏颇。图梅勒、布拉特曼、吉尔伯特、佩蒂特、塞尔都将联合行动视为社会性的基础,即如何根据联合行动和共享意图来说明社会层面的现象。他们从三个面向理解联合行动背后的意图:一是共享意图可能是一类特别的集体能动者具有的属性;二是试图在个体意图的内容中寻找行动的共同特征:我想要我们一起做某事;三是计划用一类特殊的态度——集体模式中的意图——来说明合作。在"五巨头"中,除了布拉特曼的立场是强还原论的,其他四位学者都是反强还原论的,认为个体能动者在分析上具有优先性。图梅勒和塞尔都认为集体模式的共享意图不能还原为个体模式的共享意图,因而他们认为,社会层面不能还原为个体层面。但是,这"五巨头"都认为不存在纯粹的社会性,因为所有的社会制度都能够分解为个体持有的集体模式共享意图(里斯乔德,2018:222-223)。

在上文中我们主要分析了集体能动者的意图和行动过程。从共享意图、联合行动到制度性事实，这些不同水平是同一现象（即社会实在或社会存在）的不同层面：

> 从单个个体的微观层面（micro level），到个体互动与合作的联合层面（jointness level）或中间层面（intermediate level），再到集体层面（group level）或宏观层面（macro level），在存在的层面上是由"看得见的"向"看不见的"转变，这关乎其不同层面的存在论地位。微观层面和联合层面被视为在存在论上和因果上是真实的，然而，宏观层面如果被视为包含一个超级有机体的能动者，则被认为是不真实的。（Tuomela，2007：140）

宏观层面的社会现实既有可见的，也有不可见的，比如英国古典政治经济学家亚当·斯密（Adam Smith）的"看不见的手"，经济运行中的政府宏观调控（"看得见的手"）与市场机制调控（"看不见的手"）相结合，等等。在斯密那里，"看不见的手"的隐喻包含了两个准则：第一，社会作为一个集体单元可以良好运转；第二，即使社会成员不在意全社会的福祉也没有关系。斯密以此隐喻而发现了自创生的概念（Zeleny，1981：xii）。戴维·斯隆·威尔逊（David Sloan Wilson）指出，非人类的社会可以演化为运转良好的集体单元，但是必须满足一些特定条件。否则第一个准则就不管用了；当非人类的社会演化为运转良好的社会单元时，内部成员通常并不在意社会的福祉，这样也满足了第二个准则（威尔逊，2017：87-88）。

与图梅勒等对社会微观层面和中观层面的关注相比，与欧文·戈夫曼（Erving Goffman）这样的社会学家聚焦于微观层面的人与人之间的互动相比，宏观层面的社会学分析凸显出社会系统在空间上和时间上的扩展，将社会运作的机制呈现得更有过程性、系统性和历时性。吉登斯指出，"微观社会学（micro-sociology）与宏观社会学（macro-sociology）的区分集中体现在对小群体与更大集体或者共同体之间对比的强调上，但是，更根本的区别体现在面对面互动与身体不在场（通常也是时间上不在场）的他者之间的互动上"（吉登斯，2015：217）。对于全球社会来说，社会发展典型地离不开时间和空间的变化，最典型的形式就是当今时代西方工业资本主义在全球范围内的扩张（吉登斯，2015：219）。吉登斯与美国现象学社会学家彼得·伯格（Peter Berger）和托马斯·卢克曼（Thomas Luckmann）更多关注的是宏观层面——制度化过程与系统整合过程。吉登斯的结构化理论以"结构"(structure)、"组织"(organization)、"时空"(time-space)等概念来分析社会的构成;而伯格和卢克曼以"惯习化"(habitualization)和"制度化"(institutionalization)这些概念来分析社会实在,他们认为社会实在是一种人类的建构、一种社会互动的产物。两者从日常生活互动的"微观社会学"上升到制度化与系统层面的"宏观社会学",对社会系统的构成深入解析。

社会学家们研究的视角不一,或宏观,或微观,或中观,但要完整地刻画社会的本质及其全貌,鲜有社会学家能够做到这一点,但存在研究视角上和研究方法上的分野是不可避免的,就像"微观社会学"研究与"宏观社会学"研究这两者的分野一样。在吉登斯那里,他以"社会整合"与"系统整合"来取代这两者的区分。"社会整合"和"系统整合"这两个概念来自不同的社会理论传统,前者指具有言语和行为能力的主体社会化过程中所处的制度系统,此处的社会系统表现为一个具有符号结构的生活世界;后者指一个自我调节的系统所具有的特殊的控制能力,此处的社会系统表现为它们克服复杂的周围环境而维持其界限和实存的能力(哈贝马斯,2009:6)。吉登斯给出的理由是:第一,这两个术语相互之间经常截然对立,要求我们在它们之间作出非此即彼的选择,必须把其中一个视角看作更为根本的;第二,即使这两个视角并不冲突,也会导致不合理的分工(吉登斯,2016:132)。对于第一个理由,在一方面,吉登斯认为,我们可以用戈夫曼的研究来说明,戈夫曼有意拒绝关注涉及大范围社会组织和历史的问题,戈夫曼宣称他称为微观社会学的研究可以发现社会生活的基本现实;而在另一方面,宏观社会学思路的支持者则主张,对日常社会生活的研究是琐碎无聊的,意义最为重大的研究应该是那些涉及更大范围的问题。这也不奇怪,其一,在人们眼里,微观社会学主要关注"自由能动者"的活动,这些问题交给符号互动论(symbolic interaction theory)或者常人方法学(ethnomethodology)这样的社会学理论立场来处理就可以了;其二,人们认定,宏观社会学的领域就是分析对自由活动施加限制的那些结构性约束。在希尔斯那里,宏观社会学是指用构成整体社会的内容来看待这个整体社会,也就是社会一体化(social integration),它与吉登斯的社会整合概念不是一个意思,它是一种存在于社会且跨越社会的状况,存在于宗教团体和公共机构、社会阶级、经济和政治组织中,这些组织寻求参与阶级和政治党派等,以多种不同和复杂方式互相连接在一起的组成部分,它的主要元素包括:自我认同、领土边界、人口密度、交互性、向心力、分配体系、社区文化、团结一致等(希尔斯,2017:6-7)。

即使"微观社会学"研究与"宏观社会学"研究存在截然分野，仍然有很多学者认为两者之间的关系是一个颇有研究价值的问题，主要原因是两者在概念上的分工（吉登斯，2016：132）。正如美国社会学家兰德尔·柯林斯（Randall Collins）指出的那样，"人们一般所理解的微观社会学思路和宏观社会学思路之间的分野，在过去十年左右已经日益扩大……无论是在认识论方面，还是在经验研究方面，更加新颖激进的微观社会学都远比以往的方法来得彻底……我想指出，要想迈向更为成功的社会学科学，有一步至关重要，即不懈努力地重构宏观社会学，把它奠定在彻底经验性的微观基础上"（吉登斯，2016：132-133）。像吉登斯这样的学者已经意识到社会存在论在弥合宏观社会学与微观社会学解释鸿沟方面的作用，回到社会存在论中的"五巨头"和其他学者的观点，我们不难看出，这些观点殊途同归，未来的研究是如何进一步整合这些观点，求同存异，以推进社会存在论研究领域的范式形成。规范性伴随人类社会发展的始终，人类是复杂的规范性动物，人类生活在规范性的世界，既需要生活在自然规律的自然世界，又要生活在社会规范的人工世界（城市、乡镇、乡村、部落等）。人类又是善于合作的动物，正是因为规范性，人类的合作意识才能形成，人类个体才会联合形成群体，进而从小规模的群体演化扩展为大规模的群体，从个体意图和行动形成集体的制度和规范，形成各种风俗习惯、民族传统、国家文化，最终演化成完整的分工明确的阶层社会（田曼，2021）。在当代社会日趋复杂的现状下，仅仅依靠某个单一理论、视角、进路，已经很难对整体的社会本质有清晰的认识。不管是宏观社会学还是微观社会学，整体主义还是个体主义，小群体的协作互动还是大群体的制度规范，都难免存在自身的不足，通过整合和互补，才能更好地发挥这些理论、视角、进路的长处，更完整地、深刻地刻画社会建构的机制本质。

6 社会存在论:共享意向性假设 与制度—文化演化

集体意向性是蕴含制度、文化和习俗等社会性因素的。两个人一起散步、做饭、粉刷房子、跳探戈舞,多个人一起开展读书会、完成跨江游泳比赛、进行植树活动等,这些都是社会性事实,但并非全部都是制度性事实。只有被赋予地位和功能的社会性事实才算制度性事实,"典型的制度性行为就是集体意向性的形成,集体意向性就是通过对一种现象赋予一种集体的地位和相应的功能而构成接受、承认这种现象为更高层次的一种现象"(塞尔,2008:76)。此外,托马塞洛的"共享意向性假设"思想探究了人类思维和认知演化的宏观维度——制度和文化形成及其演化,托马塞洛的工作也对此有重要贡献。当前学者对社会实在的分析,存在两种不同的切入点。第一种切入点是,图梅勒、布拉特曼、吉尔伯特等在社会存在论中对集体组织模式的讨论,除了塞尔对制度性社会实在赋予较多关注外,无论是图梅勒的"我们模式",布拉特曼的"共享意图",还是吉尔伯特的"复数主体",他们关注的焦点都是小规模集体(两人或以上)中能动者之间的互动和合作,旨在通过小规模的暂时性现象来理解社会集体的本质,通过这些特定的(社会)群体来理解一般的社会现象。第二种切入点是,一些学者聚焦于社会集体的惯习、制度和文化背景等宏观维度,例如塞尔、吉登斯、卢曼、伯格和卢克曼等。用吉登斯的结构化理论来说,图梅勒等关注社会整合——能动者在共同在场情况下所进行的实践活动的交互性,即日常接触的各种连续与断裂;但他们很少提及制度性层面的社会事实或者系统整合的现象——跨越大尺度时空、外在于共同在场条件的诸多能动者或诸多集合体之间的交互性,这对于我们理解普遍意义上的集体以及更大层面的社会系统的运作是不够的。"整合"(integration)是存在于任何系统再生产模式中的行动相互依赖或者"系统化"程度。社会系统的运作或者自我再生产程度与整合密切相关,社会互动系统通过"结构二重性"(duality of structure)而得到再生产。结构二重性,以存在于社会实践中的社会生活的重复性(recursiveness)为核心:结构既是实践再生产的媒介,同时也是其结果。结构同时进入能动者和社会实践的构成当中,"存在于"这种构成过程的各个时刻(吉登斯,2015:5)。结构同时作为自身循环反复地组织起来的行为的中介与结果;社会系统的结构性特征并不外在于行动,而是反复不断地卷入行动的生产与再生产,它是通过能动者或者群体之间的相互依赖而构成的。吉登斯认为,社会整合(social integration)和系统整合(system integration)的划分是分析社会分化的基本特征的一种手段。如表6-1所示,社会整合是指面对面互动层次的系统性,系统整合则是各种社会系统或者集体之间关系的系统性。然而,这种区分不完全等于"微观"社会研究与"宏观"社会研究之间的区分。面对面互动包含各种小规模的群体,它强调空间与在场在社会关系中的意义;面对面的互动代表着"社会的缩影",它意味着更加广泛的社会系统或者社会显然可以通过这种社会关系而得到理解(吉登斯,2015:85)。

表6-1 社会整合与系统整合

分析社会分化的 基本特征的手段	具体内容
社会整合	能动者之间的交互性(自主与依赖的关系)
系统整合	群体或者集体之间的交互性(自主与依赖的关系)

这两种对社会实在分析的不同切入点引出我们对人类集体和社会系统存在基础的思考:这些集体与社会系统是什么样的关系? 这些集体的运作机制与社会系统的运作机制有何内在联系?

要回答这些问题,我们有必要从集体意图的本质以及现代社会所具有的特征切入,重新审视个体主义与集体主义、原子论与整体论的二元对立,从新的维度来分析从个体到集体和社会构成的存在形态和组织模式。图梅勒等关注的集体活动中互动和合作的参与方式,从表面上看充满个体主义色彩,但这些参与方式是与其背后的社会关系、文化习俗、规范和制度等因素紧密耦合在一起的,这些因素在集体活动中所起的作用,并不是个体在集体内部的能动性的简单累加或聚合，也不是集体从自身整体层面形成一个共享意图和合作以引起其个体的能动性。因为无论在个体能动性还是集体能动性的背后，都负载了很强的社会、道德、法律、宗教、伦理和文化特性。个体的和集体的能动性随着社会文化的自我调控过程、社会系统和法律系统的自我生产过程不断演化。

6.1 个体主义和集体主义

长期以来，在关于个体与集体关系方面，在关于集体构成方面，一直存在着两个主要进路和争论：个体主义与集体主义。人类个体与社会集体的关系长期以来存在争议（Gilbert，1992）。那么，个体主义与集体主义的争论是如何引起的呢？对此，佩蒂特做出了回答。他认为，个体主义与集体主义之间的争论是由社会规律在人类生活中的地位所激发的：个体与环境的互动由意向规则支配，这是作为一个意向和思想主体以及作为一个个体的内在要求；个体受意向规律支配，又集体地服从各种社会规则；于是那些社会规则是否以任何方式损害意向规则的统治并剥夺了我们的能动性，这就是个体主义与集体主义之间的问题的产生背景（佩蒂特，2010：138-139）。也就是说，作为主体，个体的意向与集体的意向、社会规则并非任何时候都是一致的，但个体身处集体和社会之中，就不得不妥协而遵守集体的意向和社会规则，这样就引起了个体与集体、个体与社会在意向和规则方面的不一致甚至矛盾。佩蒂特指出社会存在论有这类问题：把个体主义与集体主义割裂开来。那种我们自己当作或多或少是自主的主体——绝对主权的能动者的意向图像，这种立场实际上是一种缺乏基础的自负，这就是集体主义者；而那些拒斥这种观点的人，那些否认社会效力和规则以这样的方式不利于意向自主性或绝对主权的人，就是个体主义者（佩蒂特，2010：129）。佩蒂特把社会存在论中的个体主义和集体主义区分开的同时，也提到了这两者对应的立场："传统上个体主义者被等同于原子论者，而集体主义者被等同于整体论者。个体主义者否认，而集体主义者坚持认为，在我们的日常心理学中归属给个体能动者的地位遭到了加总社会规则的损害。原子论者否认，而整体论者坚持认为，个体能动者为了获得他们的独特能力就要非因果地依赖他们彼此之间的社会关系。"（佩蒂特，2010：137-138）"社会的本体是什么，是自由的个体还是社会结构？传统社会哲学对社会本体的探讨基本上都没有走出个体与集体、主观和客观的二元对立。"（柳海涛，2018：124）个体主义坚持将社会层面的现象还原到能动者层面，而整体主义反对这种还原（里斯乔德，2018：131）。个体主义与整体主义之间存在以下三个方面的差异：

（1）理论上：个体主义者认为，社会科学理论可以来源于心理学理论；然而，整体主义者认为，社会科学的理论在逻辑上独立于低层面的理论。

（2）本体论上：个体主义者认为，唯有个体能动者及其属性存在；然而，整体主义者认为，社会实体和属性也同样存在。

（3）说明上：个体主义者认为，社会科学中的说明必须涉及个体行动；然而，整体主义者同样也接受社会层面的说明。（里斯乔德，2018：132）

关于个体主义与整体主义的差异，长期没有取得一致的结论，而关于个体主义与集体主义之争，也一直是学者们关注的重要话题。科学哲学证伪主义学派创始人卡尔·波普尔（Karl Popper）曾这样谈道："所有社会现象，尤其是所有社会制度的运作，必须总是被理解为人类个体的决定、行动和态度等的结果？……从所谓集体的角度来进行解释从来不会令人满意。"（Popper，1966：98；吉登斯，2015：104）吉登斯指出，"个体"是一个根本无须加以说明的术语。在这种假定看来，认为社会是由个体组成的，这根本就是一种陈词滥调，因为我们把个体仅仅视为"生物有机体"（biological organism）之类的东西；然而，如果我们把个体视为"能动者"（agent），结果就不一样了。能动者既可以是人类个体，也可以是市场主体，比如公司、企业、学校等，公司在法律上可以成为一个能动者，但法律需要人类能动者解释和应用，以及制定法律，这就是人类能动性（human agency）。分析集体的共同行动的进路，有的是集体主义进路，有的是个体主义进路。第一种进路是将整个集体视为一类特殊的能动者，这类能动者也叫"集体能动者"（group agent），一般是将这类集体视为一个实体（as a entity）、一个统一体（as a unity）、一个机构（as a body）、一个整体（as a whole）、一个主体（as a subject）。我们可以举出各种社会实体的例子，比如，团体，与政党和企业一样，它的本质是一种集体行为模式，包括俱乐部、协会、政府等；可能只有一种非行为的集体认同的团体，如性别、种族或阶级；其本质是与被指定的官员或职员的行为联系在一起的媒介,例如博物馆、图书馆和国家;与青少年的亚文化相似的媒介,其本质是独立地给定的,它们包括文化、地域、市场以及类似者(佩蒂特,2010:145)。当我们说国会或议会通过了一项法案时,我们实际上是在谈论一个单一实体,并把这个活动归因于它;国会或议会的成员共同做一些事情,通过这样的方式,他们将自身组成一个区别于任何个体的集体能动者(里斯乔德,2018:195)。只有作为整体,国会或议会才能通过立法,国家才能颁布条约,乐队才能进行演出,企业才能申报发明专利、并购重组和申请破产。第二种和第三种进路都反对集体是一类特殊的能动者,它们主张只有个体才算能动者,这类立场的代表有布拉特曼,他是最彻底的个体主义立场(里斯乔德,2018:196),当我们谈论我们想要(we intend)做某事时,这意味着我想要(I intend)去做某事。塞尔和图梅勒则认为布拉特曼的立场太过于个体主义,无法说明集体成员的共同行动。虽然塞尔、图梅勒都赞成布拉特曼的这个观点,即"只有个体才算能动者",但他们认为,个体能动者的共同行动拥有一种特殊的心理状态,当作为个体的我们想要做某事时,比如,一起赢得这场篮球赛、一起骑车到达目的地、一起粉刷完这个房子、一起完成今晚的晚餐烹饪等,我们中的每一个个体都有一种特殊的意图,即"我们意图/集体意图"(we-intention)。制度是人类能动性的结果,但它们之所以成为行动的结果,仅仅是因为它们同时也反复充当了行动的媒介。因此从制度的角度来看,"集体"必然是一种行动现象(吉登斯,2015:105)。吉登斯对个体、集体、能动者与社会制度之间关系的看法,与卢曼的社会自创生的观点有一定的相似之处:个体不是社会系统的成分,而是社会行动的媒介或载体,人类个体和集体经过社会行动而形成人类能动性,这些能动性推动人类社会的制度、文化、习俗、社会系统的形成和演化。

个体主义和集体主义在东西方分别有不同的历史起源和发展现状。前者涉及自我与他人、个体与共同体、个体与整体等成对关系,包含相对于利他主义而言的利己主义、相对于社群主义的个体主义、相对于整体主义的个体主义;后者则经历原始共同体主义、阶级利己主义和工人阶级、社会主义的集体主义等历史形态。一般而言,西方国家受个体主义价值观影响较大,东方国家受集体主义价值观影响较大。托马塞洛在《人类思维的自然史:从人猿到社会人的心智进化之路》(*A Natural History of Human Thinking*)一书的中文版序言中指出:"从古希腊开始,西方知识体系中的个体主义导向已初见端倪。……连同中国在内的很多东亚国家的文化都更偏向于集体主义。"（托马塞洛，2017：中文版序 3）国内学者韦冬、沈永福等在《比较与争锋：集体主义与个人主义的理论、问题与实践》一书中分别指出了个体主义对西方和集体主义对中国的重要意义：

> 法国学者马识路在其《世界对中国的期待》一文中写道："中国在世界上是独一无二的，是唯一一个原生的集体主义社会，至少在表面上没有受到西方自由主义的拘束。这既是它面对'世界'的弱点，也是其优势和实力。它可以向世人展示，一个传统的集体主义社会能够创造一种新的模式，在这一模式中整体利益优先于个体利益，同时尊重个体并保障其权利。"历史学家麦克法兰在其《现代世界的诞生》一书中，强调了个人主义对西方现代性的重要意义，同时认为中国自古以来就是一个立足于集体的文明，个人只有同其他人结合起来才能变得完整。中国应保持她特有的传统和文明，包括坚持集体主义的价值原则。（韦冬，沈永福，2015：绪言 3）

个体主义与集体主义并没有绝对优劣之分，能够适应本土实际，服务于社会的正常运转，都是适用的。而在集体主义道德原则的视域中，对个体的伦理要求个体具有责任、信任、忠诚和互助的品质（韦冬，沈永福，2015：30-32）。个体的责任、信任、忠诚和互助，决定了其构成的集体是否同样具备这些品质，诸多个体构成的集体能否像一个整体的个体那样行动，这是集体意向性和集体合作关注的重要议题。

6.2 集体意向性和集体合作

集体意向性是社会存在论中探讨的重要议题。自德国哲学家和心理学家弗朗兹·布伦塔诺（Franz Clemens Brentano）提出意向性（intentionality）命题以来，意向性就成为现代西方哲学中的一个重要论题（柳海涛，2018：8）。如果要追溯哲学史上哲学家们所谈论的与集体意向性密切相关的概念，有一些哲学家的思想是具有代表性的，比如，柏拉图谈到的集体合作决定和作为整体的社会，亚里士多德的集体意志（collective will）、霍布斯和洛克提到的相似概念，涂尔干的集体意识（collective consciousness）、韦伯提出的共同行动（communal action）的主体意义（subjective meaning）、威尔弗雷德·塞拉斯（Wilfrid Sellars）和奎因顿提出的"我们意图"最接近集体意向性的概念,其他哲学家提出的还有联合意图(joint intention)、共享意图(shared intention)、群体意图(group intention)等(柳海涛,2018:9)。"集体意向性"在塞尔的代表性论文《集体意图和行动》(*Collective Intention and Action*)一文中首先使用。有学者认为我们可以从三个方面对集体意向性进行研究:一是存在论层面,讨论集体意向性是什么;二是认识论层面,集体性知识的形成机制;三是方法论层面,集体行动的合理性和它在合作行动中的功能(柳海涛,2018:146)。集体意向性的研究后来在不同学科得到应用,从心灵哲学到法学、政治学、社会学等领域,于是它在这些学科中探讨的话题也得到了学界的高度关注,具体表现在:一是结合集体意向性来对社会实在进行解释;二是结合集体能动者、集体自由和集体自治来讨论集体责任;三是基于合作这种基本社会现象探讨团队理性(team reasoning);四是主张集体意向性是人类社会得以区别于其他动物群体的标志(柳海涛,2018:10-12)。

　　关于集体意向性的争论,基本围绕两个方面:一是非还原论题,意思是集体意向性不能被还原为个体意向性;二是个体主义论题,意思是所有意向性都是个体大脑的属性,不存在集体大脑或集体心智。这些争论聚焦到一点就是:诸多个体如何能够作为一个整体而存在?(柳海涛,2018:12)集体是否拥有意向状态,抑或"集体意向性"仅仅只是一个隐喻?当论及行动所涉及的意向状态,一般指的是个体层面的信念、欲望和意图,我们通常会用第一人称单数来表示这类状态,"我相信""我希望""我意图""我打算这样做"等;而当谈及集体意向性,我们通常会用第一人称复合形式来表示,"我们相信""我们希望""我们意图""我们打算这样做"等,集体的在先意图和集体的行为中意图,都是集体意向性的重要形式,它包含了目标、承诺、计划、行动等,我们往往将集体意向性与集体合作密切联系在一起。"社会存在论五巨头"及其他学者在解释集体意向性方面,是存在一些问题的。"除以集体意向性作为理论核心之外,现有的群体行动模型还存在很多其他问题。最为致命之处是它们的理论内容无法回应社会存在论中一系列尖锐而根本的问题,诸如:社会群体究竟存在吗?如果存在,它们是什么类型的实体,它们是如何被创造的?一个社会群体与作为其成员的人的聚集有区别吗?如果有,是什么区别?社会群体有哪些属性?它们能有信念或意图吗?它们能执行行动吗?如果可以,那么是什么使得一个群体去相信、意图或行动?面对这些问题,现有的群体行动模型是无力的。"(田曼,2021)在解释集体意向性方面,之所以会有这样的批评,很大程度上是因为在刻画集体意向性和行动、刻画个体与集体之间的构成关系方面,由集体内部产生的规范、协议、现实、习俗、制度、语言和文化没有被纳入进来,在解释集体意向性这块"整体拼图"上还缺失了重要的模块。为了解释社会实在,除了语言和文化,我们还需考虑超越单一个体和多个个体的想法和态度的集体心智(group mind)和集体智能(group intelligence)概念。集体是否拥有心智和智能?集体心智和集体智能是否仅仅是一个隐喻?集体是否拥有心智和智能,换言之,集体是不是一个拥有心智和智能的主体,这个问题与我们在前文中谈到的图梅勒等关于集体构成的理解是同源的。这在当代社会存在论和行动哲学领域既备受关注同时又是引起诸多争论的问题。关于这些问题的判断,我们在理解集体的存在形态和组织模式时,都离不开集体所嵌入的社会制度、实践活动和文化背景。

"合作是人类社会生活的一个基本特征。人类倾向于开展具有深度和广度的合作,这在动物界是独一无二的。"(里斯乔德,2018:152)人类和动物都具有合作的天赋和能力,比如灵长类黑猩猩、猴子、狒狒,它们都会使用工具,进行群体协作,捕猎、防御等。塞尔指出,人类和某些动物不但在从事的行动方面能进行合作,而且甚至能拥有共同的态度、共同的欲望和共同的信念;人类是存在集体意向性的(塞尔,2014:6)。只有经过集体承认,以下事实才能存在,比如,美元具有世界货币的功能,阿根廷国家队曾荣获足球世界杯冠军,中国内地驾驶汽车遵循靠右行驶规定等。但拥有共同目标不是集体意向性的必要条件。塞尔提到商学院的两个情形,来说明人们虽然拥有一个目标和共同知识,但未必存在集体意向性:

> 情形1:哈佛商学院的一群毕业生,他们相信了亚当·斯密"看不见的手"的理论。在毕业后,他们奔赴世界各地,试图通过尽可能地自私和使自己尽可地富有而有利于人类。每个人都这样做,都有别人这样做的共同知识。因此,他们每个人都有一个共同的目标,并且每个人都知道其他所有人知道每个人拥有同样的目标,并且他们知道每个人都知道每个人都拥有这样的目标。尽管如此,这还是不存在合作,甚至存在一种不应该合作的意识形态。在这个事例中,人们拥有一个目标,并且人们拥有共同知识,但是不存在我认为的集体意向性。

情形2：哈佛商学院的毕业生们在毕业那天聚在一起，订立了一个庄严的协议：他们每个人将奔赴各地，并力图通过变得尽可能地富有和尽可能地自私自利以帮助人类。这么做的目的都是帮助人类。在这种情形中，存在着真正的合作和真正的集体意向性，尽管是较高层面的合作，其意思是不应该有较低层面的合作。

我想说，第一个情形不是集体意向性的情形，而第二种情形却是集体意向性的情形。（理由是）前者并没有行为协议或承诺，而后者存在由每个个体成员承担的义务。（塞尔，2014：49-50）

个体主义是理解集体心智和集体智慧的一个进路——由个体的意图、欲望、信念、表征等聚合形成后的集体是否也具有个体心智状态的属性，它还会涌现出单个个体不具备的心智属性和认知能力。这也是谈论集体是否可以拥有意向性的进路之一。图梅勒的"我们模式"、布拉特曼的"共享意图"都是从个体主义进路来理解集体。图梅勒认为，"集体不是个人，因为它们既没有身体，也没有心智。如果它的成员不能运用能动性，那么集体同样不可以。然而，当说到集体意图，它拥有信念并且可以行动时，这是极其有意义的。我也愿意说一个集体的意图、信念，等同于成员的意图、信念，等等"（Tuomela，2007：145）。集体可以但不需要被视为单个的实体，它们只是在隐喻的意义上被理解为能动者和个人。图梅勒强调，集体是真实的，但只是随附于其成员以集体成员的身份起作用的非能动的社会系统中。佩蒂特认为，集体可以拥有它们自身的心智，"集体心智（group mind）不是个体的心智状态或属性的一个多元聚合，而是一个社会整合"（Pettit，2011）。他的观点遭到了一些学者的反对。对于集体是否拥有意图、欲望、信念、表征，或者集体是否拥有它自身的心智状态，罗伯特·鲁珀特（Robert Rupert）持否定立场，他认为，除非我们准备好把心智归于集体，否则我们将无法接受这样的观点（Rupert，2005）。

集体能动者包含很多常见的社会机构，比如，政府、公司、俱乐部、学校、行会等，在集体成员之间、集体成员与集体之间需要更复杂的内部结构和规章制度。这些看得见的集体属性，可以体现在集体成员的接受和共同目标的集体承诺、核心成员和非核心成员、集体权威体系等；而看不见的集体属性，比如集体心智、集体精神、集体意识，这些是否真实存在，抑或只是一个隐喻？目前社会存在论者宣称的"存在集体能动者、复数主体或者集体有其自身的心智"等观点是存在问题的,托马斯·桑托(Thomas Szanto)指出,目前有两个证据给传统的将心智局限于个体的观点带来冲击:其一,"这些学者同意这些集体拥有意图、态度、目标、选择或者信念,但这类词语没能对其个体成员的事实做出很好的解释、预测或评价";其二,"社会分布式认知、共享延展认知、合作的或交互的记忆系统以及集体认知论题等在社会认知领域各方面有较多的实证证据研究,所有这些工作都坚持认为,集体具有认知过程(例如,表征、记忆、学习、环境控制、问题解决或者创造力),这些认知过程不能被还原为个体认知者或他们聚合后的认知架构或能力"(Szanto,2014)。在方法论个体主义看来,我们必须按照个体的选择、信念和态度说明社会实在。个体意向性是构成集体意向性的重要前提,但在塞尔看来,这个前提并不需要将"我们意图"还原为"我意图",因为"所有意向性都存在于个体大脑之中",他反对将"我们意向性"还原为"我意向性",即反对将集体意向性还原为个体意向性(塞尔,2014:49)。集体意图、集体态度、集体承诺、集体意向性、集体责任等不能还原为个体能动者的意图、态度、承诺、意向性、责任等属性的累加或聚合,因为集体心智属性形成的过程是一个动态的耦合过程,是个体能动者在其中互动并通过集体自身特有的结构来调控的。桑托继续补充道,拥有心智的集体并没有自治的现象能力,这种能力在认识上可以觉察到某种额外的、内在于心智的现象,使得他们可以避免错误识别的现象。集体缺少前反思的自我觉知,无法意识到集体自身的心智状态。同时,集体对其成员缺少认识上的优先权,缺少认知能力做出实践上的或理论上的推断,缺少慎重的程序,只有一些可观察的证据。而且从它们没有普通的知觉能力这个事实来看,集体缺乏移情、意动或者情感动机簇。因此,"集体心智"是一个所谓的"行尸走肉构想"(zombie conception)(Szanto,2014)。集体缺少普通的知觉能力,如果这是事实,那么一个市场经济实体如何对波动的外部环境进行判断,它如何在复杂的社会系统中有序地运作?桑托的观点忽略了集体的组织模式和结构,集体及其属性是嵌入具体的社会现实世界中的实体,它对外界环境的识别足以说明它具备知觉能力。而他从生物学视角认定集体缺少个体所具有的移情、意动和情感动机簇,这也是有问题的。因为一些个体可以代表集体,充当集体的发言人,他们表现出移情和情感等能力的时候,是否意味着集体也表现出此类能力呢?例如,某个社会组织 A 的领导者去世,在举办送别仪式时,与该集体有合作关系的另一个社会组织 B 派一个代表参加此仪式,在这个过程中,这个代表向死者表达了敬意和哀悼，同时给予死者家属以安慰和问候，在其他社会组织和家属看来，社会组织 B 也具有移情等情感。

个体的聚合有可能构成有意图的主体，显现出意图的状态，如信念、欲望、判断和意图，并且执行被这些有意图的状态合理化了的行动吗？奎因顿认为这种说法是一个隐喻，"我们可以自由地以我们谈论个体的心智属性和行动这种方式来谈论集体的心智属性和行动。集体被认为拥有信念、情感和态度以及做出决策和许下承诺。但这种说法仅仅是一个隐喻"（List，Pettit，2011：3）。奎因顿从隐喻上理解集体作为一个有意图等心智属性的主体，对我们理解集体的构成有一定的启发。对于集体心智或集体意识，托马塞洛这样认为，现代社会具有两个方面的重要特征，它不同于早期人类社会，第一个特征是共时性（synchronic）社会组织：协同的社会互动是成为社会的首要条件。早期人类协作的对象是一群组织松散的合作者中的特定他人。而对现代人类来说，他们需要面对一个更大的社会群体，有更复杂的社会组织，或者说完整的文化组织。现代人类之所以是"文化人"，一是能够确认自己所属的特定文化群体；二是可以基于文化内的共同基础而非个人，与组内成员一起创造多种文化习俗、规范和制度。因而，他们是有集体心智（group-minded）的个体。第二个特征是历时性（diachronic）传递，即在代际间传递技能和知识。生存需要掌握使用工具的技能，现代人类需要一个完整的社会传递以支持累积性的文化演化，他们需要通过观察他人来获得工具性行为，还需要积极遵循群体的行为准则和规范，还要通过教导和强调社会规范强制他人保持一致（托马塞洛，2017a：104-105）。

6.3 角色化、惯例化和制度化

现代人类形成了一些中立于能动者的社会要素：角色、功能、职位、惯例、习俗、规范和制度，它们是客观性的实体，如与婚姻、金钱和政府相关的集合实体（collective entities），是由世界共同创造的，而这些实体又会创造出新的事实，例如，总统和金钱。角色和功能是集体得以维持和运转的两个要素，它们起着内化的作用，新进来的成员被集体这个"模子"打上组织所特有的意图、信念、承诺与规范的烙印，自动转化为组织的常规成员。但这种"模子"或者"烙印"并不是单向的，而是双向互动的过程。个体、集体与社会是双向互动融入的，人类个体早期阶段，比如儿童时期，他们是双向互动和逐渐"融入社会"的积极参与者，一直到成年甚至死亡之前，都在不断地适应和融入社会。"社会的基质不仅是意义（沟通、交换）的空间，也是它在生命自主体、人造物和习惯的隐性结构上的刻印，而这只能通过系统学习和系统分析来发现。"（Paolo，2009：66）我们在日常的社会生活中，如果不是刻意思考，往往察觉不到维持社会运转背后的"基质"或要素，比如，语言、法律、规则、制度、文化、道德、风俗等。"我们生活在人类制度性事实的汪洋大海之中。对我们而言，制度性事实几乎是不可见的。"（塞尔，2014：96）但是我们如果不遵守交通规则，则会吃到罚单；如果买菜不付账，则会被要求赔偿；如果在高铁上吸烟，则有可能面临被起诉；如果侵犯他人的肖像权，则有可能吃官司；等等。这些语言的和非语言的制度性事实都是不会轻易被察觉但又无处不在。在塞尔看来，我们社会中典型的制度和非语言性的制度性实在有以下这些：

> 政府制度：立法机构、行政部门、司法部门、军队和警察。
>
> 体育制度：国家足球联盟、业余棒球队、地方体育俱乐部。
>
> 特定目的的制度：医院、学校、大学、工会、饭店、剧院、教会。
>
> 经济制度：工业公司、经纪行、房地产中介机构、商店、合伙人。
>
> 通用结构的制度：货币、私有财产、婚姻、政府。
>
> 无固定结构的、非正式的、（多半为）非规范化的制度：友谊、家庭、恋爱、聚会。
>
> 人类活动的一般形式本身不是制度，但它们包含着制度：科学、宗教、娱乐、文学、性行为、吃饭。
>
> 不是制度但包含制度的专业性活动：法律、医药、学术、戏剧、木工、零售。（塞尔，2014：97-98）

角色、功能与职位以及规则紧密相关，"社会结构包含职位—实践（position-practices）、规则（rules）和资源（resources），是生成机制，通过它们复杂的交互，保证和约束可观察的社会活动，反过来再生产和转换这些结构。社会是一个特定的实践和建构的、可以历史地和时空定位的结合"（Mingers，2006：189）。帕森斯认为，社会系统是由相互联系的角色构成的，角色是"在个人个性与社会系统的结构之间的基本连接点"（Parsons，1967：11；吉登斯，2015：126）。随着当代社会分化的高度发展，具体的个人意图、行为、目标让位于抽象的角色、功能、职位等要素，前者内化于后者。卢曼认为，由于社会演化，社会价值变得抽象和一般化，结果不属于任何一个功能领域、程序、角色和个人。它作为非常一般的标准存在，可以有选择地被用来将角色组成程序，或者发动个体扮演角色（特纳，2001：72）。个体是社会中的个体，它有其社会性。个体的角色不仅嵌入集体的行动和实践，也嵌入社会系统的制度中。"社会系统不是由角色而是由实践（再生产）构成的，正是实践而不是角色必须被看作是行动与结构之间的'连接点'（通过结构二重性）。"（吉登斯，2015：128）弗雷德里克·施密特（Frederick Schmitt）在《社会化形而上学：社会实在的本质》中指出，"过去十年，哲学目睹了在社会世界——在社会关系、社会实体和社会自身的本质——中迅速增长的兴趣。这些在社会规范、约定规则和角色中已经有了很多讨论"（Schmitt，2003：1）。由此可见角色和惯习化在社会现实世界中的重要性。在伯格和卢克曼看来，个体承载着其社会化的角色和制度因素：

> 角色类型的建构与行为的制度化必然相关。制度通过角色镶嵌在个体的体验中。角色——语言学上的客体化——是任何社会客体化世界一个最基本的组成要素。通过角色扮演，个体才能参与到社会世界中去。通过内化这些角色，相同的世界才会对个体来说在主观上变成真实的。（伯格，卢克曼，2009：62）

个体在集体乃至更大的社会系统中的互动过程，是其社会角色和制度化的建构过程，而这些角色和制度的建构主要来自人们在生产和生活中的循环和重复过程。一旦经过重复性的活动和日常生活经验的累积，就会出现惯习化过程，而角色和制度正是起源于这种惯习化过程：

> 角色起源于重要的客观化与惯习化过程，制度也起源于这一相同的过程。一旦一种包含相互典型化（定型化）行为在内的共同的知识储存处于形成的过程中——就像我们已经看到的，这一过程是社会互动的存在之所以先于制度化而存在——角色就会出现。角色变成制度化的问题，也就等同于行为受到制度化影响的问题，并可用相似的方式来解答。所有制度化的行为都包括角色在内。因而，角色也就都有制度化的控制特色。（伯格，卢克曼，2009：63）

集体成员的角色不单单是被动接受集体的理念和被打上集体特有的

"模子"或"刻印",它起着"发言人"或者"被授权人"的作用,即集体能动者,集体成员代表集体来行动。那么,何谓"集体能动者"呢?当我们用复合主语来指代,比如,我们说"政府决定推行某项政策",这意味着什么呢?吉登斯以此为例进行了阐述:

> 无论是描述行动,还是解释互动,都不能完全依赖个体谓词。然而,只有个体,只有具有肉体存在的人,才是能动者。如果说集合体或群体不是能动者,那我们为什么有时说起来好像真有那么一种集体能动者?
>
> ……"政府决定推行某项政策"只是某些个体作出决定的简略描述方式,但这通常是这些个体彼此之间协商后的某种结果,或者是当最终的政策具有规范约束力的时候才会如此。政府或其他组织所贯彻的决定也许并不体现所有的人希望达到的结果(比如,集体投票中的大多数选择悖论),或者也不反映任何一个参与制定的人最希望看到的结果。然而,即使是在这样的情况下,我们仍然可以说参与者"决定"(就个体而言)、"来决定"(就集体而言)某种确定的行动进程。这就是说,在某次内阁会议之后,内阁的个体成员可能会同意遵守他们并不赞同的决议,或自己曾投票反对的提案,只要它获得了大多数人的支持。"政府决定……"只是一些简略起见的表达。(吉登斯,2016:206-207)

理解吉登斯所说的集体能动者的内涵,就能理解一个决策是个体作出的还是代表集体的执行个体作出的,这一点很重要。这里存在两种集体能动者代表集体来行动的途径。第一种途径是,集体能动者授权给成员,成员代表集体做出宣言以及行动。比如,集体能动者是一个学校,这些成员以学校的名义和某个社会机构签订课题研发的协议;如果它是一个基金会,其理事成员将代表它行使捐赠的权利;如果是一个公司,它的核心成员可以代表公司作出上市的决定。第二种途径是,个体成员的能动性作用,他们虽然不充当集体的"发言人"或"被授权人",但他们以个人名义间接上发挥了他们在集体中的角色。例如,保险公司的成员全力以赴追求公司的季度目标,他们在集体中开展部分工作或者以其名义与外界或同事打交道;工程协会的成员为集体交付税费,担任社会兼职;教师成员参加某个比赛获奖,媒体通过其使得公众了解其所在集体。角色不仅包括个体能动者或集体成员的角色,还包括集体能动者的角色。每个集体能动者在整个社会中都有其相应的位置和角色。例如,学校执行教育职能,协会执行行业规范职能,法庭执行司法公正职能,大型公司履行客户服务与社会服务职能。个体能动者之间、集体能动者之间以及个体能动者与集体能动者之间相互嵌入具体的社会、历史和文化的环境中,发挥其相应的角色和功能。在今天,这些角色不仅有明显的行业特色,还有较大的流动性。比如,某个金融机构在从事银行、证券方面的职能时,又从事图书出版的职能,这些角色是跨越边界的。

人类的自我生产活动经过重复的模式就会形成惯例(routines)——依照习惯而为的任何事情,它是日常社会生活的一项基本要素,随着时间的变迁这种模式就被惯习化,这是社会生活循环往复的特征。"所有的社会系统,无论其多么宏大,多么广泛,都体现着日常社会生活的例行常规,扮演着人的身体的物质特性与感官特性的中介,而这些例行常规又反过来体现着社会系统。"(吉登斯,2016:33)这种惯习化模式一旦稳定之后,它会形成秩序吗?这样问题就来了:经验上存在的稳定的人类秩序来源于什么?伯格和卢克曼提道,"对这一问题最常见的问答是:社会秩序是人类的产物,或者更准确地说,是一个持续不断的人类产物。它是由人在持续不断的外在化的过程中创造的。社会秩序并不是生物学上事先决定的,或是来自任何其经验主义展现出的生物学资料。……社会秩序只能是作为人类活动的产物而存在"(伯格,卢克曼,2009:45)。

人类活动的惯习化与制度化过程有密切的联系。"所有的人类活动都会受到惯习化的影响。任何一种活动,只要不断地重复就会形成一种模式,后者可以较为经济省力地进行再重复,并可被能动者所理解。"(伯格,卢克曼,2009:46)伯格和卢克曼认为,在日常生活的实际经验中,制度通常是在包括相当多的人组成的集体中展现它们自身。不过从理论上来讲,即使只有两个人进行互动,相互影响的典型化(定型化)的制度化过程也会发生。每种社会情况只要持续存在上一段时间,制度化就会出现(伯格,卢克曼,2009:48)。"制度"(institution)可以界定为工作规则的组合,它通常用来决定谁有资格在某个领域制订决策,应该允许或限制何种行动,应该使用何种综合规则,遵循何种程序,必须提供或不提供何种信息,以及如何根据个人的行动给予回报(奥斯特罗姆,2012:60)。像上文提到的各种不同集体模式,以图梅勒的"我们模式"中的"公告板隐喻"来说,一旦集体成员首次以这种模式开展清理公园的意图和行动,下一次再有类似的计划,比如"圣诞节我们将举行户外晚会，愿意参加的请在此签名"，"本学期我们研究所将在每个周五举行读书会，有兴趣参加的同学请发邮件给联系人张三"等，多次重复这类集体活动之后，"我们模式"就被惯习化和制度化，内化于每个集体成员的头脑里。即使有新的成员加入集体，通过与其他成员的互动或者通过参加这类活动，也会很快被打上集体行动的烙印，这些新的成员就会形成惯习化的模式，而整个集体的惯习化和制度化在这些多次重复的活动过程中也得以形成。

角色、功能、职位和惯习化等要素会形成我们的制度，这些制度是基于角色、功能、职位和惯习所承载的规则来运作的。托马塞洛从规则游戏出发来理解我们的文化制度：

> 拉克兹和托马塞洛提出一种简单的模型来理解文化制度，就是规则游戏（rule games）。当然，个体可以在跳棋盘上以任何细化的方式，来移动任何一块像马一样的木头，但是如果一个人想玩国际象棋，那么他就必须知道这个像马一样的棋子被称为骑士，而且只能以特定的方式移动，其他棋子也必须以特定的方式移动；而如果要赢得比赛，必须使棋子摆成某种样子。这些棋子被规范或规则赋予了自己的地位，而这些之所以会存在，是因为玩它的人遵守这样的规则。（托马塞洛，2017a：119）

这样的规则游戏与诺米克游戏（Nomic）（Suber，1990）十分相似，两者都是能动者个体依据游戏规则互动，能动者在其中可以改变规则玩别的棋类，只要双方同意，这样的游戏可以一直玩下去。这类社会事实既是客观上真实的，又是社会能动者这个角色基于规则构建和创造的，可以这么说，角色、制度、规则和规范是相互依存的整体。

第四部分

超级有机体:从社会到盖娅

7　从蚂蚁社会到人类社会

目前本书讨论了两个主要理论领域——社会自创生和社会存在论——的核心问题,探讨了社会系统、社会文化、个体的和集体的行为与意向性等实体的存在形态和运作机制,这些工作都旨在描绘一张作为单一整体的社会的"地图"。我们如何界定由能动者之间的意图和行动关系构成的群体、集体和社会系统?社会自创生力图确证社会是一个由作为生物有机体的人构成的超级有机体,它具有生物自创生系统的一般组织类型和特性,是一个复合系统,同时它又超越了生物有机体的物理空间性的约束,某种程度上,它的存在形态具有概念空间的虚拟特性——这些特性正是我们在社会存在论中聚焦的角色、制度、惯习和文化的分析中可以窥见的特性。

生态系统是生命系统与社会系统之间的重要一环。在自创生理论看来,自创生的生物系统与其环境保持动态的交互,以维持自身的自治和新陈代谢,从而与环境形成一种结构耦合的关系。对自创生的社会系统来说也是如此。社会系统的环境是生态系统,确切地说,两者互为环境。社会系统的废弃物过度排放,将危害生态系统的生存,而生态系统的危机也会影响社会系统的自我生产。生态学层面相关的生态群落、环境保护等主题关系到人类的生存、文明的创造和社会的可持续发展。

我们居住在共同的地球,奇怪的是,当我们在谈论社会的生产机制或社会现实的存在基础时,我们很少会谈到生态系统,谈到"盖娅"这个思想就更少了。正如卡普拉提道,"社会系统是不是自创生系统的争论已经持续了30多年,但奇怪的是在生态系统是不是自创生系统的问题上几乎没有什么争论。马图拉纳和瓦雷拉由于对生态系统中的多种途径和过程还缺乏足够的了解,因而无法确定这类生态网络是否可被描述为自创生系统"(卡普拉,2017:144)。在当代社会,对生态系统的认识和重视,尤其是对生态系统与人类社会的关系的认识,已经成为我们这个时代人类生存面临的重要议题。我们在分析社会的运作机制时有必要把这方面纳入进来,并尝试推进自创生理论在生态系统方面的研究。

7.1 超级有机体的概念和特性

我们考察了个体的意图、行动和社会内部的文化,接下来我们将考察集体、社会系统的构成机制。如图 7-1 所示,这个集体或社会系统包括群体或家庭、部落、民族国家、全球化、异养生态系统、盖娅系统、行星和银河系,以及全子四象限中没有列出来,但在当代社会中又有类似特性的一些无边界的集体或社会系统,比如超国家体制、全球电话系统,等等。接着分析这些集体或社会系统的存在形态和运作机制,提出把整体的社会视为一个复杂系统和超级有机体的构想,并结合生命自创生、社会自创生和社会存在论这些部分,思考一般事物的组织模式和演化层序。生物领域中的有机体和生态系统,社会领域中的机器人、公司、经济体、计算机回路等系统,这些天然的或人造的系统都是活系统,它们是宏大和复杂的,比如:全球电话系统、计算机病毒孵化器、机器人原型机、虚拟现实世界、合成的动画角色、各种人工生态系统,还有模拟整个地球的计算机模型(凯利,2010:5-6)。

按照集体意向性理论,主张集体拥有心智这一立场,可以从演化生物学的视角来看待集体心智:集体作为种群有许多特殊属性,是独立的、自我调适的,为实现特定生物目标收集、分配岗位、划定等级、分配事物、筑巢、繁殖、防御等,作为一个独立的集体,有能力成为一个行动单位,作为一个机构(as a body)、作为一个整体(as a whole)而行动,对这些行为和现象最好的解释就是认为集体具有心智;从超级有机体的观点看,在集体中,心智是从个体中涌现的新特征,是一个新的独立的心智——集体心智(柳海涛,2018:33-34)。这样,我们从社会存在论和集体意向性理论都共同关注的集体构成的多元视角,与超级有机体的视角架起了通往社会运作和构建机制的桥梁。全球社会的有序化构建和运行离不开利他主义和集体合作。在美国知名演化生物学家戴维·斯隆·威尔逊(David Sloan Wilson)的《利他之心:善意的演化和力量》一书中,译者齐鹏在序言中提到:"利他主义是功能型组织必不可少的特点,而说功能型组织是生命的本质也毫不夸张。小到生物体内的大分子,大到国家民族,小的功能型组织形成大的功能型组织,从底层的

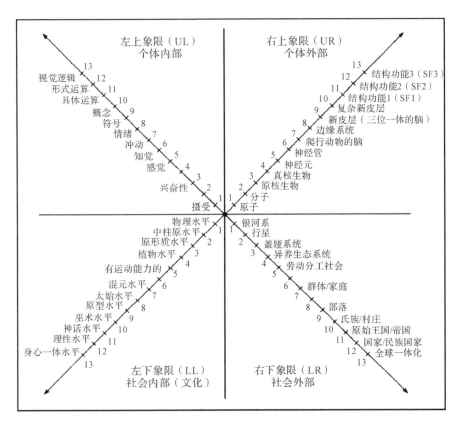

图 7-1　全子四大象限的具体内容

资料来源:威尔伯(2008:187)。

分子一层一层地增大,形成细胞,形成器官,形成人类个体,而人类个体的功能型组织从一个个的小家庭开始,形成家族、村落、城镇、国家,乃至全人类的共同组织。如果其中任何一个组成部分的自私自利没有得到合理调控,就会在更大的层面上形成危害。"(威尔逊,2017:Ⅲ)比如联合国、世界银行、世界卫生组织等,其中任何一个组成部分的利益和规范是否得到了合理调控,关系着这些组织是否会在更大的层面上形成利弊,进而关系到自身的生存和演化。从机体隐喻来看生物的和社会的功能型组织,考察这些功能型组织的利他主义程度、合作程度和真社会性(eusociality)程度以及这些自组织系统的有序度,从而探索维持这些功能型组织的内稳态机制(homeostastic mechanism)。

美国社会生物学家威尔逊和德国博物学家伯特·荷尔多布勒(B.

Hölldobler)把蜜蜂、黄蜂、蚂蚁、白蚁等这类各个个体高度集聚的社会性昆虫视为"超级有机体"(superorganism)——类似单个有机体生理特征的具有社群组织的群体；作为一个功能单位而活动的一群有机体。作为一种社会生物学思想，超级有机体在解释社会文化的联结，在解释人类社会行为的演化，把生物选择机制的分析同研究社会文化演化的长期传统联结起来方面，具有一定的理论价值和深刻见解(纳尔逊，温特，1997：51)。超级有机体是具备单个有机体的许多特征，但又在生物组织的层级结构中比有机体高一级的一个群体。超级有机体是一种功能型组织(functional organization)，它是由一定数量的有机体形成的，这个组织的成员会为了一个共同的目标而调控自身的活动，就像生命体的各个器官，或者开罐器的不同部件。"当一个群体的组织程度达到极致的时候，我们就称其为超级有机体。"(威尔逊，2017：4)超级有机体这一概念，在20世纪初期极为流行。美国博物学家威廉·莫顿·惠勒(William Morton Wheeler)在其著名论文《作为一个有机体的蚂蚁集群》中提到，动物集群实际上是一个有机体而不只是一个有机体的类似物。但1960年以后，"超级有机体"这一术语就几乎从科学家的词汇中消失了(荷尔多布勒，威尔逊，2019：129)。美国微生物学家林恩·马古利斯(L. Margulis)特别关注共生(symbiosis)现象。共生现象是一个科学术语，是德国植物学家安东·德巴里(Anton de Bary)在1873年创造的，指的是两个不同的生物品种紧密地生活在一起，而这种生活方式至少会对其中的一种生物有利。共生现象的例子有：能够清理大鱼身上寄生虫的小鱼，或者生长在人类皮肤上的真菌……

有机体如何组织以形成更大的有机体？这个行星上的所有生命是不是组成了一个超级有机体？威尔逊对社会性昆虫尤其是蚂蚁的行为有深刻的认识，他通过观察和思考蚂蚁集群成为一个超级有机体的现象来理解它们的组织模式——"一个超级有机体就是高度组织的个体集结成为集群"(布罗克曼，2017：74)，基于这些个体聚集的规则集合形成的模型系统，他提到构建一个超级有机体的想法：

> 对于社会行为是怎样组织起来的，以及怎么构建一个超级有机体这样的问题，我们开始获得了一些革命性的新想法。如果可以为超级有机体定义聚集的规则集，那么我们就对如何构建有机体有了一个模型系统。你怎样把一个蚁群聚集在一起呢？首先，

你需要一只蚁后,它可以在地里打一个洞,开始产卵,在经历一系列操作来养育第一窝蚂蚁。第一窝蚂蚁又历经一系列操作去繁殖更多工蚁,经过很长时间,慢慢就有了专门的兵蚁、工蚁和掠食蚁,这样就得到一个繁荣的集群。它们遵循掌控互动、行为和物理发育的一系列由基因预定的规则。如果可以充分理解一个超级有机体怎么联合起来的话,我们就离一个有机体聚集方式的普遍原理更进一步。这里有两个不同层次:细胞聚集成一个有机体,以及有机体聚集起来成为一个超级有机体。(布罗克曼,2017:75)

威尔逊提到的"细胞聚集成一个有机体,以及有机体聚集起来成为一个超级有机体",其实就是层序的思想。举例来说,细胞如何聚集成人类个体,人类个体如何聚集成社会系统,而社会系统又如何聚集形成盖娅系统、行星系统,直至聚集成精神文化圈。威尔逊和荷尔多布勒在他们合著的《超级有机体:昆虫社会的美丽、优雅和奇妙》一书中描述了超级有机体的特征:"超级有机体是具备单个有机体的许多特征,但又在生物组织的层级结构中比有机体高一级的一个群体。超级有机体的基本成分不是细胞和组织,而是相互之间紧密合作的动物。"(威尔逊,荷尔多布勒,2011:1)类似的思想在法国哲学家亨利·伯格森(Henri Bergson)在《创造进化论》中也有提到:"个体联合成为群体,而一旦形成群体之后,就会让原来的个体融入新的有机体当中,从而变成一个新的个体,也就是群体成为个体的过程。这个新个体又相互联合构成新的联合体。在最低阶的生物当中,我们依然发现了微生物群,这是真正意义上的联合体。"(伯格森,2015:217)伯格森说的"联合体",实际上就是由个体构成但又超越于个体之上的超级有机体。微生物在地球上占据着重要位置,它们几乎遍布各个洲际大陆和水域,从沼泽到草原,从海洋到高山,从农村到城市,从户外到室内;等等。已知的大多数生物之间基本上是合作关系,是不同程度的共生关系(马古利斯,2009;托马斯,2020:6)。

事实上,像微生物这类群体,以及蜜蜂、黄蜂、蚂蚁、白蚁等这类社会昆虫,都是高度合作的物种,它们有着严密的等级和清晰的分工,这类族群行动起来就像单一的生命体——超级有机体。美国医学家和生物学家刘易斯·托马斯(Lewis Thomas)在《细胞生命的礼赞:一个生物学观察者的手记》一书中指出,人类真正熟知的微生物只占地球上所有微生物的一小部分,它们相互依赖,在密集群体中共同生活,彼此提供营养,维持对方的生存环境；它们通过一个复杂的化学信号系统，调控不同群体之间的平衡（托马斯，2020:7）。而要解释超级有机体的组织模式，就需要以一个演化的视角来考察。正如威尔逊指出：

> 要清晰解释动物群体（比如蜜蜂群落）如何功能性地组织起来，如何拥有集体意志和神风战士一般的工蜂，就必须要从演化学讲起。要清晰解释人类群体如何功能性地组织起来，也必须从演化学讲起。人类的演化故事叙述起来更复杂，因为既有基因演化，又有文化演化。当然，不管是动物还是人类的演化，都有一些基本原则是演化学家普遍接受的，这一部分很容易解释。（威尔逊，2017:13）

在生物界的演化现象中，有两个经典的问题值得深入思考：一是微小而短暂的细胞如何通过联合作用形成一个有机体？二是微小而短暂的生命有机体如何通过联合作用形成一个超级有机体？这就涉及一个关于生命构成机制的问题。"生命是一个多层次的自我复制体系，生物学研究的就是组成这个体系的各个层次。在任何层次上，要完全定义一个现象，都必须与其他层次产生的现象结合。基因决定蛋白质，蛋白质自我装配进入细胞，细胞增殖并聚集形成器官，器官成为有机体的一部分，有机体聚集继而形成社会、种群及生态系统。"（威尔逊，荷尔多布勒，2011:4）。在《创世纪：从细胞到文明，社会的深层起源》一书中，威尔逊指出，"在演化史上的两次大转变里，每一次从较低的生物组织水平迈向更高的生物组织水平——从细胞到生物体，从生物体到社会——都离不开利他主义"（威尔逊，2019:38）。因此，在生物演化过程中，从细胞到有机体，从有机体再到超级有机体，利他主义在当中起着非常关键的作用。社会性昆虫，例如，蚂蚁、白蚁、蜜蜂、黄蜂，以及社群性灵长类动物，比如，黑猩猩、猴子、狒狒等，它们不仅仅是集合，而是超级有机体。遍布全球的人类群体，通过互联网紧密相连，它是不是另一种超级有机体？

托马斯对社会性昆虫的合作进行了生动的说明。托马斯认为，蚂蚁就像人类，会养真菌，养蚜虫，组织军队投入战争，不停交换信息，就差看电视了；蚂蚁、蜜蜂、白蚁和黄蜂，这些群居性社会昆虫过着两种"人生"，一方面，它们是忙碌着今天事儿不管明天事儿的个体；另一方面，它们是蚁冢、蚁穴、蜂巢中的组成部分和基本细胞，是其中不断扭动和思考的有机体（托马斯，

2020:12)。超级有机体的基本成分不是细胞和组织,而是相互之间紧密合作的动物(荷尔多布勒,威尔逊,2011:1)。超级有机体的概念产生于19世纪末20世纪初,当时人们对演化哲学产生了强烈的兴趣。一些杰出的思想家,如恩斯特·黑克尔(Ernst Haeckel)、赫伯特·斯宾塞(Herbert Spencer)和吉提·费希纳(Giti Fechner),都提到了整个宇宙秩序所蕴含的层级结构,他们阐述了在宇宙伟大秩序的每个层次中所呈现出的特质。惠勒率先使用"超级有机体"来刻画社会性昆虫群体的团结协作现象。"蚂蚁的族群是一个有机体,"他写道,"而不仅仅是人的类似物。"惠勒指出,这一族群具有几个标志性的特征:

(1)作为一个单位来运作。

(2)在行为、规模以及结构上显现出一些特质,有些是该物种所特有的,有些可以将同一物种的各个族群区别开来。

(3)经历一个生长和繁殖的周期,这一周期具有明显的适应性。

(4)可以分成"遗传物质"(蚁后和雄蚁)以及"体细胞"(工蚁)。

惠勒在他随后的作品《社会性昆虫:起源和演化》(1928)中,也第一次将社会性昆虫族群称为"超级有机体"。超级有机体就是一个通过劳动分工进行自我组织,并且借助一个封闭的通信系统联合成一体的族群。超级有机体的成员根据少量的相对简单的算法选择其劳动角色,这些算法是通过族群水平上的自然选择演化而成的(荷尔多布勒,威尔逊,2011:50)。惠勒强调了社会内稳态(social homeostasis)的概念。社会内稳态包括生理和行为过程,族群通过该过程保持其生长和生殖的最佳状态。惠勒认为,"昆虫族群或社会可以被认为一个超级有机体,因此作为一个活的整体,有利于保持其变动的均衡和完整性"(荷尔多布勒,威尔逊,2011:6)。惠勒还看到了超级有机体的涌现特性,"集群所形成的超级有机体,是从大量聚集的普通昆虫有机体中'涌现'出来的",这种涌现特性,并不神秘,而是一种科学、技术和理性的解释(凯利,2010:19)。凯利提到,当我们听巴赫的音乐时,我们身心涌现出一种"巴赫的气息",就是一幅富有诗意的图景,对社会性昆虫(蜜蜂、蚂蚁等)而言,蜂群智慧(swarm intelligence)或蜂群思维就是一种涌现模式:

一只小蜜蜂的机体所代表的模式,只适用于其十分之一克重的更细小的翅室、组织和壳质。而一个蜂巢的机体,则将工蜂、雄蜂以及花粉和蜂窝组成了一个统一的整体。一个重达五十磅的蜂巢机构,是从蜜蜂的个体部分涌现出来的。蜂巢拥有大量其任何组成部分所没有的东西。一个斑点大的蜜蜂大脑,只有六天的记忆,而作为整体的蜂巢所拥有的记忆时间是三个月,是一只蜜蜂平均寿命的两倍。

"蜂群思维"的神奇在于,没有一只蜜蜂在控制它,但是有一只看不见的手,一只从大量愚钝的成员中涌现出来的手,控制着整个群体。(凯利,2010:20-21)

的确,单个的蚂蚁、白蚁、蜜蜂和黄蜂,都没有什么智慧,但是随着队伍的壮大,这些集体仿佛就有了智能和智慧。在过去的半个世纪里,对社会性昆虫所进行的大多数研究的目的可以用一个短语来表达,即超级有机体的构成(construction of superorganisms)。构成的第一个层次是社会发生(sociogenesis),即通过形成特殊品级(caste)并作为一个功能性的整体共同行动而促成族群的发展(荷尔多布勒,威尔逊,2011:3)。品级形成算法及行为算法是超级有机体的第一个构成层次。第二个构成层次是这些算法本身的遗传演变(荷尔多布勒,威尔逊,2011:3-4)。

生命是一个多层次的自我复制体系,生物学研究的就是组成这个体系的各个层次。在任何层次上,如果要完全定义一个现象,就必须与其他层次产生的现象结合。自然选择可以针对任意层次的一个性状,从而波及其他层次。组织中的所有层次都是自然选择的主要或次要目标。随着生态系统因生物入侵(如那些非洲化蜜蜂的入侵)、气候变化或其他方式引起的变化而改变时,组成这些生态系统的物种相对多度(abundances)也会改变。一些物种可能会退出,新的物种会侵入。结果,对于个体及社会的选择压力改变了,导致一些物种最终发生遗传变异。因此,生态系统的动态性是永恒的。生物学的层级是回响系统,在这个系统中,物种的历史及其所处的环境生态位(environmental niches)将决定社会秩序是否会演变。在昆虫的社会化中自然选择的主要目标是族群,而选择的单位是基因。因为族群的性状是族群成员性状的累计产物,这些性状在成员之间具有遗传差异,某一个族群的成员与其他族群的成员也存在遗传差异,社会性昆虫的演化是建立在一代又一代不断变化的基因频率的融合之上的。这一融合又反映出族群之间及构成族群的个体成员之间复杂的相互作用(荷尔多布勒,威尔逊,2011:4)。

超级有机体的概念使昆虫社会生物学得以有效构建,其内容包括超级有机体的起源和演化。什么样的昆虫社会可以被称为超级有机体呢?最广义的超级有机体概念适用于任何完全社会性的昆虫族群,它有三个特征:第一,其成虫被区分为生殖品级及部分的非生殖的职虫品级;第二,在同一个巢穴中,两代或更多代的成虫共存;第三,非生殖或生殖能力较差的职虫负责照顾幼虫。如果要求一个更严格的定义,那么超级有机体这一术语,仅指那些处于完全社会性的高阶阶段的族群,族群成员之间争夺生殖特权的斗争减少,在族群之间的竞争中,产生了专门的职虫品级,从而使其族群效率最大化(荷尔多布勒,威尔逊,2011:5)。这里的"品级"可以理解为"岗位"。威尔逊通过思考蚂蚁、白蚁、黄蜂和蜜蜂这四类社会性昆虫如何集群成一个超级有机体来定义其运作方式,他认为在社会性昆虫的案例里,有三条标准可以用来判断这些社会性昆虫集群的"真社会性":一是有两种主要的"岗位",一只"皇后",有时是一只"国王",担任了负责繁殖的岗位,这样"工人们"(工蚁/工蜂)就不会进行繁殖工作;二是设置培养环境,成熟的成虫与其他成熟的个体生活在同一个群体里;三是由成熟的成虫去照顾幼仔。这三条标准是构成一个高级社会性集群的首要因素(布罗克曼,2017:74)。一个物种迈向完全社会性的非凡进步所需步骤(遗传和生理的)的性质和数量是社会生物学最重要的问题之一。问题的答案将会被表述为族群成员生理和行为构建的规则。这些规则是多层次和分等级的,通过成员的生命周期发生作用,贯穿了其生物组织的三个层次——基因组、生物体和社会。应该铭记于心的是,每个完全社会性物种都在自然环境中占据着一个特定的生态位,组成一个包含生境、巢穴地点、食物和被社会分组赋予竞争优越性的天敌在内的独一无二的封闭圈(荷尔多布勒,威尔逊,2011:31)。

如表7-1所示,在这两个层次上的系统演化也是沿着平行的轨迹进行的,但是存在一个关键的差别:生物体的构造是为了复制尽可能多的自身遗传特征,而超级有机体的构造则是为了复制尽可能多的遗传超级有机体特征。两者之间的联系是因果性的,超级有机体特征完全是从由遗传所决定的族群成员行为的加和中产生的,是由随后的族群水平上的自然选择塑造而成的。最重要的超级有机体特征是品级和劳动分工。

表 7-1 生物体和超级有机体在功能上的类比

生物体	超级有机体
细胞	族群成员
器官	品级
生殖腺	生殖品级
躯体器官	职虫品级
免疫系统	防御品级；报警防御通信；族群识别标记
循环系统	食物分配，包括伙伴间的反刍（交哺）、信息素和化学信号的分配
感觉器官	族群成员的感觉器官的综合
神经系统	族群成员间的通信与互动
皮肤、骨骼	巢穴
器官形成：胚胎的生长和发育	社会发生：族群的生长和发育

资料来源：荷尔多布勒，威尔逊（2011：51）。

社会性生活的本质就是互惠合作的通信。对通信机制的分析是研究社会相互作用的关键，无论这种通信是发生在细胞内的细胞器官之间、生物体内的细胞之间和组织之间、一个社会中的生物体之间，还是共生的物种之间（荷尔多布勒，威尔逊，2011：106）。如同前文提到的，超级有机体是不是一个隐喻的问题，威尔逊认为，在过去，它被先贤哲人视为一个隐喻或类比，但现在，它已经不再是隐喻或类比了，理由如下：

> 数千年来，当哲学家、宗教圣人和形形色色的各个学科的学者在思考自己心中的理想社会时，都曾把人类社会比喻为有机体。新鲜的是，这个类比不再是一个比喻了。有一个功能型组织的理论可以适用于多层体系的所有层面。任何一个层面都可以是一个功能型组织，其功能化程度取决于这个层面的自然选择。较低层面的选择会破坏较高层面的功能型组织。较高层面的选择会使低层面实体变成类似器官的角色。当选择集中在某个特定层面时，各个单元就会被高度功能化组织起来，我们把它们称为有机体。多细胞有机体是许多群体形成的群体。（威尔逊，2017：24）。

166

威尔逊的理由是基于功能型组织这个存在论依据。既然超级有机体不是一个隐喻，那么我们可以从存在论上将人类社会视为一个超级有机体。威尔逊谈道："如果现在或者未来的某个人类社会功能化的程度极高，所有社会成员都一心一意地为社会的共同福祉而努力，这个社会就可以称得上有机体，如同人类被称为有机体一样。"（威尔逊，2017：25）在下文中，我们将围绕"人类社会是一个超级有机体"再次展开论述。

7.2　互惠利他和人类社会的合作

美国经济学家塞缪尔・鲍尔斯（Samuel Bowles）和赫伯特・金迪斯（Herbert Gintis）在他们合著的《合作的物种：人类的互惠性及其演化》一书中提出了两个重要命题：

> 首先，人们之所以合作，并不仅仅是出于自利的原因，也是出于对他人福利的真正关心、试图维护社会规范的愿望，以及给合乎伦理的行为本身以正面的价值。出于同样的理由，人们也会惩罚那些盗用他人合作行为成果的人。即使付出个人成本，也要为了群体的利益而为联合项目的成功作出贡献，这样的行为会激起满足、骄傲甚至欢欣的感觉。而如果人们不这样做，那么这件事常常会成为羞耻和内疚的源泉。
>
> 其次，我们之所以变得具有这些"道德情感"，是因为在我们祖先生活的环境中（无论是自然还是社会形塑的），那些由具备合作倾向和维护伦理规范倾向的个体所组成的群体，比起其他群体更加容易生存并扩展，这使得亲社会动机能够得到扩散。
>
> 第一个命题与亲社会行为的直接（proximate）动机有关，而第二个则指出了其远古的演化起源以及这些合作倾向持续存在的原因。（鲍尔斯，金迪斯，2015：1-2）

"利他主义"（altruism）是在 1851 年由法国哲学家奥古斯特・孔德（A. Comte）创造出来的。无论是生物个体、生物群体，还是人类社会，利他主义随处可见。说到利他主义这个话题，人们总会想到个人利益与集体利益的关系，总会将利他主义与人性、合作等话题联系起来。那么，"利他主义真的存在吗？还是人类的本质是完全自私的呢？"中国古代思想家早已对这个问题进行了深入思考，比如孟子和荀子等，就思考过人心、人性与利他主义的关系。威尔逊就谈道，"在达尔文主义思想中，利他主义是一个很显眼的麻烦，因为我们很难用自然选择来解释它的存在。自然选择倾向于保留使生物更容易生存繁衍的特征，而利他主义的个体靠自我牺牲来提高其他个体生存繁衍的概率，在这种前提下，利他主义的特性是怎么在演化中保留下来的呢？"（威尔逊，2017：IX-X）威尔逊以演化生物学的最新进展为基础，为这个问题提供了新的答案。威尔逊认为，从演化学的立场来看，在所有社会性物种中，利他主义都在演化，这一点简单而清晰；利他主义要求我们作为一个组成部分并入比我们更大的整体之中，只有这样，每个个体才能得到更好的发展（威尔逊，2017）。"利他主义是否存在？"这并不是一个可有可无的问题，威尔逊是这样回答的："当我们用群体之内和群体之间的相对适应度来定义行为上的利他主义时，哪里有群体层面的功能型组织，哪里就有利他主义。"（威尔逊，2017：25）托马塞洛指出："人类逐渐意识到团结协作、与人为善以及利他主义这些特征和达尔文的理论不符。在演化生物学领域有一句名言，那就是利他主义不可能是演化的产物。"（托马塞洛，2023）因此，利他主义是存在的，但不是演化的产物。

威尔逊区分了思维层面的利他主义和行为层面的利他主义。对于前者，举个例子，如果张三为了帮助李四而必须承受一定的损失，那么这种行为就是利他的，不论张三到底出于什么意图。对于后者，它与群体层面的功能型组织十分类似。"人们帮助他人是因为我们是一个社会群体，有很多事情一个人无法单独完成，互相帮助必不可少。在农耕社会出现以前，互助行为包括抚养后代、打猎采集、防范猛兽，以及人类部落之间的战斗。农耕时代的到来，产生了资源生产和社会分工互相催化的良性循环，发展成如今现代化的庞大的社会体系。今天的我们非常依赖他人的行动，单独的一个人会像一只离开蚁群的蚂蚁一样无法生存。"（威尔逊，2017：3）

在考虑各种各样的利他主义现象中，一个关键的问题是：为什么生物聚集成社会群体？在昆虫、动物和人类社会里，经常可以看到"你为我瘙痒，我也为你瘙痒"和"与人方便与己方便"这类现象，这是利他主义的一种典型表现。在道金斯看来，群居生活有很多优势，比如，为自私的个体带来好处；为动物的基因在交往中得到更多好处，付出更少代价；避免自私个体被捕食者吃掉（道金斯，2012：188-189）。利他主义对于不同类型和规模的组织，例如，生命系统、文化部落、社会系统，都起着维持其稳定的关键作用。利他主义与合作密不可分。非人类物种其他常见的合作形式包括"梳理毛发或其他身体照顾,发出警报,捕猎者探测,对捕猎者和同类个体的攻击采取防卫措施,支援受伤的群体成员……以及雌雄同体动物之间的卵子交换"(鲍尔斯,金迪斯,2015:2-3)。

达马西奥提到,非人类动物的文化成就之所以不高,是因为它们缺乏共享意向性(shared intentionality),也没有高度发展的口头语言,而更一般的原因在于,它们的智力水平不高(达马西奥,2020:14)。这个观点与美国发展心理学家迈克尔·托马塞洛(Michael Tomasello)的思想一致。在《我们为什么合作?》一书中,托马塞洛提到猿猴和黑猩猩等灵长类动物,它们与人类一样也能制造和使用工具,它们也有自己的语言,但它们缺乏共享意向性,也就缺乏高度的合作,因此,当文化经过长期的棘轮效应演化,最终结果是人类的文化远远超越了灵长类动物的文化。

除了现代智人和灵长类动物,一些社会性昆虫也具备合作的能力。蚂蚁、白蚁、蜜蜂、黄蜂,它们建造了结构精密的巢穴,这类巢穴之巧妙甚至可以媲美人类工程师建造的房子。它们能够明确劳动分工,必要时做出牺牲,这类社会性昆虫所习得的复杂社会行为来自它们的生物机制。但它们不会像人类一样,思考祖先的起源,探索自己在宇宙中的位置,提倡利他主义,它们是某种基因复制的"机器"。在细菌群落和社会性昆虫广泛分布的地球,尽管它们在智力、情感、文化水平上比不上人类,但它们的演化也给了我们有益的启示,就如达马西奥说的:没有脑或心智的细菌也会捍卫它们的领地,也会发动战争,也会根据类似行为准则的东西来做出取舍;有"事业心"的昆虫会建造"城市",创建"治理体系"和"功能经济体";而人类发明了笛子,能写诗,征服了地球和太空,能为了缓解痛苦而对抗疾病,有时又会损人利己,既发明了互联网,能让它促进发展,又可能因为它带来灾难;除此之外,人类还会探寻一些关于细菌、蚂蚁、昆虫以及自己的问题(达马西奥,2020:19)。

生物之间的合作是如何产生的?人类为什么能成为更好的合作者?我们如何才能更好地合作?这些是关于合作起源、本质和演化的重要问题。2005年,《科学》杂志将"合作行为如何演化"列为21世纪关键的25个科学问题之一。在2021年《科学》杂志与上海交通大学共同公布的"125个未解之谜"中,其中一个谜就是"群体智能是如何出现的?"解释或理解合作演化的逻辑,无论从理论还是实践的角度都具有重要的意义。基本的研究问题是在没有外部强制下的合作如何实现。博弈论说明，具有完全理性的自利个体在博弈中一定会选择有利于个体自身、却不利于共同利益的行为，然而大量经验证明了合作的可能性。来自生物学、物理学、政治学、经济学、社会学和心理学的研究提供了各种理论解释。国内社会科学界对该领域的关注才刚刚开始。

合作是如何涌现的呢？在人类社会中，往往是由财富流、人才流等引起群体的聚集，而在当下的信息化社会中，什么因素才是引起合作的关键因素呢？人类社会演化到今天，离不开遗传、变异和选择。从达尔文到孟德尔，这些先驱都致力于发现生物和人类演化的基本动力。从基因到文化，从细胞到生物，演化过程中合适的物种、基因和文化之所以得以保存下来，难道仅仅是因为遗传、变异和选择吗？在漫长的演化历史中，还有另一个基本动力被我们忽略了，那就是——合作。"合作是指人们同别人一起从事互利活动的行为。这样的例子不仅包括对政治和军事目标的共同追求，也包括构成日常生活基础的更平凡活动：公司员工之间的通力合作，买者和卖者之间的交易，邻居之间对区域设施的共同维护。"（鲍尔斯，迪金斯，2015：3）

在21世纪的今天，美国哈佛大学数学与生物学教授、演化动力学中心主任马丁·诺瓦克（Martin A. Nowak）在前人的基础上，提出了演化动力学中的第三个因素——合作，它是继遗传变异和自然选择之后的第三个演化原则。那么，合作是怎么产生的呢？它在人类社会中是怎么演化的？生物为什么会出现利他行为？在《超级合作者》一书中，诺瓦克揭示了演化中合作的产生机制，以及它如何成为这世界的一部分。关于合作的产生机制，他认为一共有五种：直接互惠、间接互惠、空间博弈、群体选择、亲缘选择（诺瓦克，2013）。

合作机制1：直接互惠。在灵长类动物中，比如猩猩、猴子、狒狒等，它们会花大量时间给彼此挠背。"我给你挠背，你也会给我挠背。"这是最常见的直接互惠现象。当两个个体再次碰面的概率高于无私行为的成本收益比时，直接互惠就能引领合作的进化。直接互惠需要一定程度的"认出""回忆"等认知能力（诺瓦克，2013：38）。

合作机制2：间接互惠。作为同样是灵长类动物中的常见现象，"我给你挠挠背，就会有其他人来给我挠挠背"。这就是对间接互惠的最好解读。我们付出成本与某个人合作，不指望这个人给予直接的回报；相反,这种行为相当于购买了一个名声,确保将来你能从其他人那里得到回报。只要期望的未来收益超过所需付出的成本,利他行为就会产生(诺瓦克,2013:72)。

合作机制3:空间博弈。这个机制很好地再现了生物的进化过程:不需要复杂的策略和聪明的思想,合作与生命仍可诞生。研究结果表明:在充满不确定性的混沌世界中,合作者的平均出现频率是31.78%(诺瓦克,2013:99)。

合作机制4:群体选择。自然选择既能影响到个人,也能影响到由个人组成的群体。研究表明,只要群体中的个体愿意为群体利益而付出自己的代价,那么,这样的群体就会拥有生存优势(诺瓦克,2013:112)。

合作机制5:亲缘选择。与谁的血缘关系越近,我们就越愿意努力与谁达成合作。这种形式的合作关系之所以得到进化,是因为我们可以用这种方式增加传到下一代的基因数量,从而扩大我们未来的遗传规模(诺瓦克,2013:125)。

在合作的研究中,有一个著名的案例经常被提到,那就是"囚徒困境"(prisoner's dilemma)。囚徒困境是一个十分有趣的博弈,于1950年由梅里尔·弗勒德(Merrill Flood)和梅尔文·德雷希尔(Melvin Dresher)共同设计,它很好地模拟了人类生活中最重要的一种斗争——关于冲突与合作、个人利益与集体利益之间的斗争。如表7-2所示,在"囚徒困境"的游戏中,有两个对策者,他们可以有两个选择:合作或背叛,每个人都必须在不知道对方选择的情况下,做出自己的选择。不论对方选择什么,选择背叛总能比选择合作有较高的收益。所谓的"困境"是指,如果双方都背叛,其结果比双方都合作要糟。这个游戏是理解合作本质的关键。

表7-2 "囚徒困境"的回报矩阵

	对方合作	对方背叛
己方合作	$-2,-2$	$-4,-1$
己方背叛	$-1,-4$	$-3,-3$

资料来源:诺瓦克(2013:18-19)。

通过回报矩阵,我们可以得出"囚徒困境"的四种结果:

（1）你和同伙都合作，每人获刑两年；

（2）你合作，而同伙背叛，你获刑四年，他获刑一年；

（3）你背叛，而同伙合作，你获刑一年，他获刑四年；

（4）你和同伙都背叛，每人获刑三年。

一般来说，在囚徒困境中，人们最佳的选择是选择对自己最有利的结果——背叛对方。但在实际生活中，人们并不会总是选择背叛对方，因为人们相互之间通常不止一次合作。所以，在长期的和多次的合作中，人们并不会都选择背叛，因为人们都知道"吃一堑长一智"的道理，如果谁背叛，下次就不跟他合作。

我们都属于各种各样的俱乐部、集合与团体。人类社会的结构可以通过"集合成员制"进行描述。你更有可能与同属一个集合的人相遇并发生互动。如果你与某人同属多个集合，那么就容易与此人发生互动，并和他拥有共同的兴趣。集合的数量越多，就越有利于合作。这是因为，当集合的数量较多时，合作者就有更多的机会逃脱，远离试图盘剥他们的背叛者，加入没有麻烦的集合（诺瓦克，2013：312）。当发生互动次数越多，拥有共同的兴趣越多，集合就会演变成社群（community）。在长达40亿年的进化历程中，合作是主设计师。合作创造了第一个细菌细胞，然后是高级细胞、复杂的多细胞生命，以及社会性昆虫超级有机体、菌落、灵长类部落、人类社群，最终合作创造了人类社会以及国际组织。

互惠合作演化的一个典型结果是形成社群。从方法论上说，社群主义（communitarianism），也叫社区主义或共同体主义，社群主义的出发点是社群，各种各样的群体而不是个人成为分析和解释的核心范式，社群主义的方法论从根本上说是集体主义，它把社会历史事件和政治经济制度的原始动因最终归结为诸如家庭、社区、阶级、国家、民族、团体等社群。从价值观方面看，社群主义强调普遍的善和公共的利益，认为个人的自由选择能力以及建立在此基础上的各种个人权利都离不开个人所在的社群（俞可平，2015：3）。

基因和文化共演化，这种演化机制在人类合作中表现十分明显。举例来说，在2020年新冠疫情时期，有集体主义传统的中国人表现出了前所未有的团结和互助：离开亲人日夜坚守前线的医护工作者，为疫情地区长途跋涉运送物资的卡车司机，为武汉医院医护工作者供应餐饮的热心志愿者，以及为村庄和社区站好岗位的党员干部……从中央到地方，从城市到农村，从党员到群众,正是因为有众志成城抗疫的奉献和无畏精神。所以一个社会、一个国家、一个民族,它的基因和文化共同演化,将群体内每个成员的规范加以内化,进而有利于这个群体的合作与演化。这种基因和文化共同演化的机制,其实和达马西奥所说的"社会文化内稳态"是一脉相承的,都认为社会文化有其自我调节的规范和秩序,无论出现怎样的偏差,总会回到良序发展的轨道上来。

社会是人类生物属性和社会属性的综合产物。"人类本质"(human nature)是人的根本属性和特征的呈现,包括人的价值、道德、形态、能力、素质、脾气、秉性等内外属性。古往今来,无数先贤对"人"给出了各自的见解,比如,亚里士多德的"人是城邦的动物",卡西尔的"人是会使用符号的动物",普罗泰戈拉的"人是万物的尺度",格尔茨的"人是悬挂在自己编织的意义之网上的动物"(格尔茨,2014:8)等等。人类的大脑与人类本质和人类演化密不可分,英国演化心理学家、牛津大学认知及演化人类学学院前院长罗宾·邓巴(Robin Dunbar)在《人类的演化》一书中指出,人类之所以成为人类,走到今天,除了归功于人类身体的演化,还要归功于社会和认知的演化,我们人类与猿猴、黑猩猩等灵长类动物的本质区别在于我们的大脑能够产生意识,这些意识赋予我们文化(Culture,大写的 C)和认知(Cognition,大写的 C),这是我们文学和艺术的根源。邓巴提出了"社会大脑假说"(social brain hypothesis)和"时间分配模板",以回答人类演化过程中重大转变的相关问题:"一是如何偿付因为脑容量的增加而产生的额外支出,因为从能量的角度来说,大脑活动的消耗量非常惊人;二是如何把越来越大的社会群体紧密地联合在一起,庞大的社会群体伴随着脑容量的增加而来,脑容量越大,越能组成更大的社会群体。"(邓巴,2016:23-24)

美国复杂系统科学学者霍兰德指出科学描述中典型的连锁层次关系,如表 7-3 所示,从原子核、原子、分子到细胞、有机体、生态系统,每个层次上的行为和结构都依赖上一层次上的行为和结构。较低层次的行为和结构可以限定较高层次的行为和结构,并可以帮助我们认识较高层次的行为和结构。需要说明的是,任一层次的行为和结构要与所有层次上的观察结果保持一致。

表 7-3 科学描述中典型的连锁层次关系

系统(科学)	典型机制
原子核(物理学)	夸克、胶子
原子(物理学)	质子、中子、电子
气体、流体(物理学)	PTV(气压/温度/容积)、流量
密闭容器内(如锅炉)	环流(锋面)、湍流
自由流动(如气象)	
分子(化学)	键、活性、质量作用
细胞器(微生物学)	酶、膜、转运
细胞(生物学)	有丝分裂、减数分裂、基因的行为
有机体(生物学)	形态发育
生态系统(生态学)	共生、捕食、拟态

资料来源:霍兰德(2022:13)。

美国《连线》(*Wired*)杂志创始人凯文·凯利(Kevin Kelly)在《失控》中提出了一种生物化的复杂系统的构建模式,这种构建模式按照层级或层次体系来展开,作为功能型组织,较高层次的组织影响较低层次组织的运转,反之亦然。凯利认为我们可以把国家比喻为一台机器。如果把国家看成一台机器,它是一个包容架构,它以美国为例说明这种构建模式,从低到高的层次分别是:乡镇—郡县—州—联邦政府。我们可以从乡镇的后勤开始入手,先整修街道、铺设水电管道、提供照明、制定律法;在保证乡镇正常运作的基础上,然后设立郡县,在郡县内设立法院、监狱和学校;郡县数量多了,就可以添加州的层级,州负责收税,同时允许郡县继续行使其绝大部分的职权;当州的数量多了,就可以添加联邦政府,对州的行为做出限制并承载其层面之上的组织工作,联邦层级包容了州的一些活动。这样一来,一个国家就构建完成了。在这种组织架构下,即使没有州这个较高层次的组织,最低层次组织的乡镇也能维持下去,虽然可能不再那么有效率或者那么复杂;即使联邦政府这个最高组织层次消失了,千百个乡镇仍会继续做自己的地方工作;当乡镇工作被州所包容,并最终被联邦所包容时,这些乡镇工作就会显示出更强大的功效;被这套包容架构所组织起来的乡镇不但能够建造楼房,还可以设立教育体系、制定规则,而且会比原来更繁荣(凯利,2010:59-

174

60）。国家的构建既像一台重新设计的机器，又像一项从零开始的大型工程。

除了国家，我们如何从零开始构建一座城市、一个新区、一个城市集群呢？塞尔曾提到，假说我们从零开始建构一个社会，我们会怎么设计这个社会呢？塞尔认为我们可以把这个问题视为一个工程学问题（塞尔，2014：143）。在中国，有许多从零开始构建的例子，比如，河北雄安新区，可谓是一个精心设计的智慧区域；粤港澳大湾区，涵盖广东省九个城市（广州市、深圳市、珠海市、佛山市、中山市、东莞市、肇庆市、江门市、惠州市）和香港特别行政区及澳门特别行政区。但是粤港澳大湾区又不完全同于雄安新区，粤港澳大湾区发展战略是最初珠三角区域合作的衍生、升级的模型，它不同于雄安新区的一夜间横空出世，整个规划都经历了不断的探讨和研究。2009 年，《大珠三角城镇群协调发展规划研究》把"湾区发展计划"列为空间总体布局的一环；2010 年，粤港澳三地政府联合制定《环珠三角宜居湾区建设重点行动计划》，以具体落实跨界地区的合作；2014 年，深圳市政府工作报告首次提出了"湾区经济"；2015 年，"一带一路"相关文件中，"深化与粤港澳合作，打造粤港澳大湾区"首次在国家层面被提出；紧接着，打造粤港澳大湾区被写入国家"十三五"规划；2016 年，广东省政府工作报告中提出"开展珠三角城市升级行动，联手港澳打造粤港澳大湾区"等内容；2017 年，广东与香港在南沙自贸区建立"粤港深度合作区"。当年召开的第十二届全国人民代表大会第五次会议上，国务院总理在政府工作报告中提出研究制定粤港澳大湾区城市群发展规划。随后香港代表团到访粤港澳大湾区六个城市，包括广州市、佛山市、肇庆市、江门市、中山市及珠海市，考察当地的城市发展、定位、物流及基建。粤港澳大湾区已经完成了从最初的研究到正式实施的过渡。对于河北雄安新区来说，它的构建、规划和建设，已经将近十年。2014 年 2 月，习近平总书记考察北京市，明确提出京津冀协同发展的重大战略；2015 年 4 月 30 日，中央政治局会议审议通过《京津冀协同发展规划纲要》；2016 年 3 月 24 日，习近平总书记主持召开中共中央政治局常委会会议，听取北京市行政副中心和疏解北京非首都功能集中承载地有关情况的汇报并作重要讲话；2017 年 2 月 23 日，习近平总书记到河北雄安新区考察并主持召开座谈会，提出坚持"世界眼光、国际标准、中国特色、高点定位"；2017 年 4 月 1 日，中共中央、国务院决定设立河北雄安新区消息发布；2017 年 6 月，中共河北雄安新区工作委员会、河北雄安新区管理委员会获批设立；2017 年 10 月

18日,习近平总书记在党的十九大报告中指出,以疏解北京非首都功能为"牛鼻子"推动京津冀协同发展,高起点规划、高标准建设雄安新区;2018年2月22日,中共中央政治局常务委员会召开会议,听取河北雄安新区规划编制情况的汇报,习近平总书记主持会议并发表重要讲话;2019年1月16日,习近平总书记来到河北雄安新区考察调研;2023年5月10日,习近平总书记在河北雄安新区考察并主持召开高标准高质量推进雄安新区建设座谈会。

这些重要事件都说明,一个城市的重新构建,需要的是从政策、制度、人才、资金、技术、规划到基础设施建设、配套服务设施推进以及外来人员的流入等,这些因素对于这些城市的构建机制是不可或缺的。一个城市就像一个生命体,有其新陈代谢的过程,它们就像一个因果闭环的自创生系统,保持自身的半开放半封闭运转,保证物质、能量、信息、技术、人才、资金等成分与外部环境交互,与其他城市和地区保持开放合作;更进一步,一个城市就是一个超级有机体,它有自身的岗位品级、嵌套层级、真社会性,这些有生命的系统(人类、动植物、菌落、生态湿地)和无生命的系统(通信、交通、基建、物流、应急)等形成了高度合作、明确分工、紧密团结的统一体,保持自身日常运转的内稳态机制,不断促进自身的迭代发展,与其环境共同演化。

8 从生态系统到地球盖娅

从全子象限右下部分看,一极是国家和全球化,另一极是盖娅、行星和银河系,这两极是一个整体的连续统一体。本章节旨在从作为超级有机体的社会系统进一步延伸,思考社会系统之上的更高阶系统是不是一个超级有机体。从单细胞机体、多细胞机体到生态群落、生物圈,从单个个体的意图、两个个体的联合意图、多个(两个以上)个体的共享意图到集体意图,从群体的联合行动到集体的合作、社会的生产,从澳洲土著部落的交往礼仪、波音 747 的全球配件组装到国际公益组织、全球气候合作的《巴黎协议》,这些生物社会和人类社会都内在于一个巨大的系统——盖娅。盖娅是一种生命观和看待地球生命共生的方式。从单个细胞机体、多细胞机体到生态群落、动物社群、人类社会,再到生物圈、大气圈、岩石圈和盖娅,这些系统或集体是如何形成并不断往高阶演化的?

8.1 生态创生和盖娅

涌现(emergence),也叫突现,它是一种自下而上的现象,它的产生历史并不长。涌现是一个现代兴起的理论,指当更高层次的复杂性由更低层次的复杂性的成分形成时开始出现的新属性。在流行的论断中它经常被用来总结"整体大于部分之和",伴随着模糊的术语"整体论"(Holism)(Luisi,2006:112)。美国科学院院士、演化生物学家恩斯特·迈尔(Ernst Mayr)在其巨著《生物学思想发展的历史》中阐述了涌现的思想:

> 各个系统几乎都有特殊性,即整体的特征不能够从有关其组
> 成部分的全部知识中推论出来(即使在理论上亦如此),不能通过

177

把系统分解开或把各部分重新联合起来加以考察。整体显现的这种新特征已经被定名为涌现。涌现常常是由试图解释复杂现象如生命、思想和意识等行为引起。实际上,涌现同样也是无机系统的特征……这样的涌现是非常普遍的,正如波普尔所说:"我们生活在一个涌现新奇的宇宙之中。"(迈尔,2010:43)

在复杂系统理论中,涌现过程是机体自组织的结果。根据一般系统理论,系统最重要的特性是整体涌现性(whole emergence),即整体具有部分或部分总和所没有的性质;如果系统由若干子系统组成,是被组成的高层次系统具有组成它的若干低层次系统所没有的性质,低层次隶属和支撑高层次,高层次包含或支配低层次(苗东升,1998:29)。涌现往往与复杂系统联系在一起,复杂系统的整体是由部分涌现出来的,这种涌现是非线性的,根据圣塔菲前所长韦斯特的看法,即使我们知道细胞、蚂蚁和人这些组成个体之间如何相互作用,也不太可能预测出它们所组成的整体的系统行为,这个整体的系统行为就被称作"涌现行为":一个系统所表现出来的特性与它的组成个体简单相加所表现出来的特性存在很大不同。这是经济、金融市场、城市社区、公司和生物体很容易被识别出来的性质(韦斯特,2018:24)。

生命自创生认为,一个生命自创生系统是由自身的构成成分、边界膜、生产网络以及新陈代谢机制整合而产生的一个动力学共涌现机制:

> 从自创生的观点来看,生物生命为动力学的共涌现提供了一个范例。一个最小的自创生整体从一个膜边界与一个内在化学反应网络的动力学的相互依赖中涌现出来。膜和反应网络(以及构成它们的分子)并不作为独立实体而预先存在。确切地说,它们通过它们之间整合的、彼此的新陈代谢关系而共涌现出来。它们产生和构建了这个整体,同时整体产生了它们并使它们从属于整体。
> (汤普森,2013:54-55)

在这些关于涌现、整体和部分关系的思想中可以看到,整体和部分并不存在如此清晰的分离。一个实体或系统是其构成成分与环境的动态耦合而涌现出来的,这些实体个体高度组织起来后形成集群。例如,经常被视为涌现现象的蜂群思维或群集智慧。蜜蜂、蚂蚁、黄蜂、白蚁的组织机制和行为模式既是众多个体单元合作涌现的结果,又是群集智慧的典型代表。生物和人类集体的能动性就是个体能动性高度组织化后涌现的结果,涌现的新实体既可以是具体的物理空间的实体,比如有温度的蜂窝、结构精良的蚁巢;它也可以是抽象的概念空间的实体,比如互联网。

有些学者将地球视为有机体,认为它像一个单细胞(托马斯,2020:4),是从外太空看到的生命共生体(马古利斯,2009:前言2)。细胞是最小的自创生系统,那么,是否存在最大的自创生系统?马古利斯和萨根认为,从细胞到生物菌落再到整个地球,它们都是自我维持的实体,而盖娅是最大的自创生系统:

> 动物和地球生物群落的所有其他生物体都表现出自我维持性质,这一点是它们作为自创生实体的标志。……在当今的生物群落中,最小的可辨识的自创生实体是微小的细菌细胞,而最大的则是盖娅——地球表面的有机体-环境调节系统——由超过3000万的现存物种组成。(马古利斯,萨根,1999:124)

盖娅假说由英国科学家詹姆斯·洛夫洛克(James Lovelock)提出。根据多年对地球气候等方面的研究证据,他认为大气中的气体成分、地表的岩石和水的情况受生物生长、死亡、新陈代谢和其他活动有规律地调节。地球经历了漫长的过去,一直维持着它自身的温度和大气调节,这些决定性的环境条件是被什么维持的?洛夫洛克指出,"生命维持着它的环境。他认为,我们的行星环境是内稳态的,正如同我们的身体,像所有的哺乳动物一样,不论情况如何变化,内部温度是相对稳定的;地球的系统保持它的温度和大气组成的稳定"(马古利斯,2009:105-106)。洛夫洛克认为,这个全球调节系统是了解地球上的生命的核心问题。生物圈、大气圈和岩石圈相互处于一个共生的、自我生产的平衡态。盖娅是一系列相互作用的生态系统,这一系列生态系统在地球表面组成了一个巨大的唯一的生态系统(马古利斯,2009:108-111)。在洛夫洛克眼里,盖娅就是一个超级有机体。地球是一个浑然一体的生命系统,一个自我调节、自我变化的巨大有机体:

> 最好把"盖娅"当作一个超级有机体。超级有机体是那些部分由活的有机体构成,部分由不具有活性的有机体系构成的有限系统。一个蜂巢是一个超级有机体,就像超级有机体"盖娅"一样,有能力调节自身的温度……(洛夫洛克,2017:32)

盖娅有古老的历史和深厚的意蕴,在古希腊语中是"大地母亲"——德墨忒耳，希腊神话中的丰产和农业女神的意思。因此，许多科学家和有宗教倾向的人从人格上理解盖娅这个词，把盖娅当作一个活的女神，超然于人类之上，可能因为我们对环境的侵害或对她身体的膜拜而惩罚或奖赏我们。但洛夫洛克拒绝这种人格化的理解，因为盖娅只是地球整个现象的一个命名，它调节自身的温度、酸碱度以及气体成分。盖娅不是一个生物，而是一个自创生系统。他以"生态创生"（ecopoiesis）这一术语来描述盖娅这个系统（Lovelock，1989）。对此，马古利斯也赞同将盖娅视为自创生系统，"盖娅世界观是一种自创生论的世界观"（马古利斯，萨根，1999：259）。

盖娅是一大批互相作用的生态系统，这一系列生态系统在地球表面组成了一个巨大的唯一的生态系统。地球，它作为盖娅的生理调节机制，超越了任何生物个体。"任何生物都必须靠进食，或者通过光合作用、化学合成等产生它自己的食物。任何的生物都产生废物。热力学第二定律清楚地说明，为了维持身体的有机秩序，能量必须以热的形式被耗散。任何生物都能靠自己的废物养活自己。盖娅，这个活着的地球，却超越于任何单个生物甚至任何生物群体。一种生物的废料是另一种生物的食物。某一类生物的食物与另一类的废物无法区分，盖娅系统的循环是在全球水平上进行的。盖娅这个系统，从1000万种或者更多的相互联系的活物种中，形成它的不停地活动的总体。"（马古利斯，2009：107）我们人类并不是生命的中心，其他物种也不是，我们只是这个古老的巨大整体中的一个新近的迅速生长的部分，我们是这张巨大生态之网上的一个节点，与其他节点（生态群落、动物社群）以及整个地球共演化。

盖娅虽然不是一个单个的生物，但马古利斯认为不能过分地强调这一点。她认为盖娅假说是科学，它认定了地球这个行星的表面有着一种有限的类似生理系统的行为。这些生理控制的方面包括其表面温度和组成大气的活性气体，包括氧以及酸碱度（pH值）（马古利斯，2009：110-111）。她还认为盖娅是有灵性的，"盖娅，正如所有生命所编织的网络，它有活力，很清醒，在不同的程度上对它所有的细胞都有意识"（马古利斯，2009：113）。这里我们并不是在肯定泛灵论或目的论，而是有着计算模型支持的科学证据。洛夫洛克为了更好地证明盖娅是一个自我调节的系统，他和安迪·沃森（A. Watson）和其同事一起建了一个叫作"雏菊世界"（Daisyworld）的计算机模型，如图8-1所示：

　　假设在一个行星上,只有白色和黑色的雏菊。这个行星暴露在一个恒星——以太阳为模型——的辐射之下长达百万年以上。不附加其他假设,没有性也没有演化,更没有神秘的行星意义的假定;尽管有日渐变热的太阳,雏菊世界的雏菊仍将使它们居住的世界变凉。

　　黑色的雏菊吸收热而白色的雏菊反射热。两种花都不会在10摄氏度以下开放,也都将在45摄氏度以上死亡。在这个温度范围之内,黑色雏菊在较冷的时候吸收局部的热,将长得更快一些。白色雏菊在较温暖的时候因反射而失去热,所以更茂盛地产生更多的后代。

　　我们从黑色雏菊世界开始,当太阳渐渐增加亮度的时候,黑色雏菊生长并扩充它们的领地,使周围温度升高。当黑色雏菊使周围环境升高到一定程度的时候,便会使更多的雏菊得以生长。这一正反馈会持续到黑色雏菊的生长使周围热到这样的程度:白色雏菊的生长,已经开始压倒黑色雏菊的生长。因为白色雏菊吸热较少,反射较多,白色雏菊开始使行星变凉。

　　这些活动的累积效应是在太阳的早期演化中加热温度较低的行星表面,然后在太阳亮度增加的时候维持行星表面相对凉爽。尽管太阳变得更热,行星却能够长期维持一个稳定的温度平台。
(马古利斯,2009:114)

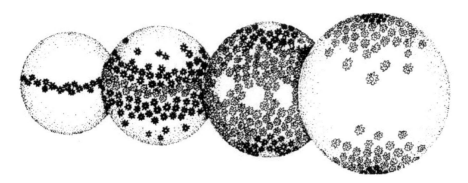

图 8-1　雏菊世界演化的四个阶段
资料来源:卡普拉(2017:76)。

这个"雏菊世界"的计算模型使盖娅假说得到了科学界的支持，而不是一味地被谴责是目的论的。盖娅假说对地球演化过程的性质给予了很大的关注。演化究竟是怎样的一个过程？它是一个渐进的过程，还是长期的稳定与短暂的剧变交替的过程？盖娅与演化是什么关系？对此，洛夫洛克在《盖娅时代：地球传记》中揭示了演化过程的本质：

> 对岩石、海洋和大气层的演化颇感兴趣的地质学家开始思考，在火星和金星如此干燥的同时，地球上的海洋为何经久不竭？另外，还有一点也让人疑惑，既然太阳对外释放的热量不断增加，那么为什么地球上的气候还能保持稳定？
>
> 上面提到的这些问题和其他很多问题，如果放在各自的科学领域中来看待，也许答案不甚明了。但是，如果把它们看作地球上这个充满生命的星球上的现象，答案就很明显了。"盖娅"假说预测，地球的气候和化学成分在很长时间内都处于一种内稳态，直到某种内部矛盾或者外部力量引起剧变，从而达到一种新的稳定状态。在这样一个行星超级有机体上，我们会发现不时被打破的演化以及充裕的海水就是正常的、可以期望的状态。（洛夫洛克，2017：29-30）

因此，可以这么说，地球是一个自我调控、自我变化的超级有机体。地球这个行星的表面，不仅仅是物理学的、地质学的、化学的，或者地球化学的，它还应当是地球生理学的：它展示了一个由聚居在地球表面的不断互相作用的生命组成的活跃的整体。从这个意义上说，地球是一个自身维持着系统平衡的"活系统"或"有生命的自创生系统"，它在生命过程中不断地调控自身的温度，以维持整个生命的内稳态。

对于洛夫洛克主张的"盖娅是自创生系统"，我们来看盖娅（地球）是否符合自创生系统的标准。首先，盖娅是否有一个半透性的边界。根据盖娅假说，地球的大气层由生物圈的代谢过程建立、转化和维持。细菌等微生物在这些过程中发挥至关重要的作用，影响着整个生物圈的化学反应速度。而大气层就像一层半透性的膜，是地球网络的一个有机构成部分，它是半透性的，对地球产生保护作用。其次，盖娅的边界是不是从盖娅网络内部生产出来的。地球生物圈的代谢过程将无机物转化为有机的生命物质，而这些物质又返回到土壤、海洋和空气，盖娅的边界是大气层，是由网络内部的过程产生的。再次,盖娅是否包含再生产盖娅构成成分的反应网络。盖娅网络中的海洋、土壤、空气以及生物圈中所有的生物体的构成成分,不断地由地球的生产和转化过程进行取代。从这些证据看,盖娅是满足自创生系统的三个标准的。

从太空上看地球,万物皆共生。盖娅假说正是从太空看到的生物共生现象。与共生密切联系的另一个概念是共生发源(symbiogenesis),它是一个演化论的名词,是指新的组织、器官、生物甚至物种的起源,都是建立在长期或者永久的共生之上的。对此,马古利斯指出:

> 共生发源把不相似的个体拉到一起制造大的、更加复杂的实体。共生发源的生命形式甚至比它们不相似的"双亲"更不相似。"个体们"永久地吞并,调整着它们的繁殖结果,形成由多元共生的新个体组成的新群体。这些"新个体"处于更大、整合程度更高的水平。共生不是一种勉强的或罕见的现象。它很自然也很普通。我们居住在一个共生的世界里。(马古利斯,2009:5)

马古利斯举出了一个共生的例子。高加索山区有一种营养丰富的饮料叫作基费尔(Kefir),是一种共生复合体。它含有一种粒状的凝乳,这种凝乳小丸是 25 种以上不同的酵母和细菌的混合包装袋。每一个凝乳由上百万个体组成。这样一种融合了生物群的相互作用的复合体,有时会出现新的生命。它们会结合在一起生活,然后重新在一个新的、更高、更复杂的水平上重新组织起来。这些物种中的生物个体虽然看起来像是一个单独的个体,但其实它们是一群个体。从共生现象看,共生复合体也是一个超级有机体,这个思想与威尔逊认为的构建一个超级有机体的观点是一致的,都是高度组织的个体不断整合、集结而成为更大的复合集群。迈尔指出:

> 在进化论的讨论中,共生的压倒性作用没有得到足够的重视。共生是两种不同的生物在互惠共生系统中的合作。地衣,一个由真菌和藻类组成的复合体,是一个经常被引用的共生案例。共生现象在细菌中广泛存在,导致了整个细菌群落的进化,例如,在土壤细菌中,不同种类的细菌会产生对其他物种有用的不同代谢物。所有以植物和植物汁液为食的昆虫都有细胞内共生体,这些共生体能产生消化植物所需的酶。吸血昆虫通常也有促进血液消化的细胞内共生体。(迈尔,2023:266)

迈尔继续指出，必须强调的是，分子生物学的发展使进化研究变得更加深入，也使更多的人对进化过程产生了兴趣。在《分子生物学》杂志上，现在发表的学术论文中至少有三分之一会或多或少地涉及进化的话题。分子生物学技术的发展解决了很多以前让人一筹莫展的难题，比如系统发育问题、进化年表问题，以及个体发育在进化中的作用等问题(迈尔，2023:331)。

除了考虑微生物群落的共生现象，马古利斯还对未来人类的共生提出了看法。在她看来，人类有可能往两个路径演化：一是虚拟共生(cybersymbiosis)，在未来生命形式中一部分人类这样演化。在这种场景中，人类对于超宇宙的发展是至关重要的，就像细菌的相互作用对于宏观世界的作用一样(马古利斯，萨根，1999:312)。马古利斯可以说社会演化的预言者，虽然它所说的虚拟共生思想是生物圈中的细菌、菌落、其他物种以及包括人类在内的共生和演化，但就今天的信息社会和智能革命而言，它仍然有着重要的思想价值。人类—机器交互(human-machine interaction)和人类—计算机交互(human-computer interaction)(统称"人机交互")在20世纪80年代就出现了，但那时由于整体的社会还没有分化到一定的高度，整体的生产力和科技条件还不适合大范围普及机器和计算机，人机交互现象并不明显。随着社会系统分化的程度不断提高，未来将出现更加高度复杂的社会系统，在这复杂系统中，既存在人类和智能体之间一对一的交互，也存在着复杂的动力学结构之间的交互，例如工业进程、财政交易或传输网络。

对于具体的人类社会来说，它是如何演变的？它得遵循什么样的机制？卡普拉以库恩的"范式"概念来分析文化和社会的演变："社会群体所共有的概念、价值观、认识和实践，它构成对现实的特定观念，并成为社会群体自我组织的基础。"(卡普拉，2017:4-5)"范式"(paradigm)，是科学发展进程中的核心元素，它有两层含义："一方面，它代表着一个特定共同体的成员所共有的信念、价值、技术等构成的整体。另一方面，它指谓那个整体的一种元素，即具体的谜题解答；把它们当作模型和范例，可以取代明确的规则以作为常规科学中其他谜题解答的基础。"(库恩，2012:147)范式是团体承诺的集合，是共有的范例。从这个层面讲，范式也是一种规范，关乎人们的共同接受，关乎已有的范例。范式为我们的社会现实的构建方面提供了参考。卡普拉以"整体论世界观"(a holistic worldview)或"生态学世界观"(an ecological view)这种新范式与旧范式的"浅层生态学"(shallow ecology)作比较。

新的范式称为整体论世界观,将世界看成一个统一的整体,而不是互不相关部分的集合。如果将"生态"一词用于比通常更为广阔、深刻的意义上,这种范式也可以称作一种生态学世界观。深层生态学意识到一切现象在根本上是相互依存的,以及所有的个体和社会都嵌结于大自然的循环过程中,因而在根本上依赖这种循环。

浅层生态学是人本位论的,也就是以人类为中心。它把人类看成高于或者超出自然界的、一切价值的本源,而认为自然界只具有辅助性的,也就是"使用"的价值。深层生态学不把人类或者任何其他生物与自然环境相分离。它不把世界看成孤立事物的集合,而是将其看成一个包含着根本上相互联系、相互依赖的现象的网络。深层生态学意识到一切生命所固有的价值,将人类只看成生命网络中的一股。(卡普拉,2017:5)

这种整体论世界观主张"将世界看成一个统一的整体"。"整个价值观的问题是深层生态学的关键,事实上,也是其决定性的核心特征。旧的范式是建立在人类本位(以人为中心)的价值观上的,而深层生态学则以生态中心论(以地球为中心)作为其价值观的基础。"(卡普拉,2017:8)"人类共同体是具有新陈代谢功能的生态共同体,所有人类行为同时既是文化的、社会的,又是生物的和物理的。"(盖尔,2021:250)这种以整体价值观为导向的视角,既是当下我们看待生命在整个生物圈中所处位置时应有的视角,也是我们看待人类社会在整个宇宙演化中所处位置时应有的视角。

"网络模式"(a network pattern)是所有生物的一种共有的组织模式,这种模式最重要的性质是:它是一个网络模式。每当我们见到生命系统,无论生物体、生物体的一部分或者生物群落,都可以观察到,它们的组分是以网络的方式排布的。观察生命便是观察网络(卡普拉,2017:59)。除了卡普拉,凯利也提到了网络模式。

网络的图标是没有中心的——它是一大群彼此相连的小圆点,是由一堆彼此指向、相互纠缠的箭头织成的网。不安分的图像消退不确定的边界。网络是原型——总是同样的画面——代表了所有的电路,所有的智慧,所有的相互依存,所有经济的、社会的和生物的东西,所有的通信,所有的民主制度,所有的群体,所有的大规模系统。这个图标很具有迷惑性，看着它，你很容易陷入其自相矛盾的困境：没有开始、没有结束、也没有中心，或者反之，到处都是开始、到处都是结束、到处都是中心。（凯利，2010：39）

通过整体的网络视角理解生物和社会，群落和网络既可以是生物的集合、人类部落的集合，也可以是科技公司的集合，相同文化社区、生态近似城市群的集合。大部分生物体不仅仅是生态群落的成员，同时它们自身也是复杂的生态系统，包含有大量的更小的生物体；而这些小生物具有相当大的自主性，但仍和谐地融入整体的机能。

生态群落和人类社会之间有密切联系。两者都是具有同样的基本组织原理的"生命"系统。它们是在组织上是封闭的、但能源和资源流动上开放的网络，它们的结构由其结构变化的历史所确立。由于生命过程中存在所固有的认知维度，它们都是智能的。然而，它们也有诸多差异。在生态系统中没有自我意识、语言、意识和文化，因此没有法制和民主、贪婪和欺骗。人们无法从生态系统中学到任何有关这些人类的价值与缺陷的内容（卡普拉，2017：220）。但是，人们能够也必须向它们借鉴学习的是如何持续平衡地生存。因此，存在三种生命系统——生物体、生物体的组成单元和生物群落——它们均是合成的整体，其本质来自其组成部分之间的相互作用和相互依存。从生物体的单个蜜蜂、蚂蚁到整个蜂群、蚁群，单个蜜蜂的身体摸起来是凉的，但整个蜂窝摸起来是热的；从蜂群、蚁群到它们生存的整个生物群落，其中不乏各种植物动物，它们与蜂群和蚁群共生共存。

生命网络是层层嵌套的，"所有的生命系统都是更小的组成部分的网络，生命之网作为一个整体是个多层次的结构，一个生命系统嵌套于另一个生命系统之内，即网络中含有网络。生物体是自主但紧密偶联的细胞的集合，生物群体是单一物种的自治生物体的网络，而生态系统则是多种不同物种的生物体的网络，其中包括单细胞生物和多细胞生物"（Capra，Luisi，2014：306）。

与生命系统的组织模式相比，社会系统也是层层嵌套的吗？我们该如何解释人类社会系统的运作机制？"生命之网的真实科学，是关于整体和联系的科学，它将层级看作是整体的基本组织原则。"（威尔伯，2008：13）从网络模式的视角理解社会的组织模式，我们可以将自创生的社会系统视为一张网络。社会各个子系统是整个社会网络中的节点，它们互相连接，在这网络中并没有中心,每个节点是组织闭合和结构开放的,与其他节点保持着动态的结构耦合。对于这种网络模式的视角,卡普拉表达了深刻的洞见:

> 当网络的概念在生态学中变得越来越重要时,系统论思想家开始将网络模型应用到生命系统的各个层次上,将生物体看成细胞、器官和器官体系的网络,正如生态系统可看成个体生物体的网络。相应地,生态系统中的物质与能量的流动被看成生物体新陈代谢通道的延续。视生命系统为网络,这为大自然中的所谓等级构造提供了一个新的视角。由于各个层次上的生命系统都是网络,须将生命之网看成生命系统(网络)以网络的形式与其他生命系统(网络)的相互作用。例如,可以将一个生态系统大体地想象为一个具有若干节点的网络,每个节点代表一个生物,就是说,放大来看,每个节点本身也显现为一个网络;在下一层次的网络中,每个节点可以代表一个器官;再将其放大,也会显现为一个网络等。也就是说,生命之网的组成是网络中再有网络。在每个尺度上仔细审视,那些节点本身都显现为更小的网络。人们趋向于把这些全部嵌套于更大的系统之内的各级系统排列成金字塔形式,将大的系统置于小的系统之上。然而这只是人为的构想;在大自然里无所谓"上面"与"下面",没有等级,只有一层层嵌套着的网络。(卡普拉,2017:26)

大自然没有上行和下行,没有内部和外部,没有整体和部分。所谓的上下、内外、整分,都是我们作为观察者的人类建构的。从系统自身的角度看,它是一个统一的整体。从生命到社会,它们共存于一张巨大之网中,有着自身的内稳态,不断调控其生成过程。多细胞机体是单细胞机体的整体,同时也是人类社会的部分;人类社会是多细胞机体的整体,同时也是盖娅的部分。对于每一事物而言,它既是整体同时又是部分,如此形成一个有着层级秩序的网络。

如表8-1所示,在复杂性的水平上,虽然把盖娅放到最后,但不代表盖娅就是复杂性水平的顶点。从全子四象限来看,盖娅不是最大的系统,在它之上还有行星、银河系,甚至整个宇宙。而洛夫洛克所说的"盖娅是最大的自创生系统",由于盖娅假说有科学证据,这个说法在目前是合理的,但是否还有比盖娅更大的自创生系统,比如太阳系、银河系,等等还是一个问题。还有生命组织和社会系统都是更大整体(地球、太阳系、银河系、宇宙)的部分,细胞、免疫网络、神经系统、昆虫群落、动物社群、人类社会、精神文化圈,它们既是更低层级的整体,又是更高层级的部分,都居于一张巨大的生命之网中。

表 8-1　复杂性的层级

序号	水平	特性	关系类型	例子	域
1	结构和框架	静态的	拓扑学(构成)	桥梁,山峰	机械系统
2	简单机械系统	动态的,开放的	秩序	太阳系,钟表	动力学系统
3	自我规制系统	负反馈	特化	恒温器	数字域
4	生命系统	自我生产	自创生	细胞	物理域
5	多细胞系统	二阶自创生	细胞间结构耦合	植物,真菌	物理域
6	拥有神经系统的机体	闭合组织	与关系的交互	动物	语言域
7	观察系统	语言,自我意识	关系的关系	人类	共识域
8	社会系统	三阶自创生	有机体间的结构耦合	家庭,蚁群	概念域
9	盖娅系统	N(＞3)阶自创生	整个生态网络	生物圈和大气圈	超级有机体域

资料来源:Mingers(1995:81)。

8.2　社会文化内稳态

　　近些年,人类对自身与自然的关系进行了深刻反思,这一反思的根源在于,人类社会已经到了一个重要的转折点,这个转折点与各种"后"的标签相关:后疫情时代、后工业社会、后信息社会、后人工智能时代、后增长社会等等。人类走到今天,我们不得不佩服马克思和恩格斯这两位伟人的深刻忠告,恩格斯在《自然辩证法》中说:"我们不要过分陶醉于我们人类对自然界的胜利。对于每一次这样的胜利,自然界都对我们进行报复。每一次胜利,起初确实取得了我们预期的结果,但是往后和再往后却发生完全不同、出乎预料的影响,常常把最初的结果又消除了。"(恩格斯,2018)我们还没有认识到自然规律的时候就不可避免受到规律的惩罚。人类在规律面前会变得聪明起来,是掌握资本的人在实践中变得聪明起来,这就是人类的伟大之处。人类是决定社会发展最根本的因素。如果把人类的认识等同于资本,等同于资本逻辑,人类对自己没有了信心,当然对世界的发展也没有信心(顾钰民,2019:19-20)。

德日进认为,不仅生命是演化的,整个宇宙也是演化的,从物质到生命前,从生命前到生命,再到人类和思想,最后到超生命的精神智慧圈,迈向全球统一达到欧米伽点。从细胞、社会文化到盖娅,没有内外之分,它是一张网,既是内,也是外。在细胞—社会—盖娅这种巨大的生命之网中,有一个稳定和连续的秩序在维持着这张网的再生。从最简单的单细胞机体的原生感受、多细胞有机体的适应,到灵长类动物的利他、人类能动者的合作,再到法律体系的运作、市场体系的运行、社会文化的生产和传播,其自身内部都有着一个根本的元素在起调控作用,那就是——规范性。规范性还是解决集体意向性理论存在问题的一个可能出路,仅仅靠个体主义或集体主义的传统进路,凭借某个概念,比如能动性、意向性、联合承诺、集体心智等,并不能对问题的解决产生实质性帮助,在此之外,还要在语言和形而上学以外引入"规范性"这个维度(田曼,2021)。那么,这些规范(规范性)来自哪里?对社会系统来说,规范性在解释社会实在的建构过程中起到什么作用?它的规范性来自其内部的规则、程序、惯例、道德律、习俗;对法律系统来说,它的规范性来自其内部的法律学说、教义、判例、成文法和不成文法;对经济系统来说,它的规范性来自信用制度、契约和合同等。托马塞洛指出,人类执行着两种基本类型的社会规范:合作规范(包括道德规范)和一致性规范(包括制定的规则)。对于这些合作规范的来源,托马塞洛指出:

> 从人类历史上推测,合作规范可能来自个体在利己或互利中处理日常业务的情境,而两种情境以某种方式撞到一起。共同预期产生于我们尚不清楚的过程,或许个体尝试诱导他人做出不同表现,又或许他们同意按特定方式平等地表现,进而达到某种均衡

的结果。当该均衡结果受到互相认可的行为管理预期时，即所有
个体都配合执行时，我们才可能开始将其称为社会规范或规则。
（托马塞洛，2017b：77-78）

刻画人类社会的惯习化现象还有另一个广义的概念，即社会习俗（social convention），它包含了具体的社会的、历史的和文化的背景。人类个体的思维和行动是社会侵入式的——社会参与性。托马塞洛在《人类思维的自然史：从人猿到社会人的心智演化之路》中指出：

> 行动哲学的最新研究进展，为我们思考人类独有的社会参与性的深层和基础形式提供了强有力的方法。少数行动哲学家探究了人类如何在需要共享意图或"我们"（we）意图参与的行为中同他人协同思考。具体来说，当个体参与群体活动时，他们会形成共同目标和联合注意，之后各自在群体中的角色和立场逐渐确立，形成初步的行为协调规范。此外，群体活动中的共同目标、联合注意，乃至更为抽象的文化实践及产物（如文化制度）之间都是一脉相承，非彼此孤立的，而它们之间联系的基础则起源于社会习俗及社会规范的共同建构。（托马塞洛，2017a：3-4）

如图 8-2 所示，这个循环逻辑与细胞的自创生机制是类似的，社会文化系统通过其边界从外部引入沟通和合作，它们经过文化系统的代谢反应网络中的习俗—文化实践—制度而转化为文化系统自身的规范。这是一个自指和递归的过程。

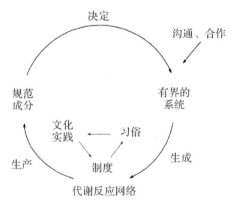

图 8-2　社会文化的自创生机制

正因为这样，我们从单数的"我"转变为复数的"我们"，从"我模式"转变为"我们模式"，从"我打算"转变为"我们打算"等等，并进一步形成有别于其他灵长类动物的合作现象以及文化制度等复杂的集体组织模式，形成约定化、习惯化和规范化的合作和沟通。"合作性沟通是人类合作互动和共享意图的一种重要表现形式，它涉及大量意向思维和推理过程。在合作性沟通过程中，沟通主体会通过外部沟通工具对沟通场景及指向事物进行概念化操作，以便传递给沟通对象，收到信息后，沟通对象则会尝试确定为什么沟通主体认为所传递信息会与自己相关。这种类似'对话'的过程不仅需要支撑共享意图的相关技能和动机的参与，也离不开人际意图判断涉及的一系列复杂推理（递归推理）过程。"（托马塞洛，2017a：4）这种约定化、习惯化和规范化的合作和沟通是集体和人类文化得以广泛传播的基础。人类物质和文化的传播和创造是一个累积过程，即"累积性文化演化"（cumulative cultural evolution），正是这种演化方式不断创造新的社会生活和人类文明。托马塞洛把这种累积性文化演化称为"棘轮效应"（ratchet effect）：

> 人类确实具有培养传播的物种独有方式，也就是文化传播方式，其证据比比皆是。最重要的是，人类的文化传统和人造物品随着时间的推移不断积累改进，即所谓的累积性文化演化，这在其他动物物种中是没有的。那些最复杂的人造物品或社会实践，包括工具制造业、符号交流和社会制度等，基本上不是一次性的发明，不是某个个体或由个体组成的群体一蹴而就的，而是某个个体或由个体组成的群体首先发明一种产品或一种实践的原始形式，后来的使用者或使用者们再加以改进，这些产品和实践又被另一些人采用了，经过许多代人也许没有做任何改进，但在某个时候其他个体或群体又做了改进，而这又被另一些人学到和使用了，该过程在历史上就是这样进行，这种情况被称为"棘轮效应"。（托马塞洛，2011：4-5；2017a：4-5）

如图8-3所示，这种棘轮效应是单向演化的，可以防止社会文化传播和协调的倒退，正是有能力拥有合作、共同学习、互惠、利他和共生这些共享认知资源和认知技能的人类个体、群体和集体创造了我们不断累积的文化和社会。

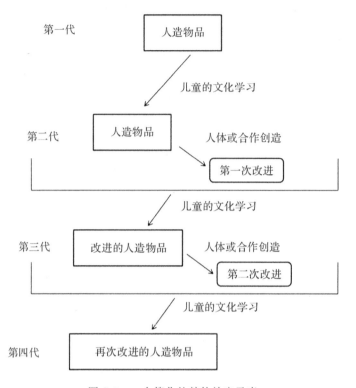

图 8-3　一个简化的棘轮效应示意
资料来源:托马塞洛(2011:37)。

　　针对这种社会文化不断累积的棘轮效应中,我们不禁要问:文化是一个自创生系统吗? 如果是,它的基本单位是什么? 是个体的和社群的共享意图、沟通、合作、角色、习俗、规范、技能、价值观还是其他? 它的边界在哪? 在文化演化的过程中,文化与其整合力量成为一个"系统"——文化系统,然后它分成多个自创生子系统:符号—认知子系统,经济子系统,政治子系统,等等。

　　我们生活在一个充满计划、意图、能动性、行动、惯习化和制度化的多元社会世界,其中内含多个能动者与集体以及它们之间的多重互动,能动者表征和管理它们自身互动的复杂性的物理实体和概念实体,以构建和维持现实的社会世界。尽管存在分别独立于人们意图与信念的客观现实和制度现实,但我们生活在一个世界——由人们创造的社会生活世界。那么,这个"充满计划、意图、能动性、行动、惯习化和制度化的多元社会世界"是被什么维系和组织起来的? 我们的社会文化是如何被创造和维持的? 从我们的分析看,社会系统、法律系统、文化系统等,维持它们运作的基本单元不是人类个体,不是个体构成的群体或集体,而是社会文化现象方面的抽象要素:

> 社会生物学者坚持社会的演化是生物的,所以他们不能说明社会系统的自治和它们的演化。社会的或法律的演化单元既不是人类个体,也不是个体的集团——集团、民族、种族,也不是自私的基因,而是作为一个沟通系统的社会或法律本身,是社会文化现象——理念、习惯以及组织的形式。"适者生存"不是文化演化的选择机制。这是一种极其不可能的情形。多样化的能独立生存的社会文化现象的共存代表了演化的正常过程。(托依布纳,2004:65)

我们可以在隐喻上把社会作为一个生命有机体,它的新陈代谢既包括物理—生物意义上的"个人",也包括符号意义上的"文化"。与自然界中的生命有机体一样,社会这个有机体也需要与其环境交互,吸收来自环境的"物质"和"能量",将这些资源转化为自身的成分,进而通过代谢网络生产自身的边界和新的成分。自我(个人)处于发展演化之中,这种演化必然在文化层面上进行着,也很可能在生物层面上进行,例如,各种社会互动、文化互动以及与心智和大脑运作有关的科学知识不停积累,修正自我的上层建筑(达马西奥,2018:269-270)。这个隐喻是恰当的,社会文化不是一个盲目的演化过程,它也有其调节机制。它如同一个自创生的有机体,既对外部环境保持开放,又能够对自身内部进行调节。"文化也是一个独特的自创生系统。自然、人口和文化之间的关系和交互的社会—新陈代谢系统,是内在地共演化的。社会新陈代谢的历史是两个自创生系统(开放的和盲目的非演化过程)演化的历史。"(Sieferle,2011)可见,社会文化有其"新陈代谢"机制,它的演化并非单独发生在文化自身的层面,而是与文化密切相关的社会群体、生态群落的调节机制密切相关的。现代人类生活的文化特质是个体遵循规范性来进行自我管理,而规范性自我管理是集体规范性(collective normativity)内化的结果,个体借助社会群体规范,进行合作和交流的自我监控并调节自己的行为(托马塞洛,2017a:153-154)。在社会实践过程中,反思性自我监控与社会能动者的意图、行动及其后果是密不可分的,吉登斯指出,"社会实践不是'表现'社会能动者的意图,也不是反过来社会实践'决定'能动者的意图。意图只有在行动的反思性监控过程中才能形成,后者只有与行动未被认识到的条件和行动的后果结合在一起才能运转起来"(吉登斯,2015:47)。

社会文化的内稳态和调节秩序是社会正常运转的重要基础。往宏观方面说,一个关键问题是:社会秩序何以可能? 对此,米尔斯就提到过"社会均衡"(The Social Equilibrium)的概念,他认为,要维持社会均衡,主要有两种方式,如果其中一种或两种都失效,就会导致失衡:

> 第一种方式是"社会化",指的是把一个新生个体塑造成社会人的所有方式。这种对于人的社会塑造部分在于让人获得动机,以采取对他人所要求或期望的社会行动。第二种方式是"社会控制",指的是让人循规蹈矩,以及他们使自己循规蹈矩的各种方式。(米尔斯,2017:44)

因此,从社会文化的自我调控过程来看,它是一个超越个体层面的有机体——超级有机体。那么,文化的"新陈代谢"调节机制是什么? 对于文化的自我调控机制,美国神经科学家安东尼奥·达马西奥(Antonio Damasio)以"社会文化内稳态"(sociocultural homeostasis)概念来刻画个体和群体维持自身平衡的文化调控过程:

> 一旦探测到危害个体及群体平衡的社会行为,复杂周密的道德规范与法律法规就会开始反应。为了应对这种不平衡而产生的文化手段旨在重建个体及群体的安宁。例如,经济政治制度的发展及医学的发展都是为了对社会空间中出现的需要修正的机能性问题进行反应,以免它们危及构成群体的个体的生命调控。我指的不平衡是由社会及文化因素定义的,因而,对不平衡的探测发生在有意识心智的最高水平上,在大脑的最高层,而不是皮层下水平。我将这一全过程称为"社会文化内稳态"。(达马西奥,2018:269-270)

很多学者都提到生物学上的"内稳态"机制。内稳态最为人们熟悉的形式是生理的自我平衡:正常的个体,在 pH 值、可溶性营养和盐分浓度、活性酶和细胞器比例等方面,都保持各自的恒定值,即它们非常接近生物生存和繁殖的最适值。在机械系统方面,我们日常使用的控制温度的中央空调系统,也是一种内稳态系统。爱默森(Emerson)把社会昆虫在调节其集群群体、各职别比例和巢窝环境方面表现出的明显的自我平衡称为"社会内稳态"(威尔逊,2021:13)。组织管理学者摩根提到,生物有机体和社会系统都需要"逆向反馈"和"内稳态"机制维持与环境的持续交流,对标准和形式的偏离进行纠正,维持生命结构和社会结构(摩根,2005:40-41)。文化的演化开始于家庭和部落这样的小群体,然后逐渐向更大范围的人类圈扩展,人类圈中的文化群体和国家等集体类似个体,以内稳态来保护自身的利益,文化内稳态在其中起的作用即是一种调控手段:

> 为什么在人类历史的迁演中有那么多的内稳态的脱轨和苦难呢?一个我们在之后还会讨论的初步回答是:文化工具首先是针对像核心家庭和部落一样小的群体和个人的内稳态的需要发展起来的。那时向更大人类圈的扩展不会也不可能被考虑。在更大的人类圈中,文化群体、国家乃至地缘政治联盟的运作通常更像一个屈从于单个内稳态控制的个体,而不是作为一个更大有机体的一部分。每个势力都用各自的内稳态控制去捍卫自身有机体的利益。文化内稳态还仅仅是一个进行中的作品,且不时地被不幸所侵蚀。我们可以冒险地认为,文化内稳态的最终成功取决于一种旨在调和不同调节目标的脆弱的、开明的努力。(Damasio,2018:30)

生命系统、机械系统、社会系统,既然都是内稳态系统,那么都有共同的特点,就是它们都经由一个"反馈回路"(feedback loop)的中介调节它们与外部环境的关系(高宣扬,2005:64)。达马西奥强调,生命调控过程和社会文化调控过程,生命内稳态和社会文化内稳态,这两者并不存在生物学上和文化上的截然分离,它们是相互作用的,具有内在的连续性,不同的是,"社会文化内稳态的形成是大量心智作用的结果"(达马西奥,2018:271);而生命的内稳态是有意识心智出现的基础,这种有意识心智与大脑、行为和心智的演化密切相关,进而促使文明出现,社会习俗和规则开始发展,道德、司法系统、经济、政治、科学、技术、文化和艺术开始诞生。正如达马西奥所说,这些文化的发展与生命的内稳态都旨在对生命进程中探测到的不平衡做出反应,试图在人类的生理限制、物理环境及社会环境限制内对不平衡进行修正。换言之,生命体和社会文化都具备维持秩序和平衡的调控能力。

基因与文化共演化。文化是一个自组织系统,它有自身的内稳态机制。内稳态机制的一个关键特性是它具有纠错机制和反馈机制,维持系统的平衡和秩序。"从单细胞生物到生态系统,复杂性不断提升,我们的世界就是这样一个紧密连接的网络系统,凭借反馈信息在动态平衡之中得以存续。"(扎卡达基斯,2017:序言 X)内稳态(homeostasis)思想来源于控制论(cybernetics),它专门研究动物和机械中的控制和通信系统,是美国应用数学家维纳提出的重要理论。控制论是一种"元理论",它并不关注自动系统是如何建立的,但是关注自动系统的功能。因此,控制论适用于多种系统:物理的、生命的、技术的、社会的、经济的和心理的系统,以及它们结合在一起的混合系统。系统可能与其他系统结合成"超级系统"(super systems),表现出完全不同的行为。结合世界经济,结合市场、社会和地球碳循环,就得到一个影响全球气候的无法预测的超级系统。和还原论、科学采取的分化方法不同,控制论是涌现式的和多元的。它试图理解自动系统中的涌现现象,不论这个系统是自然的还是人工的、相连的还是交互的。控制论这种普适的应用正是维纳希望打造的。通过这种办法,他看到了构建终极科学的希望,这种科学可以解释并帮助确定系统如何通过协作朝既定目标迈进。以此推论,人类有目的行为的影响不仅会超越自己的星球,还会超越银河系。因此,控制论为我们研究宇宙提供了一个整体论的世界观。

无论是人体、植物、动物,还是大气循环、社会和经济系统,它们都是以内稳态来维持自身的持续。内稳态是控制论系统的内稳态、自我调节。对人体来说,身体系统通过调整内部状态应对外部刺激,使体内的环境保持稳定。比如,我们人体的温度基本维持在 37℃左右。"一个控制论系统通过不断地反馈并整合外部和内部的信息,总是倾向于不稳定的平衡状态。"这样一个自组织系统总是处在无组织或者混沌状态的边缘。这种不稳定的稳定状态被称为"吸引状态",因为它总是试图将系统状态拉向自己。以人体为例,最大的吸引状态就是持续地对抗死亡。社会和经济系统同样也是控制论式的。市场经济"看不见的手就是市场扮演的自我调节、动态、混沌和自动化的系统,由数百个体或互动的部分构成,这些个体或部分的目标都是优化自己对于稀缺资源的占有。以控制论的眼光,经济环境的不景气循环可以看作多个吸引状态引发的灾难性波动。一个好的政府应该如同控制论专家一样处理经济,让市场紧随持续增长和公平分配这样恰当的吸引状态。"

（扎卡达基斯，2017：164-165）。道金斯认为，那些自我复制的思想或文化基因体系能迅速累积自身的事物和行为。凯利认为，文化本原的动力就是复制自身以及改变环境以利于其传播，消耗人类的生物资源是文化这个自组织系统得以存续的一个途径（凯利，2010：533）。而威尔逊和拉姆斯登认为，基因和文化的耦合是如此紧密，以至于"基因和文化不可分离地连为一体。任何一个发生变化都将不可避免地迫使另一个也发生变化"。基因变化是文化演化的先决条件，文化演化也能塑造基因组，简而言之，基因和文化共生演化（凯利，2010：533）。

因此，如表8-2所示，对于社会文化的演化和自我维持，无论是托马塞洛的"棘轮效应"、自我监控和管理，还是达马西奥的"生命内稳态"和"社会文化内稳态"，凡此种种，都强调社会文化这个"有机体"的内稳态和自我生成机制——自创生机制，它与个体、群体、集体和社会紧密联系，不存在脱离这些维度的人类社会文化。

表 8-2　从个体、集体到社会的构成

共享意向性（联合层面）	制度和文化（集体层面）
图梅勒的"我们模式"	塞尔的"社会实在"
布拉特曼的"共享意图"	吉登斯的"结构二重性"
吉尔伯特的"复数主体"	伯格和卢克曼的"惯习化与制度化"
佩蒂特的"集体能动性"	托马塞洛的"棘轮效应"
奎因顿等人的"集体心智"	达马西奥的"社会文化内稳态"
社会整合与系统整合：社会自创生与社会存在论	

那么，这些维度之间是怎样一种关系呢？美国超人本心理学家威尔伯在他提出的"全子四象限"中对此进行了梳理和统合。如图8-4所示，全子四象限分为内部、外部、个人、社会或集体四个维度，这四个维度分别对应全子的四个象限：内部关注个人维度的意向性，社会或集体维度的文化世界观；外部关注个人维度的行为，社会或集体维度的社会系统。

每一个全子都包含着这四个象限或四个方面。结合前文的分析，我们可以看到，社会自创生涉及更多的是左下和右下象限，尤其对右下象限的研究较多；社会存在论则涵盖了这四个象限，但对右下象限的关注尚不够多。两者的结合是否就能给我们呈现完整的图像？而社会文化是一个在个体层面之上属于社会或集体层面的"有机体"，那么，与其同属于社会或集体维度

197

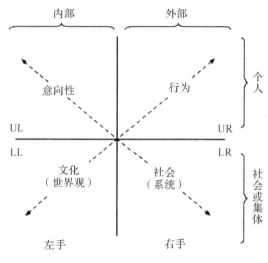

图 8-4　全子四象限

资料来源：威尔伯（2008：110）。

的社会系统，是不是一个"有机体"呢？

托马塞洛根据对灵长类动物在共享意图和合作方面的多年研究得出：各种社会合作规范最初来自儿童所参与的合作活动类型。除了合作规范，人类行为还遵循一致性或习俗性规范，个体模仿群体中他人的行为从而被群体所接受。从儿童最简单的游戏开始，儿童学习如何一起玩游戏，模仿成人的行为以帮助其完成简单的家庭劳动，在这些过程中儿童学会了规则和行为礼仪，即合作的规范。合作规范不仅来自人类儿童的个体发生维度，还来自文化维度。一方面，人类儿童在早期的个体发生中，他们会以多种方式和他人开展合作。例如，他们和他人形成联合目标，建立联合注意的领域，创建象征的制度性现实，在这些目标、注意和现实的背后，有集体认可的规范和共同的概念基础。另一方面，人类必须学会其他个体在他们共同的文化中是如何做事的，以及这些个体期望他们如何做事。例如，一个未成年的黑猩猩看到一个成年黑猩猩拿树枝从白蚁洞中取出白蚁，或者看到同类用清水冲洗甘薯时，它可以在这种社会环境中发展物种典型的认知和社会技巧。对于儿童掌握社会规范的个体发生过程，托马塞洛还指出：

> 但是，如果没有人类文化的小生境（niche），以及参与其中的技巧和动机，人类儿童根本不可能发展为一个具有正常功能的个体。

人类在生物演化中适应性地成长，并在一个文化环境中发展成熟。通过合作努力，我们已经建立了自己的文化世界，并且也在不断地适应这个文化世界。（托马塞洛，2017b:89-91）

欧米伽（Omega，Ω），是指有意识生命在地球上的发展终点。它意味着什么？对德日进来说，欧米伽点意味着演化的轴心和顶峰——超生命域的精神文化圈。在马图拉纳和瓦雷拉看来，这个欧米伽点就是由自创生和认知组织化整合了的生命：所有的生命过程和认知过程都是为了不断寻求意义；对卢曼而言，这个欧米伽点就是社会的高度自治和自我生产，在其中沟通网络不断生产新的沟通，社会系统以此得以自指；对吉登斯来说，这个欧米伽点就是个体能动者嵌入时空中的社会实践；在威尔逊看来，这个欧米伽点就是高度组织的个体集结成集群的超级有机体；对洛夫洛克和马古利斯而言，这个欧米伽点就是整个地球盖娅，这个星球上的人类社会和生物圈和谐共生演化。整个地球演化到终点，最终得以维持的是由规范、程序、制度、文化实践、习俗和价值观连接而成的网络。我们"生于斯，长于斯"，我们既是地球上的一分子，又是社会现实世界的观察者和参与者。原子论与整体论、个体主义与集体主义、自上而下与自下而上、微观和宏观、内部和外部、部分与整体……对社会现实世界而言，当中没有绝对的二分法：它们是一个实体、一个系统、一个网络、一个过程。

我们生活在一个关系模式的、网络连接的现实世界。我们体内的细胞不断更新着我们的胃黏膜，我们喝着来自江河的过滤自来水，我们不断与社会中的个体、集体以及制度发生交互，我们生活在是一个整体的、有生命的、自我调节的星球。人类社会、生态群落和盖娅是共同演化的一个整体，缺少这个链条上的任何一环，都是不可想象的。对于人类来说，我们应该如何正确地与盖娅相处，既是一个当下的问题，也是一个未来学的问题，不仅关系到每个生物个体的生存，还关系到整个人类社会的延续。对此，洛夫洛克给出了他的建议：

盖娅强调最多的是个体生物的重要性，始终是通过个体的作用，局部的、区域的以及全球的系统才得以演化。当一个有机体的活动有利于环境和它自身时，它的扩散就会得到支持。最终，有机体和同它紧密相联的环境变化就会变成全球范围的。反过来也是对的。任何危害环境的物种注定走向灭亡，但是生命依然延续。

这对现在的人类适用吗?我们会由于破坏自然界而注定灭亡吗? "盖娅"并非有意识地反人类,但是,只要我们继续背离盖娅的偏好改变全球环境,我们就是在鼓励一种能更好地适应环境的物种来替代我们。(洛夫洛克,2017:291)

在有机体的世界,生命个体之间联合构成超级有机体。根据自创生理论,生命是由成分、半透性边界和代谢网络构成的,以此维持自身物质和能量的平衡,生命是一个自创生系统;而按照共生理论,生命是一种共生现象,生物共生产生了一切,从最小的无处不在的生物细菌,直到最大的生机勃勃的地球——盖娅。作为新的科学生命观,自创生理论和共生理论贯通不同层次的生命系统,从生物体、社会体系到生态系统。从菌落到微生物群落,从蜜蜂、黄蜂、蚂蚁、白蚁到人类社会、整个地球,这些超级有机体形成了一张从自创生走向共生的生命之网。

生态群落、动物社群、人类集体或社会、盖娅或地球、宇宙,它们本身既是复杂的,又是有章可循的——万物皆有规范。生命的规范在于它在物理空间中在保持自治的同时与环境交互,保存了其整个生命过程中的认知域和意义域;集体、社会和文化的规范在于它们日常的交互、合作、沟通、习俗和制度是个体能动者与集体能动者将社会现实具体化和客观化的过程,它们不断自我生成和演化。从生物群落、动物社群、人类社会再到盖娅和宇宙,我们处于一个巨大生命之网中,细菌、动物、人类、智能体、虚拟网络、去中心化系统、超国家体制、地球都是这张巨大生命之网中的一个节点,同时它们又是由众多节点组成的网络,如此层层嵌套,在每一次嵌套中这些实体都保持其同一性。作为这张巨大生命之网节点的规范,它们自己生产自己,在与其他节点及其环境的交互中不断调控自身的生产过程,以达到保持这张"规范—共生—层序之网"的平衡。由此,作为这张网络上的节点,阿米巴虫、人类、盖娅将和谐共生。

美国发明家、未来学家雷·库兹韦尔(Ray Kurzweil)在《奇点临近:当人类超越生物》中谈道:"在'奇点'到来之际,机器将能通过人工智能进行自我完善,超越人类,从而开启一个新的时代。"(库兹韦尔,2011)奇点就意味着人类的终点吗?甚至还不只是人类的终点,也是生物的终点,不仅是进化了以一百万年计的人类的终点,也是进化了以亿万年计的碳基生物的终点(何怀宏,2020:106)?当代人类社会已经进入了各种"后"标签的时代:后工业社会、后信息社会、后人类时代、后疫情时代……特别是 2020 年全球大规模爆发新冠疫情之后，人类社会遭遇了百年未有之大变局。世界经济论坛创始人、《第四次工业革命》作者克劳斯·施瓦布（Klaus Schwab）指出，此次疫情对世界经济的影响，超过了以往任何现代危机。

经济全球化和现代化危机的一个重要特点是，风险是牵连的，所有风险都通过相互作用的复杂网络相互影响，有些风险是碎片化的，有些风险则是系统性的，往往导致"牵一发而动全身"的后果。新冠疫情至少会加速此次危机前已明显发生的系统性变化：全球化局部倒退，中美持续脱钩，自动化加速发展，监控势力增强引发各方担忧，福利政策呼声高起，民族主义抬头以及由此引发的对外来移民的恐惧，科技的影响与日俱增，企业亟须加强线上业务，等等（施瓦布，马勒雷，2020：XV）。2020 年的这场大流行病将对未来世界可能形成的格局产生三个维度的影响：一是宏观维度，包括经济、社会、地缘政治、文化、法律、环境、科技等领域；二是中观维度，包括具体行业、企业、社会组织、城市、乡镇、社区等；三是微观维度，即对个人和家庭的影响。比如，在宏观维度上的影响表现为，"经济风险会演变成政治风险（例如失业率急剧上升导致社会动荡），科技风险会演变为社会风险（例如用手机追踪新冠疫情，引发民众强烈反对）"（施瓦布，马勒雷，2020：4）。

在人类社会，人们的联系从未如此密切。从个人、家庭、学校、社区、村落、企业、行业、城镇、区域、国家，乃至全人类的共同组织（联合国、世界卫生组织、世界贸易组织、世界银行等），这些不同规模的组织能够良序运转，相互连接以维持整个人类社会的内在规范，如果其中任何一个组成部分的自私自利没有得到合理调控，就会在更大的层面上形成危害。而其中进行合理调控的机制就是社会系统的内稳态、自创生和共生机制。

在今天这个科技迅速发展的时代，人类与机器高度结合——人机交互（human machine interaction, HMI）和脑机接口（brain computer interaction, BCI），人类的形态已然发生改变，正如美国哲学家唐娜·哈拉维（Donna J. Haraway）所言，人类已经变成了后人类，人类社会已经步入后人类社会，人类将从纯粹的碳基生物走向混合的后人类甚至是纯粹的硅基生物。当前人类社会正处于功能日益多样化和组织日益复杂化的知识社会、信息社会、网络社会、智能社会和虚拟社会，人与人之间、人与组织之间、组织与组织之间、人与组织以及社会之间的互动整合的即时性和虚拟性愈发突出，集体的存在形态更加多样，局部的集体意向性更容易形成，超级有机体的社会智能对个体的反向影响更加巨大。个体的人是否会沦为超个人社会（super-individual society）或超级有机体（super-organism）甚至超级心智（super-mind）——即利维坦——的一个无足轻重的构成部分，这会是一个完全虚构的场景吗？要更好地理解这样的问题，我们确实需要将目前社会存在论中受到广泛关注的概念和思想与借助生物自创生洞见而发展起来的社会自创生进路结合起来。某种意义上，这种结合是现象学分析与系统分析的结合。

9　社会的构建机制：一个统合

综合全书，我们介绍了本书的问题缘起、结构安排和文献综述，引出全书将要聚焦的核心问题，以及应用的理论资源；我们分别呈现了自创生理论对生命系统和社会系统分析，考察物理空间中的生命系统和概念空间中的社会系统的存在形态和组织模式；我们讨论了社会存在论对从个体到集体再到社会系统构成的分析，考察不同类型的群体、集体和社会文化形成的意图、行动、角色、制度基础和自我调控机制；对社会自创生理论和社会存在论的分析进行整合，探讨社会系统的运作机制，阐述了生态社会中的盖娅和共生现象，以及由此引申出的对于一般事物（生命个体、生态群落、文化集体、社会系统、整个地球，等等）的存在形态、组织模式和演化层序的讨论。

9.1　从智慧城市到智慧社会

自创生系统蕴含了很多自创生的子系统，比如，整体的社会蕴含了社区、城市和社会系统。当前，随着新一代人工智能技术和大数据、物联网、5G、云计算等新一代数字技术的发展，这些技术通过计算机与人类思维高度融合，形成一种超级思维（supermind）。这些技术正在渗透我们的生活，通过计算机与人类思维的高度协同演化，我们人类正在从以制造为中心的工业社会进入以信息为中心的信息社会，再到以数据为中心的数字社会、以智能应用为中心的数智社会。从技术驱动、场景构造、产业支撑、制度设计到治理创新，这些元素赋能社区、城市和社会治理，在交通、物流、医疗、出行、购物等民生方面给社区和城市安装上了智慧的"大脑"，社区和城市就像一个"生命体"和"生命系统"，"城市大脑"（city brain）和"社会大脑"（social brain）等概念从隐喻变成了现实。近年来，全球发达国家或地区如欧洲、北美、日本、韩国以及发展中国家一些地区，都开始全力打造和建设数字化、智能化和科技化的社区、城市和社会，于是出现了科技赋能的"智慧社区"（smart community）、"智慧城市"（smart city）和"智慧社会"（smart society）。

推动智慧城市建设，是当前中国加快实现创新驱动、转型发展的重要方式，这是"一带一路"倡议的重要内容，也是在党的十九大报告中提到的重要内容。在我国北京、上海、广州、深圳、杭州、雄安新区等地区，由于这些地区建设充分利用了大数据和人工智能技术，城市幸福指数和生活满意度进一步提升，这些地区内部的运转都有一个"城市大脑"，即维持整个城市有效运转的中枢系统，这当然是一种隐喻意义上的说法。智慧城市是一个平台，它能满足市民需求，位于一定的物理空间（莫斯可，2021:33）。城市大脑是自下而上的，它立足现实问题，采取精细化管理，依靠具体应用场景才能有效运转；而智慧城市是自上而下的，它依靠顶层设计和系统逻辑，在各个不同领域都有涉及，包括政务、城管、交通、健康、司法、教育、体育、旅游、工业、安全等。无论是城市大脑还是智慧城市，它们都是深入建设智慧社会、数字中国和数字经济的助推器。城市生命体理论认为，城市就像一个人：

> 城市是人类社会发展过程中在一定区域内形成的、以非农业人口为主体的经济、政治、社会、文化、生态要素高度聚集的复杂巨系统。这个巨系统表现出了显著的生命特征，如新陈代谢、应激反应、自适应机制、生长变异。而智慧城市则是物理城市在信息世界的客观反映和连接，为每种特征提供信息化支持以增强城市的生命力。（吴越，2019:58）

智慧社区、智慧城市和智慧社会，这些适应前沿科技发展的标签，都是近十年提出来的，是人类文明与现代科技完美结合的典范。城市具有它自身的运转逻辑，"一个能够让城市屹立在城市丛林中的'大脑'一定连接着城市的每一个地方，知晓城市的每一个状况，它常常无声地处理一些'小意外'，偶尔果断地发起一场'大运动'。这个'大脑'集聚海量信息，高速运转，充满智慧"（吴越，2019:60-61）。作为智慧城市的代表，雄安新区是现代科技和城市化结合的范例。它的目标是打造成民营企业的创新中心和服务于北京的行政中心，它的设计遵循自上而下的理念，符合数字化、网络化和智能化的需求，很多大型企业为雄安新区的智慧设计做出了贡献，比如，平安、阿里巴巴、腾讯、华为、百度等，都是雄安新区智慧城市系统的供应商。

与当前的智慧社会有异曲同工之处，有学者把当代以信息化、数字化、网络化和智能化为代表的社会称为"社会5.0"和"超级智能社会"（superintelligence society）。"社会5.0"是2016年日本内阁会议上确定的"第5期科学技术基本规划"中提出的概念，"社会5.0"的目标是最大限度地运用ICT（信息和通信技术），通过网络空间（虚拟世界）与物理空间（现实世界）的高度融合为人们带来富裕的"超级智能社会"。而"社会5.0"属于新的社会形态，它是继原始的渔猎社会、奴隶和封建的农耕社会、机器大生产的工业社会和以计算机广泛应用为标志的信息社会之后的新型社会。"社会5.0"是指高度融合网络空间与物理空间，消除地域、年龄、性别、语言等造成的差距，提供完善的物资及服务来应对多样化的潜在需求，由此实现发展经济与解决社会问题的双赢目的，从而形成宜居、充满活力且高品质的以人为中心的社会（日本日立东大实验室，2020：前言Ⅳ）。关于"社会5.0"的构建机制，可以用一句话来概括：通过计算机处理后将计算机的成果用于社会（日本日立东大实验室，2020：2）。与这一机制类似的有，我们日常生活中的变频空调，它能自动将温度保持在设定温度；以及生活中的恒温器、有序运行的轨道交通系统和正常运行的电力供应系统。

近年来，我国的外卖平台发生过个人利益和决策服从于大数据算法的现象，"困在外卖系统里的小哥"一度成为社交媒体和公众关注的热点话题。外卖平台作为一个依靠算法运行的系统，它看不到背后的人性、交往、伦理、道德、法律、治理和社会影响。公共事务、公共资源、社会系统、社会制度的设计和治理，必然要考虑到人性、交往、伦理、道德、法律、治理和社会影响等因素。当代社会具有高度的复杂性，根据卢曼的观点，社会系统的高度分化、自治和自创生机制，是为了降低社会系统的复杂性。社会系统能否降低复杂性，关系着社会治理的成效。在一些学者看来，社会治理的基本属性是系统的三个特征：多元性、复杂性和动态性（李怡然，2021：56）。如何保证自创生系统的高度自主运作，又能保证公共资源的秩序平衡，这是现代社会治理的一个重要课题。

在社会自创生和社会存在论的视野下，所有社会组织、市场主体、公司法人、政府机构、事业单位等自治实体，它们按照规则、制度、法律、道德等成分的集合递归地生产和再生产，根据自身的二元符码划定边界来保持较高程度的封闭运作,并与外部环境保持物质、信息、认知的动态开放。根据卢曼的看法,社会的构成成分不是个体的人,而是沟通和沟通网络;按照罗勃的观点,社会的构成成分是概念、规则;依据路易斯的观点,社会的构成成分是人员往来形成的规则;在社会自创生的存在论视角和隐喻视角看来,社会系统的构成成分是概念、思想、规则、法律、制度、文化、习俗之类的元素,人类在其中是这些元素生产和再生产的媒介。在当前的人工智能时代,即使未来人类不需要做什么,社会也能够照常运转,人工智能替代了人类的角色,充当这些元素生产和再生产的媒介。这并不是耸人听闻,我们看看《黑客帝国》这部经典的科幻电影系列就可以略知一二。按照系统思维对社会的自治实体进行现代化、自主性、系统性的治理,既涉及各个自创生组织,又涉及公共资源,这方面值得治理领域思考的问题是:如何避免公共治理学者加勒特·哈丁(Garrett Hardin)所指出的"公地悲剧"(The Tragedy of the Commons),即任何时候,只要许多个体共同使用一种稀缺资源,便会发生环境的退化)(Hardin,1968)? 对于这类问题,不少学者都提出了深刻见解,比如,公共选择学派的创始人之一埃莉诺·奥斯特罗姆(Elinor Ostrom)在其代表作《公共事物的治理之道:集体行动制度的演进》、公共选择理论的主要奠基者曼瑟尔·奥尔森(Mancur Olson)在其代表作《集体行动的逻辑》中都对这些见解进行了详细论述。在哈丁看来,在一个牧场上,每个放牧人都希望自己的利益最大化,从自己的牲畜中得到直接受益;但当每个人都在牧场上过度放牧时,每个放牧人又不得不承担公共牧场退化的延期成本。正如哈丁指出的,"这是一个悲剧。每个人都被锁定到一个系统。这个系统迫使他在一个有限的世界中无节制地增加他自己的牲畜,在一个信奉公地自由使用的社会里,每个人趋之若鹜地追求他自己的最佳利益;毁灭就是所有人的目的地"(Hardin,1968)。除了"公地悲剧",还有"囚徒困境"和"集体行动的逻辑"等,这些集体利益的解决之道在于合理地设计系统和制度,以及协调个体的利益与公共的利益。奥斯特罗姆指出,"公地悲剧、囚徒困境和集体行动的逻辑,与一些模型中的概念是紧密相连的,那些模型将观察个人在试图实现集体利益时所面临的许多问题的公认方式做了说明。每一个模型的中心问题都是'搭便车'(free-riding):任何时候,一个人只要不被排斥在分享由他人努力所带来的利益之外,就没有动力为共同的利益做贡献,而只会选择做一个搭便车者。"(奥斯特罗姆,2012:8)搭便车是集体中存在的普遍现象,总有那么几个集体成员出于自私自利和"摆烂"的动机而不想为集体利益做贡献。在一些组织中，比如公司、学校、俱乐部、工会、协会等集体中，在这些组织接收成员加入以后，不得不尽量减少搭便车的行为。在市场经济体制的规则下，搭便车者的生存空间相对较小，由规则和制度进行管理和惩罚，这在一定程度上减少了搭便车的行为。

9.2 社会自创生和社会存在论

卢曼将自创生理论引入社会学，提出"社会自创生"的概念，以此探究社会的本质，他得出：社会是一个以沟通为成分、以二元符码（binary code）为边界、以沟通网络为生产过程的自创生系统。学者围绕"社会系统是不是自创生系统以及它在何种意义上是自创生的"的问题，分别从存在论、隐喻和组织闭合这三个视角展开争论。这些争论除了聚焦社会系统的边界、成分和生产过程，还澄清了人类个体在社会系统中的角色问题，个体是成分、环境还是载体？吉登斯、伯格和卢克曼以及罗勃等的观点较为合理，即人类个体在社会系统中是媒介和载体，他们紧密渗入具体的社会、文化和历史环境中，嵌入具体的实践活动和人际交往中，与整体的社会共同演化。而对"社会系统在何种程度上是自创生的系统"来说，本书提出：人类个体的社会属性而不是生物属性构成了社会系统的成分，伴随这些交互的界定规则构成了社会系统的边界，当中的沟通、交往和行动网络则充当了再生产这些成分和边界的内部网络。从这个意义上，我们可以说社会系统是自创生的。社会系统甚至还会朝着高阶的方向发展，涌现出更高阶的自创生系统。

社会存在论从集体共享意图的现象考察集体的构成，得出：集体是由个体能动者及其属性的关系组成的，但它们又具有超越成员的特性，集体的意图、行动、信念和责任等是个体能动者及其属性在时空实践中的行动流形成的，而不是个体这些属性的简单聚合，同时集体的这些属性也不可还原为个体的相应属性。为了呈现集体运作机制的完整轮廓，除了需要从联合层面（两人或两人以上）的互动和合作入手，我们还需要从嵌入社会实践中的集体的角色、职位、惯习、制度和社会文化的演化来理解集体的本质和一般的社会现象。具体的社会、历史和文化背景关乎人类社会规范的建构和社会制度的建立。当个体参与集体活动时，他们会形成共同目标和联合注意，之后各自在集体中的角色和立场逐渐确立，形成初步的行为协调规范。此外，集体活动中的共同目标、联合注意，乃至更为抽象的文化实践及产物（如文化制度）之间都是一脉相承，而它们之间联系的基础则起源于社会习俗及社会规范的共同建构。人类社会合作现象以及文化制度等复杂的集体组织模式，形成约定化、习惯化、制度化和规范化的合作和沟通，不断创造新的社会生活和人类文明。这种物质和文化的传播和创造是一个累积过程。文化是一个独特的自创生系统，但它不是一个盲目的演化过程，而是对外部环境保持开放，借助内部的内稳态机制进行自我调控。文化的演化并非单独发生在文化自身的层面，它还与其环境如社会群体和生态群落保持结构耦合的关系，与这些群体和群落共演化。从整体的社会、社会子系统的自我生产、结构耦合以及社会文化的内稳态机制出发，我们可以把社会视为一个超级有机体。这虽然是隐喻意义上的说法，但有助于我们理解社会的运作机制，将社会这个有机体视为一个整体，这也契合当下看待人类社会与生态环境的深层生态学范式。

因此，从社会自创生和社会存在论这两者对社会现象的综合分析中可以看出，两者关注同一个实体（社会）的不同面向，一个面向是形成于社会制度和社会子系统的关系之间而又超越它们的社会系统，另一个面向是形成于个体的和集体的能动性之间而又超越它们的一般集体；前者基于规则、规范、程序、制度等形成的网络，后者基于共享的意图和理念、联合的承诺和行动等形成的整合；两者形成过程中都包含：嵌入时空中的个体的意图和行动，个体和集体之间双向的社会交互，嵌入个体和集体中的角色、职位、惯习、制度、习俗和文化。从整体的思维来看，社会系统和一般集体的关系不是被构成和构成的关系，而是一个整体的实体的不同面向，这两个面向就像一个立方体中相邻的两个平面，既有交集也有各自的延伸。由于人类的思维、意识和语言产生出观念、思想和符号的内部世界，人类社会体系不仅存在于物质领域，也存在于概念性的社会领域中，但它更多地存在于抽象的概念空间中，其运作是基于不可见的（invisible）规则和制度。在全球化时代，很多虚拟的、非虚拟的实体的边界是不可见的，比如跨国公司、国际公益组织、维基百科、全球电话系统、计算机病毒孵化器、各种人工生态系统、模拟整个地球的计算机模型、国际组织、超国家体制和网络，它们具有去国家化、片段化、高度自治以及特定的功能取向等特性。面对这些新趋势，社会自创生和社会存在论结合深层生态学、层级观和网络等视角来看待这些实体的组织模式，以思考一般事物的层序。目前的一些虚拟的组织，比如，城市大脑，要识别这样的系统，我们需要以这些理论资源对其进行一个综合判断。

如图 9-1 所示，自创生的社会系统的构建逻辑体现为：(1)沟通行动、规范秩序、制度规则、文化习俗等作为社会系统的构成成分，它们递归地生产着自身的边界；(2)社会子系统递归地运作，保持组织上(规范上)封闭和结构上(认知上)开放，它们之间互为环境；(3)国家、城市、乡镇、社区、家庭和社会组织都是自创生系统，作为不同的层次实体，它们之间互为环境；(4)个体和集体是社会系统运作的载体，与构成成分、边界共同维持着社会系统的递归运作。这是一个自指的、递归的和自创生的过程。

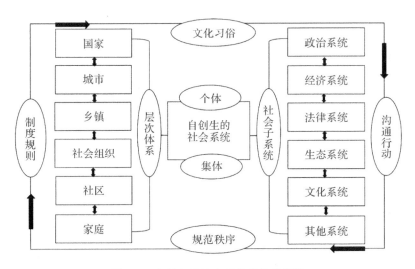

图 9-1　自创生的社会系统的构建逻辑

社会是一个超级有机体。我们将盖娅(地球)也视为一个包含社会在内的超级有机体。通过地球大气层这个最大的膜，即边界，盖娅吸收来自太阳的能量，将这些能量转化为自身的成分，这些成分经过生物圈、海洋圈、岩石圈、大气圈这个新陈代谢网络，生产了它自身的边界和盖娅自身。盖娅假说和共生理论为我们重新审视人类在地球中的位置提供了独特的视角。生态是人类社会可持续发展链条上的重要一环，缺少了生态，社会系统的自创生是不可能的，社会文化的内稳态也不可能维持。事物的存在形态和组织模式既有不同，又有章可循。以网络模式、内外统一、层级的视角看待一般事物的存在形态和演化，这种世界观与当下人类社会发展亟须的深层生态学相一致，我们需要转换范式：将人类本位(以人为中心)价值观的旧范式转换为生态中心论（以地球为中心）价值观的新范式。这种以整体价值观为导向的视角，既是当下我们看待生命在整个生物圈中所处位置时应有的视角，也是我们看待人类社会在整个宇宙演化中所处位置时应有的视角。生物群落、动物社群、人类社会以及盖娅和宇宙，我们处于一个巨大生命之网中，作为这张网络上的节点，人类需要以共生的方式看待其连接的节点，以生态中心论的价值观作为社会自我再生产和可持续发展的出发点，这是人类社会存在的基础，也是人类社会的自创生机制得以维持下去的保证。

参考文献

1. Alaa G. Derivation of Factors Facilitating Organizational Emergence Based on Complex Adaptive Systems and Social Autopoiesis Theories[J]. Emergence:Complexity and Organization,2009,11(1):19.

2. Bednarz J. Autopoiesis:The Organizational Closure of Social Systems[J]. Systems Research & Behavioral Science,2015,5(1):57-64.

3. Berger P L,Luckmann T. The Social Construction of Reality:A Treatise in the Sociology of Knowledge[M]. Harmondsworth:Penguin Books, 1967.

4. Boden M A. Autopoiesis and Life[J]. Cognitive Science Quarterly,2000 (1):117-145.

5. Bratman M E. Shared Cooperative Activity[J]. Philosophical Review, 1992,101(2):327-341.

6. Bratman M E. Shared Intention[J]. Ethics,1993,104(1):97-113.

7. Bratman M E. Faces of Intention:Selected Essays on Intention and Agency[M]. New York:Cambridge University Press,1999.

8. Bratman M E. Shared Agency:A Planning Theory of Acting Together [M]. New York:Oxford University Press,2014.

9. Brocklesby J. Reconnecting Biology,Social Relations and Epistemology: A Systemic Appreciation of Autopoietic Theory[J]. International Journal of General Systems,2004,33(6):655-671.

10. Cadenas H,Arnold M. The Autopoiesis of Social Systems and Its Criticisms[J]. Constructivist Foundations,2015,10(2):169-176.

11. Capra F,Luisi P L. The Systems View of Life:A Unifyied Vision[M].

New York：Cambridge University Press，2014.

12. Chant S R，Hindriks F，Preyer G. From Individual to Collective Intentionality：New Essays［M］. New York：Oxford University Press，2014.

13. Cornish-Bowden A，Cárdenas M L. Life before LUCA［J］. Journal of Theoretical Biology，2017(434)：68-74.

14. Corsi G. The Concept of Autopoiesis：Its Relevance and Consequences for Sociology［J］. Constructivist Foundations，2015，10(2)：194-196.

15. Damasio A. The Strange Order of Things：Life，Feeling，and the Making of Cultures［M］. New York：Pantheon Books，2018.

16. Epstein B. The Ant Trap：Rebuilding the Foundations of the Social Sciences［M］. New York：Oxford University Press，2015.

17. Epstein B. A Framework for Social Ontology［J］. Philosophy of the Social Sciences，2016，46(2)：147-167.

18. Froese T，Paolo E D. The Enactive Approach：Theoretical Sketches from Cell to Society［J］. Pragmatics & Cognition，2011，19(1)：1-36.

19. Geyer F F，Zouwen J V D. Sociocybernetics：Complexity，Autopoiesis，and Observation of Social Systems［M］. Connecticut：Greenwood Publishing Group Inc，2001.

20. Gilbert M. Walking Together：A Paradigmatic Social Phenomenon［J］. Social Science Electronic Publishing，1990，15(1)：1-14.

21. Gilbert M. On Social Facts［M］. New Jersey：Princeton University Press，1992.

22. Gilbert M. Concerning Sociality：The Plural Subject as Paradigm［J］. The Mark of the Social. Discovery or Invention，1996(1)：17-36.

23. Gilbert M. In Search of Sociality［J］. Philosophical Explorations，1998，1(3)：233-241.

24. Gilbert M. Shared Intention and Personal Intentions［J］. Philosophical Studies，2009(144)：167-187.

25. Gilbert M. Joint Commitment：How We Make the Social World［M］. New York：Oxford University Press，2014.

26. Habermas J. The Philosophical Discourse of Modernity：Twelve Lectures

[M]. Cambridge:MIT Press,1990.

27. Hardin G. The Tragedy of the Commons:The Population Problem Has No Technical Solution;It Requires a Fundamental Extension in Morality [J]. Science,1968,162(3859):1243-1248.

28. Hejl P M. Explaining Social Systems without Humans[J]. Constructivist Foundations,2015,10(2):189-192.

29. Hernes T,Bakken T. Implications of Self-reference:Niklas Luhmann's Autopoiesis and Organization Theory[J]. Organization Studies,2003,24 (9):1511-1535.

30. Jonas H. The Phenomenon of Life:Toward a Philosophical Biology[M]. New York:Harper Collins,1966.

31. Karafillidis A. Autopoiesis and Autonomy in the Space of Meaning[J]. Constructivist Foundations,2014 (9):175-177.

32. Kauffman S. The Origins of Order:Self-organization and Selection in Evolution[M]. Oxford:Oxford University Press,1993.

33. Kay R. Are Organizations Autopoietic? A Call for New Debate[J]. Behavioral Science,2001,18(6):461-477.

34. Kay R. Autopoiesis and Systems Education Implications for Practice[J]. International Journal of General Systems,2002,31(5):515-530.

35. Schmitz M,Kobow B,Schmicl H B. The Background of Social Reality: Selected Contributions from the Inaugural Meeting of ENSO[M]. Dordrecht:Springer,2013.

36. Lettvin J Y,Maturana H R,McCulloch W S,et al. What the Frog's Eye Tells the Frog's Brain[J]. Proceedings of the IRE, 1959, 47 (11): 1940-1951.

37. Lewontin R. The Dream of the Human Genome:Doubts About the Human Genome Project[J]. The New York Review of Books,1992,39 (10):31-40.

38. List C,Pettit P. Group Agency:The Possibility,Design,and Status of Corporate Agents[M]. Oxford:Oxford University Press,2011.

39. Lovelock J E. The Ecoposiesis of Daisy World[J]. Journal of the British Interplanetary Society,1989 (42):583-586.

40. Ludwig K A. From Individual to Plural Agency：Collective Action Ⅰ [M]. Oxford：Oxford University Press,2016.

41. Ludwig K A. From Plural to Institutional Agency：Collective Action Ⅱ [M]. Oxford：Oxford University Press,2017.

42. Luhmann N. The Differentiation of Society[M]. New York：Columbia University Press,1982a.

43. Luhmann N. The World Society as a Social System[J]. International Journal of General Systems,1982b,8(3)：131-138.

44. Luhmann N. Social Systems [M]. Palo Alto：Stanford University Press,1984.

45. Luhmann N. Society, Meaning, Religion：Based on Self-reference[J]. Sociological Analysis,1985,46(1)：5-20.

46. Luhmann N. The Autopoiesis of Social Systems[J]. Sociocybernetic paradoxes,1986,9(2)：172-192.

47. Luhmann N. Autopoietic law：A New Approach to Law and Society [M]. Berlin：Walter de Gruyter,1987.

48. Luhmann N. Law as a Social System[J]. Northwestern University Law Review,1989 (83)：1-2.

49. Luhmann N. Essays on Self-Reference [M]. New York：Columbia University Press,1990.

50. Luhmann N. Law as a Social System[M]. Oxford：Oxford University Press,2004.

51. Luisi P L. Autopoiesis：A Review and Reappraisal[J]. Naturwissenschaften, 2003 (90)：49-59.

52. Luisi P L. The Emergence of Life：From Chemical Origins to Synthetic Biology[M]. Cambridge：Cambridge University Press,2006.

53. Magalhaes R, Sanchez R. Autopoiesis in Organization Theory and Practice[M]. Bingley：Emerald Group Publishing Limited,2009.

54. Maturana H R, Mpodozis J, Letelier J. Brain, Language and the Origin of Human Mental Functions[J]. Biological Research,1995,28(1)：15-26.

55. Maturana H R, Varela F J. Autopoiesis and Cognition：The Realization of the Living[M]. Berlin：Springer Science & Business Media,1980.

56. Maturana H R, Varela F J. The Tree of Knowledge: The Biological Roots of Human Understanding[M]. Boulclep: New Science Library/ Shambhala Publications, 1987.

57. Maturana H R. Autopoiesis: A Theory of Living Organization[M]. New York: North Holland, 1981.

58. Maturana H R. Understanding Social Systems? [J]. Constructivist Foundations, 2014, 9(2): 187-188.

59. McMullin B. Thirty Years of Computational Autopoiesis: A review[J]. Artificial life, 2000, 10(3): 277-295.

60. Mingers J. Self-producing Systems: Implications and Applications of Autopoiesis[M]. New York: Plenum Press, 1995.

61. Mingers J. Can Social Systems be Autopoietic? Assessing Luhmann's Social Theory[J]. Sociological Review, 2002, 50(2): 278-299.

62. Mingers J. Realising Systems Thinking: Knowledge and Action in Management Science[M]. Berlin: Springer Science & Business Media, 2006.

63. Paolo E A D. Autopoiesis in Organization Theory and Practice[M]. Bingley: Emerald Group Publishing Limited, 2009.

64. Parsons T. Sociological Theory and Modern Society[M]. New York: Free Press, 1967.

65. Piaget J. Biologie et Connaissance: Essai Sur Les Relations Entre Les Rgulations Organiques et les Processus Cognitifs[M]. Paris: Gallimard, 1969.

66. Poerksen B. The Certainty of Uncertainty [C]. Thoverton: Dialogues Introducing Constructivism. Imprint Academic, 2004.

67. Popper K. The Open Society and its Enemies(vol. 2)[M]. London: Routledge, 1966.

68. Razeto-Barry P. Autopoiesis 40 Years Later. A Review and a Reformulation [J]. Origins of Life & Evolution of Biospheres, 2012, 42(6): 543-567.

69. Riegler A, Scholl A. Luhmann and the Sociological Turn in Constructivism [J]. Constructivist Foundations, 2012, 8(1): 1-4.

70. Robb F F. Cybernetics and Suprahuman Autopoietic Systems [J]. Systemic Practice & Action Research, 1989, 2(1): 47-74.

71. Robb F F. On the Application of the Theory of Emergence and of the Law of Maximum Entropy Production to Social Processes[J]. Systems Practice,1990,3(4):389-399.

72. Robb F F. Accounting:A Virtual Autopoietic System? [J]. Systems Practice,1991,4(3):215-235.

73. Rupert R. Minding One's Cognitive Systems:When Does a Group of Minds Constitute a Single Cognitive Unit? [J]. Episteme,2005,1(3):177-188.

74. Schmitt F F. Socializing Metaphysics:The Nature of Social Reality[M]. Washington DC:Rowman & Littlefield Publishers,Inc,2003.

75. Sieferle R P. Cultural Evolution and Social Metabolism[J]. Geografiska Annaler:Series B,Human Geography,2011,93 (4):315-324.

76. Smith M, Szathmary E. The Major Transitions in Evolution [M]. Oxford:W. H. Freeman,1995.

77. Stewart J. Freedom and Constraints[J]. Constructivist Foundations, 2014,9(2):153-166.

78. Suber P. The Paradox of Self-Amendment:A Study of Law, Logic, Omnipotence, and Change [M]. Bristol: Peter Lang International Academic Publishers,1990.

79. Szanto T. How to Share a Mind:Reconsidering the Group Mind Thesis [J]. Phenomenology & the Cognitive Sciences,2014,13(1):99-120.

80. Teubner G. Autopoietic Law:A New Approach to Law and Society [M]. Berlin:De Gruyter,1988.

81. Teubner G. Law as an Autopoietic System[M]. Oxford/Cambridge: Blackwell Publishers,1993.

82. Thompson E. Life and Mind:From Autopoiesis to Neurophenomenology. A Tribute to Francisco Varela[J]. Phenomenology & the Cognitive Sciences,2004,3(4):381-398.

83. Thompson E. Mind in Life:Biology,Phenomenology,and the Sciences of Mind[M]. London:Harvard University Press,2007.

84. Tollefsen D. Groups as Agents[M]. Cambridge:Polity Press,2015.

85. Tomasello M, Carpenter M. Shared intentionality[J]. Developmental

science,2007,10(1):121-125.

86. Tuomela R. Social Ontology:Collective Intentionality and Group Agents [M]. Oxford:Oxford University Press,2013.

87. Tuomela R. The Philosophy of Social Practices:A Collective Acceptance View[M]. Cambridge:Cambridge University Press,2002.

88. Tuomela R. The Philosophy of Sociality: The Shared Point of View [M]. Oxford:Oxford University Press,2007.

89. Urrestarazu H. Autopoietic Systems:A Generalized Explanatory Approach-Part 3[J]. Constructivist Foundations,2012,7(3):180-195.

90. Urrestarazu H. Social Autopoiesis? [J]. Constructivist Foundations, 2014,9(2):153-166.

91. Vanderstraeten R. Autopoiesis and Socialization: On Luhmann's Reconceptualization of Communication and Socialization [J]. British Journal of Sociology,2000,51(3):581.

92. Varela F J,Maturana H R,Uribe R. Autopoiesis:The Organization of Living Systems,Its Characterization and a Mode[J]. Biosystems,1974,5 (4):187-196.

93. Varela F J. Principles of Biological Autonomy[M]. New York: The North-Holland Series in General Systems Research,1979.

94. Varela F J. Patterns of Life:Intertwining Identity and Cognition[J]. Brain & Cognition,1997,34(1):72-87.

95. Roth G,Schwegler H. Self-organizing Systems:An Interdisciplinary approach [M]. Frankfurt:Campus Verlag,1981a:14-24.

96. Zeleny M. Autopoiesis:A Theory of Living Organization[M]. New York:North Holland,1981b.

97. Varela F J. El fénomena de la vida[M]. Santiago:Dolmen Essay,2000.

98. Velleman J D. How to Share an Intention[J]. Philosophy & Phenomenological Research,1997,57(1):29-50.

99. Viskovatoff A. Foundations of Niklas Luhmann's Theory of Social Systems[J]. Philosophy of 99. the Social Sciences,1999,29(1):481-516.

100. Weber A,Varela F J. Life after Kant:Natural Purposes and the Autopoietic Foundations of Biological Individuality[J]. Phenomenology

&. 100. the Cognitive Sciences,2002,1(2):97-125.

101. Winter S G,Nelson R R. An Evolutionary Theory of Economic Change [M]. Cambridge:Harvard University Press,1982.

102. Zahle J,Collin F. Rethinking the Individualism-Holism Debate[M]. Berlin:Springer International Publishing,2014.

103. Zeleny M. Self-organization of Living Systems:A Formal Model of Autopoiesis[J]. International Journal of General Systems,1977,4(1): 13-28.

104. Zeleny M. Autopoiesis:A Theory of the Living Organization[M]. New York:Elsevier North-Holland,1981.

105. Zeleny M,Hofford K. The Application of Autopoiesis in Systems Analysis:Are Autopoietic Systems Also Social Systems? [J]. International Journal of General Systems,1992,21(2):145-160.

106. Zeleny M. Autopoiesis (Self-production) in SME Networks[J]. Human Systems Management,2001,20(3):201-207.

107. 阿贝斯曼. 为什么需要生物学思维[M].贾拥民,译. 成都:四川人民出版社,2019.

108. 奥尔森. 集体行动的逻辑[M].陈郁,郭宇峰,李崇新,译. 上海:上海人民出版社,2014.

109. 奥斯特罗姆. 公共事务的治理之道:集体行动制度的演讲[M].余逊达,陈旭东,译. 上海:上海译文出版社,2012.

110. 巴斯. 族群与边界:文化差异下的社会组织[M]. 李丽琴,译. 北京:商务印书馆,2014.

111. 鲍尔斯,迪金斯. 合作的物种:人类的互惠性及其演化[M].张弘,译. 杭州:浙江大学出版社,2015.

112. 贝尔特,席尔瓦. 二十世纪以来的社会理论[M].瞿铁鹏,译. 北京:商务印书馆,2014.

113. 贝塔朗菲. 一般系统论:基础、发展和应用[M].林康义,译. 北京:清华大学出版社,1987.

114. 宾凯. 法律自创生机制:隐藏与展开悖论[J]. 交大法学,2013(1):81-92.

115. 波斯特洛姆. 超级智能:路线图、危险性与应对策略[M].张体伟,张玉青,译. 北京:中信出版社,2015.

116. 伯格,卢克曼. 现实的社会构建[M]. 汪涌,译. 北京:北京大学出版社,2009.

117. 伯格森. 创造进化论[M]. 汤硕伟,译. 北京:北京理工大学出版社,2015.

118. 博登. AI:人工智能的本质与未来[M]. 孙诗惠,译. 北京:中国人民大学出版社,2017.

119. 布罗克曼. 生命:进化生物学、遗传学、人类学和环境科学的黎明[M]. 黄小骑,译. 杭州:浙江人民出版社,2017.

120. 布罗克曼. 文化:关于社会、艺术、权利和技术的新科学[M]. 侯新智,许云萍,盛杨燕,译. 杭州:浙江人民出版社,2019.

121. 布罗克曼. 心智:关于大脑、记忆、人格和幸福的新科学[M]. 黄珏苹,邓园,欧阳明亮,译. 杭州:浙江人民出版社,2019.

122. 常杰,葛滢. 生物多样性的自组织、起源和演化[J]. 生态学报,2001（7）:1180-1186.

123. 陈巍,徐燕,郭本禹,等. 心智科学时代的"赫尔墨斯":弗朗西斯科·瓦雷拉[J]. 自然辩证法通讯,2012(2):94-102.

124. 达马西奥. 当自我来敲门:构建意识大脑[M]. 李婷燕,译. 北京:北京联合出版公司,2018.

125. 达马西奥. 万物的古怪秩序[M]. 李恒威,译. 杭州:浙江教育出版社,2020.

126. 戴维斯. 生命与新物理学[M]. 王培,译. 北京:中信出版社,2019.

127. 戴维斯. 人类世的诞生[M]. 张振,译. 北京:生活·读书·新知三联书店,2021.

128. 道格拉斯. 制度如何思考[M]. 张晨曲,译. 北京:经济管理出版社,2013.

129. 道金斯. 自私的基因[M]. 卢允中,张岱云,陈夏加,等译. 北京:中信出版社,2012.

130. 德日进. 人的现象[M]. 范一,译. 北京:北京联合出版公司,2013.

131. 邓巴. 人类的演化[M]. 余彬,译. 上海:上海文艺出版社,2016.

132. 丁东红.《社会的社会》内容梗概[J]. 世界哲学,2005a(5):58-67.

133. 丁东红. 卢曼和他的"社会系统理论"[J]. 世界哲学,2005b(5):34-38.

134. 杜健荣. 卢曼法社会学理论研究:以法律与社会的关系问题为中心[M]. 北京:法律出版社,2012.

135. 恩格斯. 自然辩证法[M]. 中共中央马克思恩格斯列宁斯大林著作编译

局,编译.北京:人民出版社,2018.

136. 冯健鹏.论规范法学对法律自创生理论的影响——从卢曼到图依布纳[J].浙江社会科学,2006(2):62-66.

137. 福冈伸一.生物与非生物之间[M].曹逸冰,译.海口:南海出版公司,2017.

138. 盖尔.生态文明的哲学基础:未来宣言[M].张虹,译.天津:天津人民出版社,2021.

139. 高宣扬.鲁曼社会系统理论与现代性[M].北京:中国人民大学出版社,2005.

140. 格尔茨.地方知识:阐释人类学论文集[M].杨德睿,译.北京:商务印书馆,2014.

141. 顾钰民.新时代中国特色社会主义生态文明体系研究[M].上海:上海人民出版社,2019.

142. 哈贝马斯.合法化危机[M].刘北成,曹卫东,译.上海:上海人民出版社,2009.

143. 海勒.我们何以成为后人类:文学、信息科学和控制论中的虚拟身体[M].刘宇清,译.北京:北京大学出版社,2017.

144. 何怀宏.人类还有未来吗?[M].桂林:广西师范大学出版社,2020.

145. 河本英夫.第三代系统论:自创生系统论[M].郭连友,译.北京:中央编译出版社,2016.

146. 荷尔多布勒,威尔逊.蚂蚁的故事[M].毛盛贤,译.杭州:浙江教育出版社,2019.

147. 赫拉利.未来简史:从智人到智神[M].林俊宏,译.北京:中信出版社,2017.

148. 霍布斯.利维坦[M].黎廷弼,译.北京:商务印书馆,1985.

149. 霍兰德.涌现[M].陈禹,方美琪,译.杭州:浙江教育出版社,2022.

150. 吉登斯.现代性的后果[M].田禾,译.南京:译林出版社,2011.

151. 吉登斯.社会理论的核心问题:社会分析中的行动、结构与矛盾[M].郭忠华,徐法寅,译.上海:上海译文出版社,2015.

152. 吉登斯.社会的构成:结构化理论纲要[M].李康,李猛,译.北京:中国人民大学出版社,2016.

153. 卡普拉.生命之网[M].朱润生,译.北京:科学出版社,2017.

154. 凯利. 失控: 全人类的最终命运和结局[M]. 东西文库, 译. 北京: 新星出版社, 2010.

155. 柯林斯, 马科夫斯基. 发现社会[M]. 李霞, 译. 北京: 商务印书馆, 2014.

156. 库恩. 科学革命的结构[M]. 金吾伦, 胡新和, 译. 北京: 北京大学出版社, 2012.

157. 库利. 人类本质与社会秩序[M]. 包凡一, 王湲, 译. 北京: 华夏出版社, 2020.

158. 库兹韦尔. 奇点临近: 当人类超越生物[M]. 李庆诚, 译. 北京: 机械工业出版社, 2011.

159. 莱维特. 自上而下——永恒的层级管理[M]. 李维安, 周建, 译. 北京: 商务印书馆, 2006.

160. 勒庞. 乌合之众: 大众心理研究[M]. 夏小正, 译. 天津: 天津人民出版社, 2013.

161. 李. 协同进化: 人类与机器融合的未来[M]. 李杨, 译. 北京: 中信出版社, 2022.

162. 李恒威. 意向性的起源: 同一性, 自创生和意义[J]. 哲学研究, 2007 (10): 70-76.

163. 李恒威, 王昊晟. 赛博格与(后)人类主义: 从混合 1.0 到混合 3.0[J]. 社会科学战线, 2020(1): 21-29.

164. 李恒威, 肖云龙. 自创生: 生命与认知[J]. 上海交通大学学报(哲学社会科学版), 2015(2): 5-16.

165. 李恒威, 肖云龙. 论生命与心智的连续性[J]. 中国社会科学, 2016(4): 37-52.

166. 李恒威, 肖云龙. 自创生理论 40 年: 回顾和思考[J]. 西北师范大学学报(社会科学版), 2018(1): 98-109.

167. 李恒威, 肖云龙. 社会存在论: 一种社会形成机制的分析[J]. 自然辩证法研究, 2019, 35(2): 3-9.

168. 李恒威, 徐怡. 从生物自创生到社会自创生[J]. 自然辩证法研究, 2014 (4): 22-29.

169. 李钧鹏, 闻翔. 总序[M]//C. 赖特·米歇尔. 社会学的想象力. 北京: 北京师范大学出版社, 2017: 4.

170. 李怡然. 网络平台治理: 规则的自创生及其运作边界[M]. 上海: 上海人

民出版社,2021.

171. 里斯乔德. 当代社会科学哲学导论[M]. 殷杰,郭亚茹,申晓旭,译. 北京:科学出版社,2018.

172. 卢曼. 社会的经济[M]. 余瑞先,郑伊倩,译. 北京:人民出版社,2008.

173. 卢曼. 社会的法律[M]. 郑伊倩,译. 北京:人民出版社,2009a.

174. 卢曼. 社会中的法[M]. 李君韬,译. 台北:台湾五南图书出版股份有限公司,2009b.

175. 陆宇峰. "自创生"系统论法学:一种理解现代法律的新思路[J]. 政法论坛,2014,4(4):154-171.

176. 罗萨. 新异化的诞生:社会加速批判理论大纲[M]. 郑作彧,译. 上海:上海人民出版社,2018.

177. 洛夫洛克. 盖亚时代:地球传记[M]. 肖显静,范祥东,译. 北京:商务印书馆,2017.

178. 马古利斯. 生物共生的行星:演化的新景观[M]. 易凡,译. 上海:上海科学技术出版社,2009.

179. 马古利斯,萨根. 倾斜的真理:论盖娅、共生和演化[M]. 李建会,译. 南昌:江西教育出版社,1999.

180. 迈尔. 生物学思想发展的历史[M]. 涂长晟,译. 成都:四川教育出版社,2010.

181. 迈尔. 恩斯特·迈尔讲进化[M]. 贾晶晶,译. 杭州:浙江教育出版社,2023.

182. 梅辛格. 自我隧道:心灵科学与自我神话[M]. 马健,译. 北京:北京大学出版社,2023.

183. 米尔斯. 社会学的想象力[M]. 李康,译. 北京:北京师范大学出版社,2017.

184. 苗东升. 系统科学精要[M]. 北京:中国人民大学出版社,1998.

185. 摩根. 组织[M]. 金马,译. 北京:清华大学出版社,2005.

186. 莫斯可. 数字世界的智慧城市[M]. 徐偲骕,译. 上海:上海人民出版社,2021.

187. 纳尔逊,温特. 经济变迁的演化理论[M]. 胡世凯,译. 北京:商务印书馆,1997.

188. 尼葛洛庞帝. 数字化生存[M]. 胡泳,范海燕,译. 北京:电子工业出版社,2017.

189. 尼克. 人工智能简史[M]. 北京:北京邮电出版社,2017.

190. 诺瓦克,海菲尔德. 超级合作者[M]. 尤志勇,魏薇,译. 杭州:浙江人民出版社,2013.

191. 佩蒂特. 人同此心:论心理、社会与政治[M]. 应奇,王华平,张曦,译. 长春:吉林出版集团有限责任公司,2010.

192. 彭特兰. 智慧社会:大数据与社会物理学[M]. 汪小帆,汪容,译. 杭州:浙江人民出版社,2015.

193. 秦明瑞. 系统的逻辑:卢曼思想研究[M]. 北京:商务印书馆,2019.

194. 日本日立东大实验室. 社会5.0:以人为中心的超级智能社会[M]. 沈丁心,译. 北京:机械工业出版社,2020.

195. 塞尔. 心灵、语言和社会:实在世界中的哲学[M]. 李步楼,译. 上海:上海译文出版社,2001.

196. 塞尔. 社会实在的建构[M]. 李步楼,译. 上海:上海人民出版社,2008.

197. 塞尔. 人类文明的结构:社会世界的构造[M]. 文学平,盈俐,译. 北京:中国人民大学出版社,2014.

198. 施瓦布. 第四次工业革命:转型的力量[M]. 李菁,译. 北京:中信出版社,2016.

199. 施瓦布,马勒雷. 后疫情时代:大重构[M]. 北京:中信出版社,2020.

200. 斯宾塞. 社会静力学[M]. 张雄武,译. 北京:商务印书馆,1996.

201. 孙志海. 自组织的社会进化理论:方法和模型[M]. 北京:中国社会科学出版社,2004.

202. 汤普森. 生命中的心智:生物学、现象学和心智科学[M]. 李恒威,李恒熙,徐燕,译. 杭州:浙江大学出版社,2013.

203. 特纳. 社会学理论的结构(上)[M]. 邱泽奇,张茂元,等,译. 北京:华夏出版社,2001.

204. 田曼. 行动力的规范之维——从布拉特曼的观点看[J]. 云南大学学报(社会科学版),2021,20(2):34-41.

205. 田曼. 布拉特曼规划理论对当代群体行动问题的批判与重构[J]. 江西社会科学,2022,42(5):24-31.

206. 托马塞洛. 人类认知的文化起源[M]. 张敦敏,译. 北京:中国社会科学出版社,2011.

207. 托马塞洛. 人类思维的自然史:从人猿到社会人的心智演化之路[M]. 苏彦捷,译. 北京:北京师范大学出版社,2017a.

208. 托马塞洛. 我们为什么合作:先天与后天之争的新理论[M]. 苏彦捷,译. 北京:北京师范大学出版社,2017b.

209. 托马塞洛. 社会经验如何塑造人类认知?[EB/OL]. (2023-04-14)[2023-09-11]. https://mp.weixin.qq.com/s/2QEX6DZyG30GouPKZ6GfGQ.

210. 托马斯. 细胞生命的礼赞:一个生物学观察者的手记[M]. 苏静静,译. 北京:中信出版社,2020.

211. 托依布纳. 法律:一个自创生系统[M]. 张骐,译. 北京:北京大学出版社,2004.

212. 托依布纳. 宪法的碎片:全球社会宪治[M]. 陆宇峰,译. 北京:中央编译出版社,2016.

213. 王宏选. 作为一个自创生系统的法律——卢曼和托依布纳的法律概念[J]. 黑龙江社会科学,2006,5(5):187-189.

214. 王小钢. 托依布纳反身法理论述评[J]. 云南大学学报:法学版,2010,2(2):107-113.

215. 威尔伯. 性、生态、灵性[M]. 李明,译. 北京:中国人民大学出版社,2008.

216. 威尔逊. 利他之心:善意的演化和力量[M]. 齐鹏,译. 北京:机械工业出版社,2017.

217. 威尔逊. 创世纪:从细胞到文明,社会的深层起源[M]. 傅贺,译. 北京:中信出版社,2019.

218. 威尔逊. 社会生物学:个体、群体和社会的行为原理与联系[M]. 毛盛贤,孙港波,刘晓君,等,译. 北京:北京联合出版公司,2021.

219. 威尔逊,荷尔多布勒. 超级有机体:昆虫社会的美丽、优雅和奇妙[M]. 焦鸿丽,张雁,译. 北京:中国人民大学出版社,2011.

220. 韦冬,沈永福. 比较与争锋:集体主义与个人主义的理论、问题与实践[M]. 北京:中国人民大学出版社,2015.

221. 韦斯特. 规模:复杂世界的简单法则[M]. 张培,译. 北京:中信出版社,2018.

222. 维纳. 人有人的用处:控制论与社会[M]. 陈步,译. 北京:北京大学出版社,2010.

223.吴越.城市大脑[M].北京:中信出版社,2019.

224.希尔斯.社会的构建[M].杨竹山,张文浩,杨琴,译.南京:南京大学出版社,2017.

225.肖云龙.自创生与生命现象学[J].财经论丛(增刊),2021(11):169-172.

226.许国志.系统科学[M].上海:上海科技教育出版社,2000.

227.薛定谔.生命是什么:活细胞的物理观[M].张卜天,译.北京:商务印书馆,2018.

228.扬.复合系统:人类世的全球治理[M].杨剑,孙凯,译.上海:上海人民出版社,2019.

229.扎卡达基斯.人类的终极命运:从旧石器时代到人工智能的未来[M].陈朝,译.北京:中信出版社,2017.